Prosa completa

Colección dirigida por
Antonio Vilanova

Prosa completa

Alejandra Pizarnik

Edición a cargo de Ana Becciu

Prólogo de Ana Nuño

Lumen

Palabra
en el Tiempo
317

Diseño gráfico: Ferran Cartes / Montse Plass

Publicado por Editorial Lumen, S.A.,
Ramon Miquel i Planas, 10 - 08034 Barcelona.

Reservados los derechos de edición en lengua castellana
para todo el mundo.

Primera edición en Palabra en el Tiempo: 2002

© de la edición: Ana Becciu, 2001
© del prólogo: Ana Nuño, 2001

Impreso en A & M Gràfic, S.L.,
Santa Perpètua de Mogoda - Barcelona.

Depósito legal: B. 74-2002
ISBN: 84-264-1317-X
Printed in Spain

PRÓLOGO

No es la vocación de un prólogo contradecir o desalentar al lector. Sería deshonesto y aun descortés, sin embargo, no poner de pórtico a la prosa reunida de Alejandra Pizarnik una advertencia: vosotros que entráis en este universo habéis de abandonar los lugares comunes que acompañan el nombre de esta escritora. Son los mismos, por cierto, que lastran la recepción de las obras de otras escritoras: locura y suicidio. En el caso de Pizarnik, la mitificación de su muerte ha acabado produciendo una especie de «relato de la pasión» que la recubre con el velo de un Cristo femenino. Este relato reitera siempre el asunto del *mal de vivre* de la argentina, transponiéndolo en clave de suicidio. Graves son las consecuencias de la patología que consiste en «ligar» de esta manera vida y obra. La melancolía, la soledad y el aislamiento, cuando se ponen de manifiesto en la escritura de una mujer, son rasgos que admiten ser interpretados como la prueba de un desequilibrio psíquico de tal naturaleza, que puede conducir a su autora al suicidio o la locura. Si es varón el escritor, en cambio, y su obra o vida o ambas manifiestan parecida contextura —la lista es larga, de Hölderlin y Rimbaud a Kafka y Beckett—, ésta suele recibirse como una confirmación del talante visionario del hacedor. De más está decir que las desviaciones o sencillamente hábitos de un escritor son argumentos folletinescos, no criterios de lectura de una obra literaria. La muerte de Pizarnik, háyase suicidado o no, es tan relevante para la comprensión de su obra como el gas y el horno en un gélido apartamento londinense para la de Sylvia Plath.

Alejandra Pizarnik buscaba, como ella misma confesaba en uno de los textos recogidos en este volumen, una «escritura densa y llena de peligros a causa de su diafanidad excesiva». De que lo logró plenamente da fe su obra poética, recogida en el tomo *Poesía Completa* también editado por Lumen. Esa escritura es fuente de una incesante perplejidad: ¿cómo puede soportar tantos registros de voz sin que peligre gravemente su unidad y coherencia? Este hecho es, de entrada, lo que sorprende, pero se trata de una impresión superficial, que una lectura más atenta se encarga de disipar, y que se desvanece del todo tras la lectura de los textos en prosa aquí reunidos por vez primera —relatos, piezas de teatro, artículos, ensayos—, algunos de ellos no recogidos previamente en volumen. Tanto como los poemas, la prosa de Pizarnik está recorrida por la misma exaltación que Anna Ajmátova reconocía en la escritura poética de Marina Tsvietáieva; una exaltación que eleva las palabras y que hace que, al *iniciar* un texto —poema o prosa—, el plano en el que se sitúa la voz sea el mismo que por lo general alcanzan los grandes poetas cuando *acaban* los suyos.

El interés que presenta esta edición, respecto del ominoso imperativo de la novedad editorial, es triple: ofrece una ordenación cronológica de un material que en su momento fue recogido en volumen, tanto en Argentina como en España; rescata textos, sobre todo mas no exclusivamente de crítica literaria de la autora, publicados originalmente en revistas literarias de difícil consulta, y da a leer este conjunto como un todo, lo que permite subrayar la coherencia y correspondencias múltiples entre prosa de creación y prosa ensayística, por un lado, y, por otro, el conjunto de la prosa y la obra poética. De la resonancia entre estas dos últimas, el caso más flagrante lo ofrece la pieza de teatro *Los perturbados entre lilas*, donde se reconocen numerosos ecos de *El infierno musical*.

Conviene destacar dos aspectos de la prosa de Pizarnik. Los relatos, en primer lugar, cuajados de motivos y figuras recurrentes en la obra poética: la seducción y la nostalgia imposibles, la tentación del silencio, la escritura concebida como espacio ceremonial donde se exaltan la vida, la libertad y la muerte, la infancia y sus espejismos, los espejos y el doble amenazador... Su adscripción a este género podrá parecer a algunos dudosa. Aparte el hecho que la autora los considerara como tales, y que tanto estilística como rítmicamente difieran de sus mal llamados «poemas en prosa», no pocos de ellos se inscriben en una tradición canónica en el ámbito literario francés que a la autora le era especialmente cara, y que tiene como figuras señeras, en su caso, a Lautréamont, Henri Michaux y Georges Bataille. Autores admirados por Pizarnik, a los que hay que agregar a André Pieyre de Mandiargues, a quien conoció personalmente. Importa menos, en este sentido, la extensión de los relatos que la intensa concentración en ellos de un trabajo de escritura que busca exaltar los poderes del lenguaje. Éste es —y no la muerte o la locura o el suicidio— el gran motor de la obra de Pizarnik, cuyo funcionamiento exponen sobremanera los textos reunidos en el apartado «Humor». Aquí estamos en el laboratorio mismo de su escritura. No ha de extrañar, pues, que su sentido del humor —nutrido de una capacidad transgresora del lenguaje que se origina tanto en su afición a *Alicia en el País de las Maravillas* como en la sensibilidad yiddish de la que bebió en su infancia— se manifieste a través de una operación de desenfadado y jocoso vapuleo de las palabras, que casi siempre produce sorprendentes e iluminadores efectos de sentido. El *summum* de este modo de escritura encarna en «La bucanera de Pernambuco», algunos de cuyos pasajes igualan o superan los delirios anagramáticos de Raymond Roussel. Después de leer estos textos, se comprende mejor la extraordinaria complicidad que había entre Pizarnik y Julio Cortázar. Además de su «obra seria», que constituye en ambos casos una de las experiencias más plenas de la lengua castellana, son los *cronopios* indiscutibles de nuestra tradición literaria.

ANA NUÑO

I

Relatos

ESCRITO EN ESPAÑA[1]

santiago de compostela

Habían traído la reliquia, trajeron la mano de San Pablo, plateada la mano en la blanca mano salida de una túnica roja. Pueblo aplaudiendo; mujer vieja de negro lloraba, desdentada, temblorosa, huesos crujiéndole, se abren en su cara, se abrían como flores sus ojos celestes (rojo de la sotana, plata de la reliquia), temblequeando trémula en honor de la mano pura, la mano santa, la mano que dará o daría o habría de haber dado.

En la noche al borde de la ventana riéndonos de las sombras del patio contiguo al comedor del hotel. La sombra de un comensal. La sombra de un cuchillo. La sombra de un tenedor. La sombra de un ave. La sombra de una mano alzando la sombra de un tenedor hasta la sombra de una boca. Riéndonos de las sombras, ojos tuyos llenos de risa, tus manos, la noche, lo mío, lo tuyo, la noche, por favor, todo tan extraño, la noche.

santiago

La mirada abierta que es un cofre, un lugar de ofrendas: óbolo el árbol y el valle, óbolo el mendigo y la cieguita cantora, el gitano

---

1. Pequeño legajo de quince hojas mecanografiadas y manuscritas, con una carátula que lleva el nombre de la autora, el título y la fecha: 1963. Se han respetado la disposición tipográfica y los nombres con mayúscula o minúscula, según el caso, tal como figuran en el legajo.

manco, el hombre de la cornamusa –su cara en perpetuo temblor, los ojos alucinados, gritando «no, no, no» en la Plaza de los Literarios en donde tres viejas de negro mirándome

–y cómo hace para saber si es mocita o mocito con esos pantalones

–señora –dije– me miro entre las piernas

–por la noche bebo anís y cognac; por la noche bebo sol y sombra –decía el dulce muchachito, decirte cómo canta en la medianoche, beber sol y sombra de una manera otra que aliando anís y cognac: todos los secretos del sol, todos los de la sombra, los de la vibración...

Si je mourais-là-bas... enterre-moi dans tes yeux. Por ti todas las canciones del mundo *todas las aves do mundo d'amor dizíam*.

santiago-catedral

En la catedral. Los grandes ángeles, los fríos ángeles. Los dedos de los peregrinos habiéndose posado tantos siglos en el mármol de la columna hay ahora cinco hendiduras en las que introduje mis dedos (ayer soñé que le decía: tu avais la couleur effroyable du marbre). Cantaban los niños del coro, voces subiendo hacia donde se dice que se las oye. Al cerrar los ojos vi una nube en forma de mujer de negro ofrendando un pequeño animal muerto que fue dulce que fue sedoso que fue sediento.

Cuando San Jorge patas del caballo aún el animal parecía sufrir izadas en imaginario balanceo sobre cabeza rota decapitada. Cuando San Jorge lejos de la cabeza cortada sufrimiento en las caras aún el animal parecía sufrir.

LA NOCHE DE SANTIAGO

Para que una iglesia de fuego abierta en la noche revele una iglesia de piedra luces constelan el instante:
ramo de luces rosadas
ramo de luces verdes

ramo de luces lilas
ramo de luces azules
rosadas
verdes
lilas
bajo la lluvia.

Cuando estalla el aro de fuego verde vivamente abrazado al aro de fuego azul vivamente abrazado al aro de fuego lila. Criaturas de negro en la lluvia –tout le monde attendait quelque chose. La lluvia sobre nosotros pero los fuegos tenían tiempo de vibrar, de restallar, de danzar unos segundos.

Cuando se arquearon en la niebla ramalazos de crudas luces ingenuas en honor de Santiago yo comprendí –en el jardín, entre niños asustados– que yo, en la niebla (luces ingenuas), no había podido comprender crudas luces en aquel jardín en donde de niña asustada debí comprender cuando se arqueaba la lluvia en ramalazos turbios, grises.

Criaturas en la niebla –tout le monde attendait quelque chose. Contemplar los fuegos de artificio, decirse profundo, gritarse en la boca de la caverna, anunciarse que algo restalla en la niebla. Una propuesta o algo, en fin, a modo de respuesta o dulce o nefasta, o algo, en fin, a modo de voz venida de la exterioridad más pura.

Pero un restallido en el aire o niebla o lluvia no puede apaciguar, no cerrar una herida.

No cierra una herida una campana. Una campana no cierra una herida. Fue la noche de Santiago. Llovía moroso en el jardín del Hostal. Me voy a ver los fuegos –dijo– con la gente de negro que vino de muy lejos a ser cuerpo presente (en la plaza iluminada por fuegos que se suceden cada vez más vertiginosos porque la lluvia impedía su natural despliegue, evolución y muerte). Sí –dije– vé, vé, vé (sintiéndome, oh siempre, en el centro exacto del abandono). Vi sus ojos en el resplandor cortado de oscuridades hirientes, súbitas. Vi sus ojos en el sonido de la tormenta, en los colores ardiendo como pájaros muy efímeros. Que se vaya –me dije– yo no

pretendo, no intento, no comprendo. No me dejes –dijo– no me
exiles de ti. En lo alto, en lo puro del abandono. Llamarme a mí
pequeña abandonadora. Antes de desaparecer vi sus ojos no com-
prendiendo. Trémulo gesto de mi cara para ir a llorar importante-
mente en la noche del no se sabe quién es abandonado.

en el camino santiago-león

Aquello de un único crepúsculo. De un solo solitario gesto de
abandono. El haber visto la nube rosada, la nube de un rosa in-
cinerado; rosa y gris era y era una amenazadora rosa quemada.
Detrás, verde y oro. Tan luminosos. Cortejo de nubes grises, ro-
sadas, verdes. Sobre todo la fragancia mental a rosa quemada. *En
boca de la muerte ardidas rosas.* Crepúsculo inigualado entre
Santiago y León. Sentía mi cara de asombrada al borde de la
nube. B. se reía. Conduce el auto mirando todo excepto el cami-
no. Si se olvidara del volante, de los frenos. Un metro de olvido
et voilà un joli tableau: garçon et fille sur gouffre bleu. En boca
de la muerte amantes ardidos. Confiando yo en que era escorpio.
Pero no quiso precipitarnos. Entonces, ni las nubes de hoy ha-
brían de consolarme. Por otra parte, ¿quién busca consuelo? *Voy
a hablar de la vida, señores, voy a hablar de la vida.* Por la no-
che todos los abandonos. Su respirar, su silencio perfecto. Yo en
boca de la muerte, insomne y consecuente en mi oficio de idiota
desamparada. Pero con el nuevo secreto dentro de mí la peur fout
l'camp. Exactamente como una idiota lloré en El Escorial frente
al tríptico (falso) de Bosch, pidiendo, sí, pidiendo que me dijera
que no tuve razón (como si me interesara tenerla) al decirme de-
bajo de las nubes maravillosas que las nubes no me ayudaban a
no querer morir. Y el miedo por haber pensado en escribir un
poema sobre esas nubes. Eso fue sórdido. B. contemplaba sere-
namente. B. no escribe. Luego, no se considera dueño del rojo
crepúsculo. Ahora sí tenés cara de poeta –dijo. Me odié. Pero sin
duda yo había pensado en el poema para que trascendiera a mi
cara, para hacer del proyecto del poema y de mi cara un filtro
de amor (sangre tierra de cementerio, saliva de milano, agua de
alondras, halo de ángel mudo...). Esto está tan oscuro.

Inminencia. Los ojos se estrellan, no son estrellas, no disponen de luz propia. Tanto para apaciguar dos ojos. En dónde guardan los ojos sus tesoros. Fiesta incesante en mis ojos mientras en la garganta es miércoles de ceniza, no, es el sabbat, desnudos danzan, alaridos toda la noche, toda la noche es ríspido, abracadabrantoso, rocalloso, pétreo, grietas, desgarraduras, páramo mi palabra, páramo mi lugar de origen, es de noche, danzan, caminan por los muros, danzan en mi garganta, profanación, vértigo, si sabías que yo no

Cuando habla con su voz, cuando en la playa cerca de Santillana del Mar su voz. Aleteos en mi sexo como en Fuentemilanos el yermo bajo alas negras aleteando (yo sobre su cuerpo como un pájaro singularmente herido). Todo lo que su voz nombra es razón de mi amor. (Ellos alargan sus sombras, hunden sus garras en mi garganta.)

Aquello de un único crepúsculo. Para poder mirar las nubes medité previamente en mi suicidio. Para poder amar las nubes, mi último estío, mi último hastío.

el escorial

Concierto de música religiosa del siglo XVIII en el salón de actos del Colegio Felipe II en El Escorial. Al sentarme me acometió una crisis de idiotismo retórico. Debo escuchar atentamente la conferencia de introducción a la música sacra del 18 –me dije– porque sin duda será emitida en un indudable perfecto español purísimo y yo, tan degenerada lingüísticamente, sí, oiré juiciosamente por saber cómo acomoda las palabras en la frase, de qué manera las pronuncia... Surgió la cantante y dio en leer ella misma la conferencia. Dijo algo así como: ... su humor gracioso e ingenuo sobre el que no podemos extendernos pues circunstancias ajenas a nuestra voluntad no hacen viable un desarrollo exhaustivo del tema... Antes de que finalizara de expeler su ingente discursillo una vieja alemana muy gorda sentada a nuestro lado incurrió en abanicarse –en refocilarse la cara con el abanico de la su mano– y dale que dale un ruidazo a trote de potro de film de cowboys cuando el Muchacho está lejos y aún invisible pero se acerca se acerca tacatán tacatán, las señoras escorialenses, les notables du village, volviendo sus testas hacia la vieja sin osar un reproche, un gesto de censura, una sonrisa. La gorda como si nada tacatán tacatán hasta que de mí se me fue la risa (de B. también pero con más recato). En procura de seriedad elevé mis ojos hacia la bóveda constelada de pequeños ángeles nada terribles pero descendiéndolos en seguida para estrellarlos de nuevo contra la sirvientita gallega ascendida a cantatriz que ya estaba cantando un villancico en alabanza del Señor. En el programa los títulos estaban anunciados en español pero no se comprendía nada. Con una mano en las teticas, con todo el dolor del mundo en la su cara, con tres violinistas de smoking y una harpista que perdía el hilo y movía desesperada las hojas y los ojos. Ella exhalaba gritos y más gritos, yo no discernía un carajo, sólo mucho después se aclaró una palabra –miserere– mais c'est du latin, dijo B. Entonces la gorda arrancó con más bríos y montada en su abanico atravesó la sala, obcecada, como respondiendo a una necesidad urgente como quien hace sonar la sirena de alarma.

El Escorial

Entonces una se recuerda muchacha y va hacia un horizonte de sonrisas. Olas viniendo o no viniendo a las arenas pero concordando entre sí con admirable suavidad. Es esto lo que temo. Pero por un instante el cuerpo alegre, la piel dorada, los ojos azules, limpios, tal vez verdes, la cara sin arrugas. No obstante, digo, no obstante debajo o detrás o del otro lado se es mendiga, se duerme debajo de un puente totalmente ebria y abrazada a una muñeca, se putea, se es desdentada, sifilítica, cancerosa, aun si ahora al borde de la piscina del hotel adorada por cuanto ojo macho ha dado Hispania fecunda. Se está sifilítica, sí, no objetivamente, no como para irme a consultar a un sifiliógrafo, sino mentalmente comida, mordida y luego escupida por un tigre no del todo hambriento (por eso el suicidio pronto, prontísimo). Mordidos los bordes, arruinada, monstruosamente herida, incurable, aun si los ojos azules, tal vez verdes.

Los bordes arruinados.
El límite natural de las cosas.
Perdido su sentido para siempre.

Pero me digo, ¿no será mejor un suicidio diferente? Retornar a Buenos Aires, proseguir estudios. Después, erudición a perpetuidad. Digamos los cantares galaico-portugueses. O las cancioncillas de amigo. *Si la noche hace escura / y tan corto es el camino...* Investigar, qué sé yo, investigar de dónde viene tanta hermosura omitiendo cuidadosamente la terrible sensación de inminencia en cuanto leo cosas así, lo mismo que ante ciertos rostros en la calle, rostros con rostros de paraíso perdido. Esto último es preciso finalizarlo o paliarlo mediante una dedicación ininterrumpida a algo equivalente a coleccionar estampillas de manera de llegar a sentir, algún día, una viscosa atracción por la *e* paragógica y por qué los niños cantores de Medina del Campo dijeron *beh* en vez de *bah* cuando se trataba de reproducir el dulce lamentar de un cordero herido. Trueque: en vez de hacerme polvo tout de suite pulverizar los malditos muchos años que sin duda me quedan, pulverizarlos en algo inútil que desemboca en una placa post mortem junto a la puerta de la morada en que mi madre me parió.

Pasa que al despertar tuve ganas de escribir. Y cómo me gustaría que en vez de esto que voy diciendo fuera una novela con personajes y todo. Llevar una agenda, tomar notas como Trigorine en La Mouette, perfectamente vestida, manos mías pálidas posadas sobre cuartillas, escribiendo con una pluma de cisne. Seria, serena, diciendo *qué interesante*, pronunciando conferencias, interpretando históricamente, sociológicamente, antropológicamente, políticamente, lo que pasa afuera: *los eventos consuetudinarios que acontecen en la rúa.* Serena, leyendo los diarios todos los días, salvada, tal vez casada con un señor serio y sereno, el amor sólo dos o tres veces por semana, hasta Hegel, ¿y por qué no leería a Hegel?, suena el timbre, la señora está trabajando, no está visible *(ningún hombre es visible), hubiera querido ser Rimbaud o Baudelaire pero sin sus sufrimientos,* qué vivo. Por la tarde, música –a veces dodecafónica (expresión contemporánea: qué interesante)– o pintura, hasta Vassarely, hasta Mondrian, qué interesantes, hasta la política, leer los diarios dándose cuenta de lo que insinúan entre líneas –no sólo las historietas y las páginas literarias como ahora sino responsablemente, serenamente. Por la noche: comida en casa del escritor X. o de la escritora Z. Copa de armagnac en mano pálida y enjoyada hablo de los suplicios chinos, fumo prudentemente, consulto mi reloj, me levanto a las 23.30 porque –buenas noches, encantadora la velada– en la medianoche ya debo estar en la cama de manera de levantarme al otro día serena y despejada a las 7.30 y trabajar hasta el mediodía– comida sana, vitaminizada, sobriedad, no alcohol, no excitantes, no gracias, no mescalina, no haschich, no ácido lisérgico (naturalmente, he leído todos los libros sobre el tema: qué interesante). En el verano al borde del mar –Capri, Saint Tropez, Santander, San Sebastián, Punta del Este, Mar del Plata, Córcega...– sin escribir nada puesto que reconstitución, reconstrucción, reacumulación, sol, mar, arenas, no, no gracias, pero sin sus sufrimientos, pero sin haber sufrido lo que sufrieron.

madrid

Voces desde la nada a ti confluyen. En un bodegón de la calle del Ángel, exaltación y lirismo, los ojos resplandeciendo en mi cara, ya no azules, ya no verdes: carbunclos mágicos, sí. Palabras desde la nada confluían a mi lengua. Yo contaba. ¿Qué contaba? Le contaba. Me le estaba contándome –mitad imagen, cálculo y palabra– para que dijera sí, para que me amara. Para que me amara confluían palabras desde la nada (transmigración a mi lengua de la de un célebre semántico, un filólogo ahogado en mi garganta, buceando en mi memoria el alma de un lingüista). Hablando exaltadamente. Mintiendo exaltadamudamente. Mentando mentiras. Magnificando con mis labios para que se disolviera su *no* en mi saliva. Su mirada me dibujaba en sus pupilas: allí me vi, donante fabulosa, allí vi mis ojos que miraban los más mínimos gestos de un amor que nacía, sol en su cara brillando sólo para mí que lo había creado. Allí vi mis ojos mirando su cara salir del polvo, animarse, se levantaron sus ojos, se echaron a andar, mi voz filtro mágico levantó un cadáver, iluminaba un sexo. Y que sintiera llamar allí, y que nos fuéramos a mi cuarto su sexo muriéndose mil veces. Nos enterraríamos en la noche o saldríamos de la noche (oh infinitas inenarrables posturas). Voces desde la nada confluían a mi lengua. Esa noche hablé hasta crear un fuego.

«Y ¿cuál será el sentido de esas fuerzas,
mitad imagen, cálculo y palabra?»

. . . .

«Cosas desde la nada a ti confluyen.»

G. Benn

EN CONTRA

Yo intento evocar la lluvia o el llanto. Obstáculo de las cosas que no quieren irse camino de la desesperación ingenua. Esta noche quiero ser de agua, que tú seas de agua, que las cosas se deslicen a la manera del humo, imitándolo, dando señales últimas, grises, frías. Palabras en mi garganta. Sellos intragables. Las palabras no son bebidas por el viento, es una mentira aquello de que las palabras son polvo, ojalá lo fuesen, así yo no haría ahora plegarias de loca inminente que sueña con súbitas desapariciones, migraciones, invisibilidades. El sabor de las palabras, ese sabor a semen viejo, a vientre viejo, a hueso que despista, a animal mojado por un agua negra (el amor me obliga a las muecas más atroces ante el espejo). Yo no sufro, yo no digo sino mi asco por el lenguaje de la ternura, eso hilos morados, esa sangre aguada. Las cosas no ocultan nada, las cosas son cosas, y si alguien se acerca ahora, y me dice *al pan pan y al vino vino* me pondré a aullar y a darme de cabeza contra cada pared infame y sorda de este mundo. Mundo tangible, máquinas emputecidas, mundo usufructuable. Y los perros ofendiéndome con sus pelos ofrecidos, lamiendo lentamente y dejando su saliva en los árboles que me enloquecen.

1961

UN ROSTRO[1]

Un rostro frente a tus ojos que lo miran y por favor: que no haya mirar sin ver. Cuando miras su rostro –por pasión, por necesidad como la de respirar– sucede, y de esto te enteras mucho después, que ni siquiera lo miras. Pero si lo miraste, si lo bebiste como sólo puede y sabe una sedienta como tú. Ahora estás en la calle; te alejas invadida por un rostro que miraste sin cesar, pero de súbito, flotante y descreída, te detienes, pues vienes de preguntarte si has visto su rostro. El combate con la desaparición es arduo. Buscas con urgencia en todas tus memorias, porque gracias a una simétrica repetición de experiencias sabes que si no lo recuerdas pocos instantes después de haberlo mirado este olvido significará los más desoladores días de búsqueda.

Hasta que vuelvas a verlo frente al tuyo, y con renovada esperanza lo mires de nuevo, decidida, esta vez, a mirarlo en serio, de verdad, lo cual, y esto también lo sabes, te resulta imposible, pues es la condición del amor que le tienes.

París, mayo de 1962

1. Hoja mecanografiada y fechada. Publicado posteriormente en *La Gaceta*, Buenos Aires, 29 de mayo de 1966. Incluido en *El deseo de la palabra*, Ocnos, Barcelona, 1972.

LAS UNIONES POSIBLES[1]

La desparramada rosa imprime gritos en la nieve. Caída de la noche, caída del río, caída del día. Es la noche, amor mío, la noche caliginosa y extraviada, hirviendo sus azafranadas costumbres en la inmunda cueva del sacrosanto presente. Maravillosa ira del despertar en la abstracción mágica de un lenguaje inaceptable. Ira del verano. Ira del invierno. Mundo a pan y agua. Sólo la lluvia se nos dirige con su ofrenda inimaginable. La lluvia al fin habla y dice.

Meticulosa iniciación del hábito. Crispados cristales en jardines arañados por la lluvia. La posesión del pretendido pasado, del pueblo incandescente que llamea en la noche invisible. El sexo y sus virtudes de obsidiana, su agua flamante haciéndose en contra de los relojes. Amor mío, la singular quietud de tus ojos extraviados, la benevolencia de los grandes caminos que acogen muertos y zarzamoras y tantas sustancias vagabundas o adormiladas como mi deseo de incendiar esta rosa petrificada que inflige aromas de infancia a una criatura hostil a su memoria más vieja. Maldiciones eyaculadas a pleno verano, cara al cielo, como una perra, para repudiar el influjo sórdido de las voces vidriosas que se estrellan en mi oído como una ola en una caracola.

Véate mi cuerpo, húndase su luz adolescente en tu acogida nocturna, bajo olas de temblor temprano, bajo alas de temor tardío. Véate mi sexo, y que haya sonidos de criaturas edénicas que suplan el pan y el agua que no nos dan.

¿Se cierra una gruta? ¿Llega para ella una extraña noche de fulgores que decide guardar celosamente? ¿Se cierra un paisaje?

---

1. Publicado en la revista *Sur*, Buenos Aires, núm. 284, 1963.

¿Qué gesto palpita en la decisión de una clausura? ¿Quién inventó la tumba como símbolo y realidad de lo que es obvio?

Rostros vacíos en las avenidas, árboles sin hojas, papeles en las zanjas: escritura de la ciudad. ¿Y qué haré si todo esto lo sé de memoria sin haberlo comprendido nunca? Repiten las palabras de siempre, erigen las mismas palabras, las evaporan, las desangran. No quiero saber. No quiero saberme saber. Entonces cerrar la memoria: sus jardines mentales, su canto de veladora al alba. Mi cuerpo y el tuyo terminando, recomenzando, ¿qué cosa recomenzando? Trepidación de imágenes, frenesí de sustancias viscosas, noches caníbales alrededor de mi cadáver, permisión de no verme por unas horas, alto velar para que nada ni nadie se acerque. Amor mío, dentro de las manos y de los ojos y del sexo bulle la más fiera nostalgia de ángeles, dentro de los gemidos y de los gritos hay un querer lo otro que no es otro, que no es nada...

PALABRAS[1]

Se espera que la lluvia pase. Se espera que los vientos lleguen. Se espera. Se dice. Por amor al silencio se dicen miserables palabras. Un decir forzoso, forzado, un decir sin salida posible, por amor al silencio, por amor al lenguaje de los cuerpos. Yo hablaba. En mí el lenguaje es siempre un pretexto para el silencio. Es mi manera de expresar mi fatiga inexpresable.

Debiera invertirse este orden maligno. Por primera vez emplear palabras para seducir a quien se quisiera gracias a la mediación del silencio más puro. Siempre he sido yo la silenciosa. Las palabras intercesoras, las he oído tanto, ahora las repito. ¿Quién elogió a los amantes en detrimento de los amados? Mi orientación más profunda: la orilla del silencio. Palabras intercesoras, señuelo de vocales. Ésta es ahora mi vida: mesurarme, temblar ante cada voz, temblar las palabras apelando a todo lo que de nefasto y de maldito he oído y leído en materia de formas de seducción.

El hecho es que yo contaba, yo analizaba, yo relacionaba ejemplos proporcionados por los amigos comunes y la literatura. Le demostraba que la razón estaba de mi parte, la razón de amor. Le prometía que amándome iba a serle accesible un lugar de justicia perfecta. Esto le decía sin estar yo misma enamorada, habiendo sólo en mí la voluntad de ser amada por él y no por otro. Es tan difícil hablar de esto. Cuando vi su rostro por primera vez, deseé que fuera de amor al volverse hacia mi rostro. Quise sus

---

1. Incluido en *El deseo de la palabra*, Ocnos, Barcelona, 1972, y en *Textos de Sombra y últimos poemas*, Sudamericana, Buenos Aires, 1982.

ojos despeñándose en los míos. De esto quiero hablar. De un amor imposible porque no hay amor. Historia de amor sin amor. Me apresuro. Hay amor. Hay amor de la misma manera en que recién salí a la noche y dije: hay viento. No es una historia sin amor. Más bien habría que hablar de los sustitutos.

Hay gestos que me dan en el sexo. Así: temor y temblor en el sexo. Ver su rostro demorándose una fracción de segundo, su rostro se detuvo en un tiempo incontable, su rostro, un detenerse tan decisivo, como quien mueve la voz y dice *no*. Aquel poema de Dylan Thomas sobre la mano que firma en el papel. Un rostro que dure lo que una mano escribiendo un nombre en una hoja de papel. Me dio en el sexo. Levitación; me izan; vuelo. Un *no*, a causa de ese *no* todo se desencadena. He de contar en orden este desorden. Contar desordenadamente este extraño orden de cosas. A medida que *no* vaya sucediendo.

Hablo de un poema que se acerca. Se va acercando mientras a mí me tienen lejos. Sin descanso la fatiga; infatigablemente la fatiga a medida que la noche –no el poema– se acerca y yo estoy a su lado y nada, nada sucede a medida que la noche se acerca y pasa y nada, nada sucede. Sólo una voz lejanísima, una creencia mágica, una absurda, antigua espera de cosas mejores.

Recién le dije *no*. Escándalo. Transgresión. Dije *no*, cuando desde hace meses agonizo de espera y cuando inicio el gesto, cuando lo iniciaba... Trémulo temblor, hacerme mal, herirme, sed de desmesura (pensar alguna vez en la importancia de la sílaba *no*).

1964

DESCRIPCIÓN

Caer hasta tocar el fondo último, desolado, hecho de un viejo silenciar y de figuras que dicen y repiten algo que me alude, no comprendo qué, nunca comprendo, nadie comprendería.

Esas figuras –dibujadas por mí en un muro– en lugar de exhibir la hermosa inmovilidad que antes era su privilegio, ahora danzan y cantan, pues han decidido cambiar de naturaleza (si la naturaleza existe, si el cambio, si la decisión...).

Por eso hay en mis noches voces en mis huesos, y también –y es esto lo que me hace dolerme– visiones de palabras *escritas* pero que se mueven, combaten, danzan, manan sangre, luego las miro andar con muletas, en harapos, corte de los milagros de *a* hasta *z*, alfabeto de miserias, alfabeto de crueldades... La que debió cantar se arquea de silencio, mientras en sus dedos se susurra, en su corazón se murmura, en su piel un lamento no cesa...

(Es preciso conocer este lugar de metamorfosis para comprender por qué me duelo de una manera tan complicada.)

1964

DIÁLOGOS

–Esa de negro que sonríe desde la pequeña ventana del tranvía se asemeja a Mme. Lamort –dijo.

–No es posible, pues en París no hay tranvías. Además, esa de negro del tranvía en nada se asemeja a Mme. Lamort. Todo lo contrario: es Mme. Lamort quien se asemeja a esa de negro. Resumiendo: no sólo no hay tranvías en París, sino que nunca en mi vida he visto a Mme. Lamort, ni siquiera en retrato.

–Usted coincide conmigo –dijo– porque tampoco yo conozco a Mme. Lamort.

–¿Quién es usted? Deberíamos presentarnos.

–Mme. Lamort –dijo–. ¿Y usted?

–Mme. Lamort.

–Su nombre no deja de recordarme algo –dijo.

–Trate de recordar antes de que llegue el tranvía.

–Pero si acaba de decir que no hay tranvías en París –dijo.

–No los había cuando lo dije pero nunca se sabe qué va a pasar.

–Entonces esperémoslo puesto que lo estamos esperando –dijo.

1965

DESCONFIANZA

Mamá nos hablaba de un blanco bosque de Rusia: «... y hacíamos hombrecitos de nieve y les poníamos sombreros que robábamos al bisabuelo...»

Yo la miraba con desconfianza. ¿Qué era la nieve? ¿Para qué hacían hombrecitos? y ante todo, ¿qué significa un bisabuelo?

1965

DEVOCIÓN

Debajo de un árbol, frente a la casa, veíase una mesa y sentados a ella, la muerte y la niña tomaban el té. Una muñeca estaba sentada entre ellas, indeciblemente hermosa, y la muerte y la niña la miraban más que al crepúsculo, a la vez que hablaban por encima de ella.

–Toma un poco de vino –dijo la muerte.

La niña dirigió una mirada a su alrededor, sin ver, sobre la mesa, otra cosa que té.

–No veo que haya vino –dijo.

–Es que no hay –contestó la muerte.

–¿Y por qué me dijo usted que había? –dijo.

–Nunca dije que hubiera sino que tomes –dijo la muerte.

–Pues entonces ha cometido usted una incorrección al ofrecérmelo –respondió la niña muy enojada.

–Soy huérfana. Nadie se ocupó de darme una educación esmerada –se disculpó la muerte.

La muñeca abrió los ojos.

1965

NIÑA ENTRE AZUCENAS

Obscenidad en algunos pequeños instantes del día comparti-
do, no de la noche que es sólo mía. Algo tan modesto como una
mano abrió mi ardiente memoria. Un gesto tenue al doblar los
dedos cuando cerró la mano en forma de azucena. El execrado
color de la azucena subió a mi cerebro con todo el peso fatal de
su triste y delicado perfume. Instada por la visión de esa mano
recogida en sí misma con dedos como cinco falos, hablé de la
doble memoria. Evoqué las azucenas detrás de las cuales una vez
me escondí, minúscula salvaje, para comer hormigas y cazar
moscas de colores. El gesto de la mano dio una significación pro-
caz a la figurita del memorial, la escondida entre azucenas. Co-
mencé a asfixiarme entre paredes viscosas (y sólo debo escribir
desde adentro de estas paredes). Tan ofensiva apareció la imagen
de mi niñez que me hubiera retorcido el cuello como a un cisne,
yo sola a mí sola. (Y luchas por abrir tu expresión, por libertarte
de las paredes.)

[Sin fecha]

VIOLARIO[1]

De un antiguo parecido mental con caperucita provendría, no lo sé, el hechizo que involuntariamente despierto en las viejas de cara de lobo. Y pienso en una que me quiso violar en un velorio mientras yo miraba las flores en las manos del muerto.

Había incrustado su apolillada humanidad en la capital de mi persona y me tenía aferrada de los hombros y me decía: *mire las flores... qué lindas le quedan las flores...*

Nadie hubiera podido conjeturar, viendo mi estampa adolescente, que la vetusta *femme de lettres* hacía otra cosa que llorar en mi cuello. Abrazándose estrechamente a mí, que a mi vez temblaba de risa y de terror.

Y así permanecimos unos instantes, sacudidos los cuerpos por distintos estremecimientos, hasta que me quedó muy poco de risa y mucho de terror.

Seguí mirando las flores, seguí mirando las flores... Yo estaba escandalizada por el adulterado decadentismo que ella pretendía reavivar con ese ardor a lo Renée Vivien, con ese brío a lo Nathalie Clifford Barney, con esa sáfica unción al decir flores, con ese solemne respeto greco-romano por los chivos emisarios de sus sonetos...

Entonces decreté no escribir un solo poema más con flores.

1965

---

1. «Violario», «La verdad del bosque», «Tragedia» y «Niña en jardín» fueron publicados en *Revista de Occidente*, Madrid, núm. 100, julio de 1971, con el título de *Momentos*, y recogidos en *El deseo de la palabra*, Ocnos, Barcelona, 1972, y *Textos de Sombra y últimos poemas*, Sudamericana, Buenos Aires, 1982.

LA VERDAD DEL BOSQUE

Como un golfo de soles este espacio hermético y transparente: una esfera de cristal con el sol adentro; con un cuerpo dorado (un ausente, querido tú) con una cabeza donde brillan los ojos más azules delante de sol en la esfera transparente.

La acción transcurre en el desierto y qué sola atravesé mi infancia como caperucita el bosque antes del encuentro feroz. Qué sola llevando una cesta, qué inocente, qué decorosa y bien dispuesta, pero nos devoraron a todos porque ¿para qué sirven las palabras si no pueden constatar que nos devoraron? –dijo la abuela.

Pero de la mía no se vistió el lobo. El bosque no es verde sino en el cerebro. La abuela dio a luz a mi madre quien a su vez me dio a tierra, y todo gracias a mi imaginación. Pero allí, en mi pequeño teatro, el lobo las devoró. En cuanto al lobo, lo recorté y lo pegué en mi cuaderno escolar. En suma, en esta vida me deben el festín.

–¿Y a esto llamas vida? –dijo la abuela.

1966

TRAGEDIA

Con el rumor de los ojos de las muñecas movidos por el viento tan fuerte que los hacía abrirse y cerrarse un poco. Yo estaba en el pequeño jardín triangular y tomaba el té con mis muñecas y con la muerte. ¿Y quién es esa dama vestida de azul de cara azul y nariz azul y labios azules y dientes azules y uñas azules y senos azules con pezones dorados? Es mi maestra de canto. ¿Y quién es esa dama de terciopelos rojos que tiene cara de pie y emite partículas de sonidos y apoya sus dedos sobre rectángulos de nácar blancos que descienden y se oyen sonidos, los mismos sonidos? Es mi profesora de piano y estoy segura de que debajo de sus terciopelos rojos no tiene nada, está desnuda con su cara de pie y así ha de pasear los domingos en un gran triciclo rojo con asiento de terciopelo rojo apretando el asiento con las piernas cada vez más apretadas como pinzas hasta que el triciclo se le introduce adentro y nunca más se lo ve.

1966

NIÑA EN JARDÍN

a Daniela Haman

Un claro en un jardín oscuro o un pequeño espacio de luz entre hojas negras. Allí estoy yo, dueña de mis cuatro años, señora de los pájaros celestes y de los pájaros rojos. Al más hermoso le digo:
—Te voy a regalar a no sé quién.
—¿Cómo sabes que le gustaré? —dice.
—Voy a regalarte —digo.
—Nunca tendrás a quien regalar un pájaro —dice el pájaro.

1966

A TIEMPO Y NO[1]

a Enrique Pezzoni

–No he visto aún a la reina loca –dijo la niña.

–Pues acompáñame, y ella te contará su historia –dijo la muerte.

Mientras se alejaban, la niña oyó que la muerte decía, dirigiéndose a un grupo de gente que esperaba: «Hoy están perdonados porque estoy ocupada», cosa que la alegró, pues el saber que eran tantos los que iban a morir la ponía algo triste.

Al poco rato vieron, a lo lejos, a la reina loca que estaba sentada muy sola y triste sobre una roca.

–¿Qué le pasa? –preguntó la niña a la muerte.

–Todo es imaginación –replicó la muerte–, en realidad no tiene la menor tristeza.

–Pero sufre igual, entonces no hay ninguna diferencia –dijo la niña.

–Vamos –dijo la muerte.

Se acercaron, pues, a la reina loca, que las miró en silencio.

–Esta niña desea conocer tu historia –dijo la muerte.

–Yo también quisiera conocer mi historia si yo fuera ella y ella yo –dijo la reina loca. Y agregó–: Siéntense las dos y no digan una sola palabra hasta que haya terminado.

La muerte y la niña se sentaron y, durante unos minutos, nadie pronunció una sola palabra. La muñeca cerró los ojos.

–No veo cómo podrá terminar si no empieza –dijo la niña.

Se hizo un gran silencio.

---

1. Publicado en la revista *Sur*, núm. 314, Buenos Aires, septiembre-octubre de 1968. Este relato iba a constituir una de las cuatro partes de un libro. Sería, según una notita hallada entre las fichas de A. P., un homenaje a *Alice in Wonderland*.

–Una vez fui reina –empezó al fin la reina loca.

A estas palabras el silencio se volvió a unificar y se hizo denso como una caverna o cualquier otro abrigo de piedra: dentro, entre las paredes milenarias, la joven reina rodeada de unicornios sonríe a su espejo mágico. La niña sentía deseos de prosternarse ante la narradora en harapos y decirle: «Muchas gracias por su interesante historia, señora», pero algo le hacía suponer que la historia de la reina loca aún no estaba terminada y por lo tanto permaneció quieta y callada.

La reina loca suspiró profundamente. La muñeca abrió los ojos.

–«Hijo mío, tráeme la preciosa sangre de tu hija, su cabeza y sus entrañas, sus fémures y sus brazos que te dije encerraras en la olla nueva y la taparas, enséñamelo, tengo deseos de mirar todo eso; hace tiempo te lo di, cuando ante mí gemiste, cuando ante mí estalló tu llanto» –dijo la reina loca.

–No le hagas caso –dijo la muerte–, está loca.

–¿Y cómo no va a estarlo si es la reina loca? –dijo la niña.

–Siempre divaga sobre lo que no tuvo. Lo que no tuvo la atraganta como un hueso –dijo la muerte.

Con ojos llenos de lágrimas prosiguió la reina loca:

–Niña, tú que no has tenido un reino, no puedes saber por qué voy bajo la lluvia con mi corona de papel dorado y la protejo...

–Para que no se moje –dijo la niña. Y empezó a contar: Una vez mi primo y yo... Pero se contuvo pues la muerte mordía con impaciencia un pétalo de la rosa que tenía en la boca.

–No, no puedo saber –dijo la niña.

–Pues cuenta tu historia de una vez y basta –dijo la muerte consultando su reloj que en ese momento se abrió e hizo aparecer a un pequeño caballero con una pistola en la mano que disparó seis tiros al aire: eran las seis en punto de la tarde y el crepúsculo no dejaba de revelarse algo siniestro, sobre todo por la fugaz aparición del caballerito del reloj y por la presencia de la muerte, aun si ésta jugaba con una rosa que lamía y mordía. A lo lejos, cantaban acompañándose de aullidos y tambores. Alguien cantaba una canción en alabanza de las florecitas del campo, del cielito blanco y azul, del arroyuelo que mana agüita pura. Pero otra voz cantaba otra cosa:

Et en bas, comme au bas de la pente amère,
cruellement désespéré du coeur,
s'ouvre le cercle des six croix,
     très en bas
comme encastré dans la terre mère,
desencastré de l'entreinte inmonde de la mère
     qui bave.

La reina loca suspiró.

–Me he acostado con mi madre. Me he acostado con mi padre. Me he acostado con mi hijo. Me he acostado con mi caballo –dijo. Y agregó–: ¿Y qué?

La muerte escupió otro pétalo y bostezó.

–Qué interesante –dijo la niña con temor de que su muñeca hubiese escuchado. Pero la muñeca sonreía, aunque tal vez con demasiado candor.

–Podría contarte mi historia a partir de la *e* de ¿Y qué?, que fue la última frase que dije aunque ya no es más la última –dijo la reina loca–. Pero es inútil contarte mi historia desde el principio de nuestra conversación, porque yo era otra persona que no está más.

La muerte bostezó. La muñeca abrió los ojos.

–Qé bida! –dijo la muñeca, que aún no sabía hablar sin faltas de ortografía.

Todo el mundo sonrió y tomó el té sobre la roca, en el funesto crepúsculo, mientras aguardaban a Maldoror que había prometido venir con su nuevo perro. Entretanto, la muerte cerró los ojos, y tuvieron que reconocer que dormida quedaba hermosa.

1968

UNA TRAICIÓN MÍSTICA[1]

«He aquí al idiota que recibía cartas del extranjero.»
ÉLUARD

Hablo de una traición, hablo de un místico embaucar, de la pasión de la irrealidad y de la realidad de las casas mortuorias, de los cuerpos en sudarios y de los retratos nupciales.

Nada prueba que no clavó agujas en mi imagen, hasta resulta extraño que yo no le haya enviado mi fotografía acompañada de agujas y de un manual de instrucciones. ¿Cómo empezó esta historia? Es lo que quiero indagar pero con voz solamente mía y eliminando todo designio poético. No poesía sino policía.

Como una madre que no quiere dejar irse de sí a su niño que ya está nacido, así su absorción silenciosa. Yo me arrojo en su silencio; yo, ebria de presentimientos mágicos acerca de una unión con el silencio.

Recuerdo. Una noche de gritos. Yo subía y no tenía posibilidad de arrepentirme; subía cada vez más alto sin saber si llegaría a un encuentro de fusión o si me quedaría toda la vida con la cabeza clavada en un poste. Era como tragar olas de silencio, mis labios se movían como debajo del agua, me ahogaba, era como si estuviera tragando silencio. En mí éramos yo y el silencio. Esa noche me arrojé desde la torre más alta. Y cuando estuvimos en lo alto de la ola, supe que eso era lo mío, y aun lo que he buscado en los poemas, en los cuadros, en la música, era un ser llevada a lo alto de la ola. No sé cómo me abandoné, pero era como un poema genial: no podía no ser escrito. ¿Y por qué no me quedé allí y no morí? Era el sueño de la más alta muerte, el sueño de morir haciendo el poema en un espacio ceremo-

---

1. *La Gaceta de Tucumán*, San Miguel de Tucumán, 22 de febrero de 1970.

nial donde palabras como *amor*, *poesía* y *libertad* eran actos en cuerpo vivo.

A esto pretende su silencio.

Crea un silencio en el que yo reconozca mi lugar de reposo cuando la prueba de fuego de su afección tuvo que haber sido mantenerme lejos del silencio, tuvo que haber sido vedarme el acceso a esa zona de silencio exterminador.

Comprendo, de nada sirve comprender, a nadie nunca le ha servido comprender, y sé que ahora necesito remontarme a la raíz de esa fascinación silenciosa, de esta oquedad que se abre para que yo entre, yo el holocausto, yo la víctima propiciatoria. Su persona es menos que un fantasma, que un nombre, que vacío. Alguien me bebe desde la otra orilla, alguien me succiona, me abandona exangüe. Estoy muriendo porque alguien ha creado un silencio para mí.

Fue un trabajo magistral, una infiltración retórica, una lenta invasión (tribu de palabras puras, hordas de discursos alados). Voy a intentar desenlazarme, pero no en silencio, pues el silencio es el lugar peligroso. Tengo que escribir mucho, que plasmar expresiones para que poco a poco se calle su silencio y entonces se borre su persona que no quiero amar, ni siquiera se trata de amor sino de fascinación imponderable y en consecuencia indecible (acercarme a la dura, a la blanda niebla de su persona lejana, pero hunde el cuchillo, desgarra, y un espacio circular hecho del silencio de tu poema, el poema que escribirás después, en el lugar de la masacre). No es más que un silencio, pero esta necesidad de enemigos reales y de amores mentales, ¿cómo la comprendió desde mis cartas? Un juego magistral.

Ahora mis pasos de loba ansiosa en derredor del círculo de luz donde deslizan la correspondencia. Sus cartas crean un segundo silencio más denso aún que el de sus ojos desde la ventana de su casa frente al puerto. El segundo silencio de sus cartas da lugar al tercer silencio hecho de falta de cartas. También hay el silencio que oscila entre el segundo y el tercero: cartas cifradas en las que dice para no decir. Toda la gama de los silencios en tanto de ese lado beben la sangre que siento perder de este lado.

No obstante, si no existiera esta correspondencia vampírica, me moriría de falta de una correspondencia así. Alguien que amé en otra vida, en ninguna vida, en todas las vidas. Alguien a quien amar desde mi lugar de reminiscencias, a quien ofrendarme, a quien sacrificarme como si con ello cumpliera una justa devolución o restableciera el equilibrio cósmico.

Su silencio es un útero, es la muerte. Una noche soñé una carta cubierta de sangre y heces; era en un páramo y la carta gemía como un gato. No. Voy a romper el hechizo. Voy a escribir como llora un niño, es decir: no llora porque esté triste sino que llora para informar, tranquilamente.

1966

LOS MUERTOS Y LA LLUVIA[1]

«Había una vez un hombre que vivía
junto a un cementerio.»
Shakespeare

Había un hombre que vivía junto a un cementerio y nadie pre-
guntaba por qué. ¿Y por qué alguien habría de preguntar algo? Yo
no vivo junto a un cementerio y nadie me pregunta por qué. Algo
yace, corrompido o enfermo, entre el sí y el no. Si un hombre vive
junto a un cementerio no le preguntan por qué, pero si vive le-
jos de un cementerio tampoco le preguntan por qué. Pero no por
azar vivía ese hombre junto a un cementerio. Se me dirá que todo
es azaroso, empezando por el lugar en que se vive. Nada me
puede importar lo que se me dice porque nunca nadie me dice
nada cuando cree decirme algo. Solamente escucho mis rumores
desesperados, los cantos litúrgicos venidos de la tumba sagrada
de mi ilícita infancia. Es mentira. En este instante escucho a Lotte
Lenya que canta *Die dreigroshenoper*. Claro es que se trata de un
disco, pero no deja de asombrarme que en este lapso de tres años
entre la última vez que la escuché y hoy, nada ha cambiado para
Lotte Lenya y mucho (acaso todo, si todo fuera cierto) ha cambia-
do para mí. He sabido de la muerte y he sabido de la lluvia. Por
eso, tal vez, solamente por eso y nada más, solamente por la llu-
via sobre las tumbas, solamente por la lluvia y los muertos, pue-
de haber habido un hombre que vivía junto a un cementerio. Los
muertos no emiten señales de ninguna suerte. Mala suerte y pa-
ciencia, puesto que la vida es un lapso de aprendizaje musical del
silencio. Pero algo se mueve y se desoculta cuando cae la lluvia
en un cementerio. He visto con mis ojos a los hombrecillos de
negro cantar endechas de errantes, perdidos poetas. Y los de caf-

---

1. *Zona Franca*, año 4, núm. 63, Caracas, 1969.

tán mojados por la lluvia, y las lágrimas inútiles, y mi padre demasiado joven, con manos y pies de mancebo griego, mi padre habrá sentido miedo la primera noche, en ese lugar feroz. La gente y los hombrecillos de negro despoblaron rápidamente el cementerio. Un hombre harapiento se quedó a mi lado como para auxiliarme en el caso de que necesitara ayuda. Tal vez fuera el vecino al que se refiere el cuento que empieza *Había una vez un hombre que vivía junto a un cementerio*. Oh el disco ha cambiado, y Lotte Lenya se revela envejecida. Todos los muertos están ebrios de lluvia sucia y desconocida en el cementerio extraño y judío. Sólo en el resonar de la lluvia sobre las tumbas puedo saber algo de lo que me aterroriza saber. Ojos azules, ojos incrustados en la tierra fresca de las fosas vacías del cementerio judío. Si hubiera una casita vacía junto al cementerio, si pudiera ser mía. Y tomar posesión de ella como de un barco y mirar por un catalejo la tumba de mi padre bajo la lluvia, porque la única comunión con los muertos sucede bajo la lluvia, cuando retornan los muertos y algunos vivientes cuentan cuentos de espíritus, de espectros, de aparecidos. A mí me sucede acercarme en el invierno a mis ausentes, como si la lluvia lo hiciera posible. Es verdad que nada importa a qué o a quién llamaron Dios, pero también es verdad esto que leí en el Talmud: «Dios tiene tres llaves: la de la lluvia, la del nacimiento, la de la resurrección de los muertos.»

1969

EL HOMBRE DEL ANTIFAZ AZUL[1]

«Lo que no es, no es.»
HERÁCLITO

La caída

A. empezaba a cansarse de estar sentada sin nada que hacer. *No hace nada pero lo hace mal*, recordó.

Un hombrecillo de antifaz azul pasó corriendo junto a ella. A. no consideró extraordinario que el hombrecillo exclamara:

–Los años pasan; voy a llegar tarde.

Sin embargo, cuando el enmascarado sacó de un bolsillo una pistola, y después de consultarla como a un reloj aceleró el paso, A. se incorporó, y ardiendo de curiosidad, corrió detrás del ocultado, llegando con el tiempo justo de verlo desaparecer por una madriguera disimulada. Inmediatamente, entró tras él.

La madriguera parecía recta como un túnel, pero de pronto, y esto era del todo inesperado, torcía hacia abajo tan bruscamente que A. se encontró cayendo –como aspirada por la boca del espacio– por lo que parecía ser un pozo.

O el pozo era muy hondo o ella caía con la lentitud de un pájaro, pues tuvo tiempo, durante la caída, de mirar atentamente a su alrededor y preguntarse qué iba a suceder a continuación (¿acaso el encuentro del suelo con su cabeza?). Primero trató de mirar hacia abajo, para informarse del sitio en donde iba a caer, pero la oscuridad era demasiado intensa; después miró a los lados y observó que las paredes del pozo estaban cubiertas de armarios llenos de objetos. Vio, entre otras cosas, mapas, bastones

---

1. Existe un manuscrito de seis hojas mecanografiadas. Esta versión fue incluida en la antología *El deseo de la palabra*, Ocnos, Barcelona, 1972, y reproducida en *Textos de Sombra y últimos poemas*, Sudamericana, Buenos Aires, 1982.

de caramelo, manos de plata asidas a un piano, monóculos, bracitos de muñecos, guantes de damas antiguas, un astrolabio, un chupete, un cañón, un caballo pequeñísimo espoleado por un San Jorge de juguete embistiendo a un dragón de plexiglás, un escarabajo de oro, un caballo de calesita, un dibujo de la palma de la mano de Lord Chandos, una salamandra, una niña llorando a su propio retrato, una lámpara para no alumbrar, una jaula disfrazada de pájaro... En fin, tomó de uno de los estantes una caja negra de vidrio pero comprobó, no sin decepción, que estaba vacía. No queriendo tirar la caja por miedo de matar a alguien que estuviera más abajo, la tiró igual.

–Después de una caída así, rodar por una escalera no tendría ninguna importancia –pensó.

Evocó escaleras, las más desgastadas, a fin de convocar muertos y otros motivos de miedos nocturnos. Pero se sentía valiente y no podía no recordar este verso: *La caída sin fin de muerte en muerte.*

¿Es que no terminaría nunca la caída? Seguía cayendo, cayendo. No le era dado hacer otra cosa. Recordó:

> *... caen*
> *los hombres resignados*
> *ciegamente, de hora*
> *en hora, como agua*
> *de una peña arrojada*
> *a otra peña, a través de los años,*
> *en lo incierto, hacia abajo.*

A. comenzaba a sentir sueño; mientras seguía cayendo se escuchó preguntar:

–¿Y qué pasa si uno no se muere? ¿Y qué muere si uno no se pasa?

Como no podía contestarse a ninguna de las preguntas, tanto daba formular una que otra. Sus ojos se cerraron y soñó que conducía un camión de transporte de antifaces.

De repente, se estrelló contra un colchón. La caída había terminado.

El centro del mundo

A. miró hacia arriba: todo estaba muy oscuro. Ante ella había otro túnel con el hombrecillo corriendo. Tuvo tiempo de oírlo exclamar:

—¡Por mi verga alegre, es tardísimo!

Un segundo después, el enmascarado había desaparecido. A. se encontró, de súbito, en una habitación llena de puertas, pero todas cerradas, como lo supo cuando las hubo probado una tras otra. De pronto descubrió en su mano una llave de oro. Su intento de abrir con ella alguna puerta resultó vano. Sin embargo, al volver a recorrer la habitación, advirtió otra puerta verde de unos cincuenta centímetros de altura. Con alegría, acaso con incredulidad, notó que la llavecita entraba en la cerradura (*... cuando tu llave de oro cantó en mi cerradura,* recordó).

Abrió la puerta verde y vio un pasillo no mayor que una bañera para pájaros. Por un hueco en forma de ojo, miró el bosque en miniatura más hermoso que pueda ser imaginado (teniendo en cuenta los poderes supremos de la imaginación). Nada deseó más que introducirse por aquel hueco y llegar hasta esas estatuas de colores junto a la fuente de fresca agua prenatal, pero como no era posible, A. deseó reducirse de tamaño.

—Estoy segura de que hay algún medio —dijo.

Tantas cosas habían ocurrido desde que nació, que A. no creía ya que hubiese nada imposible ni, tampoco, nada posible.

Esperar frente a la puerta verde era inútil. Volvió junto a la mesa, esperando encontrar en ella alguna mano (o un guante, aunque fuera) que le estuviese tendido un papel con instrucciones de cómo se hace para que la gente empequeñezca y pueda entrar en un bosque. Pero sólo encontró una botella que poco antes no estaba allí y que tenía una etiqueta con estas palabras:

Bébeme y serás la otra que temes ser.

—Sí —dijo. Y bebió largamente hasta vaciar la botella.

—¡Qué sensación psicodélica! —exclamó A.—. Debo de estar achicándome como un toro observado desde muy lejos por un pajarito miope que se quitó los anteojos.

La estatura de A. se había reducido a unos veinte centímetros. El corazón se le iluminó al pensar que el tamaño de su cuerpo era el necesario para llegar al bosque.

Y es un pequeño lugar perfecto aunque vedado. Y es un lugar

peligroso. El peligro consistiría en su carácter esencialmente inseguro y fluido, sinónimo de las más imprevistas metamorfosis, puesto que el espacio deseado, así como los objetos que encierra, están sometidos a una incesante serie de mutaciones inesperadas y rapidísimas.

A. estaba segura de que su estado de pequeñez actual valía la pena. Sabía que los caminos que llevan al *centro* son variadamente arduos: rodeos, vueltas, peregrinaciones, extravíos de laberintos. Por eso el *centro* (que en este cuento es un bosque en miniatura) configura un espacio cualitativamente distinto del espacio profano. En cuanto al tiempo... Pero aquí dejó de pensar porque se dio cuenta de que se había olvidado la llave. Al volver a la mesa en su busca no le fue posible alcanzarla. Intentó encaramarse por una de las patas pero cuando se hubo cansado de hacer pruebas inútiles y de compararse con Gregorio Samsa, se sentó en el suelo y se echó a llorar. *A orillas del Lemán me senté y lloré...*

–Pero si no hay ante quién llorar... –dijo.

De pronto su mirada se detuvo en una botellita que yacía debajo de la mesa con una etiqueta sobre la cual estaba escrito: *Bébeme y verás cosas cuyo nombre no es sonido ni silencio.*

–Si esto me hace crecer –dijo A.– alcanzaré la llave, y si me empequeñece, podré pasar por debajo de la puerta. Con tal de llegar al bosque no me importa lo que me pase.

Bebió un sorbo. Sorprendida, notó que su cuerpo permanecía igual a sí mismo. ¿Cómo era posible? Ella esperaba cosas tan maravillosas que lo habitual le resultaba extraño y hasta grotesco. Decidió arriesgarse del todo y bebió enteramente el contenido de la botellita. Pensó que el destino aprecia la monotonía puesto que la dicha o el infortunio del hombre a menudo cabe en una botella.

Cuando nada pasa

–Me estoy alargando como un poema dedicado al océano –dijo–. Ignoro adónde van mis pies (los vio alejarse hasta perderse de vista).

Simultáneamente, su cabeza rompió el techo y tropezó con la

copa de un árbol. Ya media tres metros. Fiel a su deseo más profundo, se adueñó de la llave y abrió la puerta verde. Pero todo lo que pudo hacer fue mirar el pasillo. En cuanto a atravesarlo ¿qué más difícil para una giganta? De nuevo se echó a llorar. (*Lloro porque no puedo satisfacer mi pasión...*, recordó.) Prosiguió derramando lágrimas hasta que a su alrededor se formó una laguna.

–Puesto que se formó por culpa de mi falta de armonía con el suceder de las cosas, la llamaré Laguna de la Disonancia.

Dijo, y se le ocurrió este poema:

> *Tendremos un buque fantasma*
> *Para ir al campo*
> *Y tendremos un sueño para el invierno*
> *Y otro para el verano*
> *Lo cual suma dos sueños.*

Nadie escuchaba sus versos.

–Sucede que una se cansa de estar sola –dijo–. Quisiera ver otras personas, aunque fuera gente sin cara.

Relaciones sociales

A. se acariciaba la mano derecha con la mano izquierda, lo que la obligó a mirarlas y a descubrir que estaba reduciéndose.

Otra vez dueña de un cuerpo minúsculo, corrió a la puertita: otra vez se encontró con que estaba cerrada y la llave, como antes, sobre la mesa. Al pensar en Nietzsche y en el tiempo circular, resbaló y se hundió en agua salada. Creyó haber caído en el mar; poco duró en saber que se hallaba en la Laguna de la Disonancia. Se puso a nadar en busca de una playa. Dijo:

–Éste será mi castigo: ahogarme en mis propias lágrimas. ¿Por qué lloré? (*J'ai tant cherché à lire dans mes ruisseaux des larmes*, recordó.)

Oyó caer algo en el charco, y nadó hacia allí; creyó que sería un submarino o una ballena, pero recordó a tiempo lo pequeña que era. Así, comprobó que se trataba de una muñeca. Acercándose a ella, le preguntó:

–¿Sabría usted decirme la manera de salir de este charco?

La muñeca le dirigió una mirada llena de reproches pero no contestó.

Segura de que había ofendido misteriosamente a la muñeca, A. se apresuró a disculparse.

–Si lo prefiere, no hablemos más.

–¿Hablemos? –dijo la muñeca–. ¡Como si yo hubiese hablado! Sepa que en mi familia se odia a los que hacen preguntas.

A. se apresuró a decir:

–¿Te... te... gustan las muñecas? ¡Oh! Me parece que he vuelto a preguntarte.

Y es que la muñeca se alejaba de ella nadando con todas sus fuerzas.

A. la llamó:

–Querida muñeca, por favor, vuelve y no hablaremos más.

La muñeca pareció meditar; luego dio media vuelta y nadó hacia A. Al llegar junto a ella le dijo:

–Nademos hacia la orilla, en donde hablaremos, aun si no se debe ni se puede.

LA CONVERSADERA

–La marquesa salió a las cinco y cinco.

–Hay muchas en la región donde existen cariátides de luz indefinible.

–... «tus senitos benjamines», dijo Lugones y yo me asusté.

–Los sátiros asustan. Había uno que me propuso esta adivinanza: «Tengo una cosa blanca como un cisne y no es cisne. ¿Qué es?» Me regaló *La historia de Roma*. Abrí el libro para leerlo y lo encontré lleno de pinturas sobre las costumbres sexuales de los humanos y viendo retratada la parte teórica me entraron ganas de probar las escenas pintadas.

–Tus palabras me parecen tan vivas que me han hecho como mearme. Yo pienso que este mundo está como corrompido, pero que lo abandone el que quiera. Yo, ni pienso.

–Desde luego, no es fácil aceptar la realidad.

–Por donde menos se espera, saldrá el elefante.

–¿Habló en serio?

–Sí, dijo una cosa que no tenía ni pies ni cabeza.

–Entonces, ¿para qué ahogarse en un vaso de agua?

–Claro, ¿y si uno pierde la cabeza?

–Ahí en la niebla he visto una sombra.

–Hay días en que quisiera irme al olvido, al viento...

–Ahí en la niebla hay alguien; los ojos de la estatua exaltan su silencio.

–Adoro la flagrancia y la retórica. Escucha esto: Que quiera, que no quiera, días y días pasaron desde que caí en un pozo. O quiera, o no quiera, yo hablo aun si no debería.

–De acuerdo. Pero lo que no comprendo son las familias de palabras. Una vez mi abuela incluyó en una misma frase «teja y tejo» y «lógobre y lúgubre».

–¡Oh!

TANGIBLE AUSENCIA[1]

Que me dejen con mi voz nueva, desconocida. No, no me dejen. Oscura y triste la infancia se ha ido, y la gracia, y la disipación de los dones. Ahora las maravillas emanan del nuevo centro (desdicha en el corazón de un poema a nadie destinado). Hablo con la voz que está detrás de la voz y con los mágicos sonidos del lenguaje de la endechadora.

A unos ojos azules que daban sentido a mis sufrimientos en las noches de verano de la infancia. A mis palabras que avanzaban erguidas como el corcel del caballero de Bemberg. A la luz de una mirada que engalanaba mi vocabulario como a un espléndido palacio de papel.

Me embriaga la luz. No nombro más que la luz. Quiero verla. Quiero ver en vez de nombrar.

No sé dónde detenerme y morar. El lenguaje es vacuo y ningún objeto parece haber sido tocado por manos humanas. Ellos son todos y yo soy yo. Mundo despoblado, palabras reflejas que sólo solas se dicen. Ellas me están matando. Yo muero en poemas muertos que no fluyen como yo, que son de piedra como yo, ruedan y no ruedan, un zozobrar lingüístico, un inscribir a sangre y fuego lo que libremente se va y no volvería. Digo esto porque nunca más sabré destinar a nadie mis poemas.

Vida, mi vida, ¿qué has hecho de mi vida?

Hemos consentido visiones y aceptado figuras presentidas

1. Publicado en *La Gaceta de Tucumán*, San Miguel de Tucumán, 6 de agosto de 1970.

según los temores y los deseos del momento, y me han dicho tanto sobre cómo vivir que la muerte planea sobre mí en este momento que busco la salida, busco la salida.

Volver a mi viejo dolor inacabable, sin desenlace. Temía quedarme sin un imposible. Y lo hallé, claro que lo hallé.

La aurora gris para mi dolor infuso, me llaman de la habitación más cercana y del otro lado de todo espejo. Llamadas apresurándome a cubrir los agujeros de la ausencia que se multiplican mientras la noche se ofrece en bloques de dispersa oscuridad.

Luz extraña a todos nosotros, algo que no se ve sino que se oye, y no quisiera decir más porque todo en mí se dice con su sombra y cada yo y cada objeto con su doble.

TODA AZUL[1]

–Azul es mi nombre –dije.

Los jardines del hospicio con estatuas, con flores obscenas.

Los vestidos de azul iban y venían como quien recita un mismo poema interminable.

–¿Por qué traes los ojos tan fijos? –dijo.

Yo misterio mi mirada para que al mirarla no se vuelva azul la rosa roja.

Aquí vienen mis tres amigas: V., S. y O.

O.: de sacerdotisa sus ojos de pájara, de topo sus manos, de reina de desterrados su voz.

O. me cuenta cuentos de muertes inacabadas.

–O., tengo miedo de este gran NO que se me sube a la cabeza.

Hablamos. Así somos dos quienes se reparten el botín, el peso del cadáver.

V. me insta a responder al llamamiento. Amiga cercana como el dolor de mi nuca. Rigurosa como una emperatriz bizantina, es capaz de morir por una palabra mal pronunciada.

–Lugar azul se llama mi recinto –dije.

Es tarde para gritar. El embaucamiento degradó las apariencias.

–Jaula azul –dije indicando la prisión donde yacía.

–¿Por qué crimen? –preguntaron las damas que ululaban como las sirenas de un barco que se hunde.

---

1. Dos legajos de hojas mecanografiadas, sin fecha. Fue incluido en *Textos de Sombra y últimos poemas*, Sudamericana, Buenos Aires, 1982.

–Si me dan el cuadrado mágico que cambia los colores y los vuelve fugitivos, entonces sí.

–Sólo queremos ayudarte –dijeron.

–No pueden –dije llorando sin tristeza, sin piedad.

Cantaron himnos para curarme. Aprecié la distancia que me separaba de ellas. Yo estaba tan sola que mis miedos desaparecieron como por ensalmo.

Mostré, uno a uno, los dedos de una de mis manos.

–El lujurioso, el voluptuoso, el lúbrico, el mórbido y el lascivo. Mi mano es el espejo de la matadora.

–Danos más explicaciones –dijo S.

–Un instante ilícito se paga con años de silencio opaco. ¿A quién contar mi alegría y mi antigua ternura?

–A una cebra heráldica, a un pingüino rosado* –dijo la de ojos de maga.

Un animal de papel atravesó el lugar azul.

–Cuando yo, la presagiosa en mis sueños privados; la transformista de sus emblemas antiguos y humillados; cuando yo, ¿entienden?

–No.

–Ronda nocturna. Un payaso me sonríe a fuego vivo y me transforma en una muñeca: Para que nunca te marchites (dice).

–Danos más explicaciones –dijeron las celestes.

–Los sufrimientos me dispensan de dar explicaciones –dije. Sonreí.

–Mis amores con el payaso duraron lo que la lluvia –dije–. También él quería ir-hasta-cierto-punto.

Sonreí.

–Loba Azul es mi nombre –dije.

---

* Cebra heráldica y pingüino rosado: integran la zoología fantástica de Olga Orozco. *(Todas las notas con asterisco son de Alejandra Pizarnik.)*

CUIDADO CON LA PINTURA[1]

Un busto de Saturno se levantaba a la entrada del jardín. Las emisiones que de los agujeros faciales salían eran negras, pero tres sochantres reunidos a su alrededor las pintaban de rojo. A H. esto le pareció muy curioso, y se acercó a ellos para ver cómo lo hacían, para saber por qué lo hacían. En aquel momento oyó que uno de ellos le decía al otro:

–Me has manchado de pintura, te voy a matar. Nadie me descubrirá pues las manchas de pintura proceden ineluctablemente a la ocultación de la identidad.

1.   Hoja de cuaderno manuscrita, probablemente de 1970.

ESBOZO[1]

–Me parezco a ciertos animales que sólo viven de noche.

–Sólo pido una cosa, y es todo: que mires la claridad, el sol.

–No me faltan ojos para constatar que aquí el sol es el sol, el verde es verde, y cuando esto se pone rojo, es rojo.

–No es necesario comprender tanto. Te amo. ¿Qué otra cosa pude haber hecho sino extraerte de la noche?

–¿Me sacaste de la noche?

Yo tenía un cuchillo y dejé que mi acto continuara en vez de mi lengua.

Comprobé qué parecido a un cerdo era ese hombre agónico.

–Exactamente como un cerdo –dije.

Pero él no contestaba nada y me miraba con ojos embrutecidos. Al sol primero y a mí después.

---

1. Hoja mecanografiada con correcciones a mano. Sin fecha. Probablemente de 1970.

APRENDIZAJE[1]

–Admire sólo la ejecución de los muñecos –dijo.

Cuanto más los miraba, más fuerte era mi certidumbre de que nunca formularía, en mis poemas, signos iguales o parecidos a los que emitían esos muñecos. Y en verdad, ¿cómo comparar una paciente serie de pequeños actos con el impulso desenfrenado de la materia verbal errante?

–Ya no hay más nombres –dije a la loca.

–Si se queda unos años en el hospicio, le enseñaré a hacer muñecos como estos –dijo.

¿Acaso es nada la vida? ¿Por qué conceder tanto tiempo a tan inútil aprendizaje?

–No quiero quedarme –dije–. De lo que se llama la locura, he oído hablar, como todo el mundo, pero no basta querer estar loca.

Se señaló a sí misma.

–No la abandone. No la deje sola.

Empezamos a llorar. Entró el médico. La señalé a ella y dije:

–Lo he dado todo y ahora me dejan sola.

Así aprendí cómo se hace un muñeco. Pero ustedes admiren sólo la ejecución de los muñecos.

1. Hoja mecanografiada y corregida a mano. Probablemente de 1970.

CON HORARIOS[1]

Los lugares y los rostros se graban en las entrañas y los huesos; cada zona del cuerpo tiene sus recuerdos. Así, tan pronto como pienso en mi hombro derecho, aparecen el café *Au Rêve* y la cara del maître, enorme y redonda, que yo observaba sin cesar. La cara, por su parte, me miraba con esperanza pues nunca una mujer la habría mirado como yo, quien al mirarla sentía remordimiento por no visitar con más frecuencia el jardín zoológico.

No es solamente el hombrecillo de la sangrienta luna quien vaga perdido por mi hombro derecho sino también las viejas. Las viejas con sombreros viejos y apellidos viejos, las viejas con caras de pergaminos, de rollos del mar muerto, de payasos pintados como calaveras de azúcar. Sentadas en el *Au Rêve*, estrechaban contra sí andrajosos bolsos de baile de terciopelo con flores bordadas igual que sus figuras en mi hombro derecho.

Todos los mediodías hacían su entrada las viejísimas y exigían al maître agua caliente y azúcar mientras sacaban de sus bolsos pequeños envoltorios de papel de diario que contenían café en polvo. El maître de la luna roja se inclinaba reverente como si hubiesen pedido foie-gras: él conocía sus vetustos, rancios apellidos... (esta escena resucita cada vez que pienso en mi hombro derecho y si quiero puedo hacer que el gordo se incline cien veces).

Yo escribía poemas en el *Au Rêve* y aparentemente era una prisionera. El tiempo que tenía era sin ventana ni puerta: 12.40 horas a 13.50 horas. Yo escribía. Me rodeaban, además de las vie-

---

1. Dos hojas mecanografiadas y corregidas a mano. Probablemente de 1971.

jas, gentes promiscuas, que no dejaban de vigilarme aun si apenas me miraban. Me infligían ruidos: los de los platos al romperse, los de las viejas golpeando con cucharitas contra las tazas, los indistintos provenientes de la calle y hasta las vociferantes órdenes del maître escarlata. Pero mi exaltación me aislaba y todo lo que me pasaba llevaba un halo, el que siempre atribuyo a los rostros y a las cosas que son mi fuente de encantamiento. Esta vez, sin embargo, el halo estaba dentro de mí, yo era su única dueña y podía bastarme a mí misma aunque anduviera por los bajos fondos de la realidad (como en el *Au Rêve*, por ejemplo). Asimismo, mi vida era idéntica a la imagen de mi vida que me había creado, con esperanza, en la infancia. Una imagen pueril, cierto, pero la coincidencia con el modelo real me inducía a no ser pueril. En el café *Au Rêve* yo fluía y me deslizaba; el muro se había vuelto río. Y para siempre en mi hombro derecho los éxtasis poéticos de 12.40 horas a 13.50 horas.

La conciencia del fuego apagó la de la tierra. Mi visión del mundo se resuelve en un adiós dudoso, en un prometedor nunca.

Culpa por haberme ilusionado con el presunto poder del lenguaje.

Todo es un interior. Por tanto, el poema es incapaz de aludir hasta a las sombras más visibles y menos traidoras.

Hablar es comentar lo que place o disgusta. Lenguaje visceral constatador de los fantasmas de las apariencias.

Escribir no es más lo mío. Con sólo nombrar alcoholes temibles, yo me embriagaba. Ahora –lo peor es ahora, no el miedo a un desastre futuro sino la de algún modo voluptuosa constatación del presente infuso de presencias desmoronadas y hostiles. Ya no es eficaz para mí el lenguaje que heredé de unos extraños. Tan extranjera, tan sin patria, sin lengua natal. Los que decían: «y era nuestra herencia una red de agujeros», hablaban, al menos, en plural. Yo hablo desde mí, si bien mi herida no dejará de coincidir con la de alguna otra supliciada que algún día me leerá con fervor por haber logrado, yo, decir que no puedo decir nada.

8 de agosto de 1971

DIFICULTADES BARROCAS[1]

Hay palabras que ciertos días no puedo pronunciar. Por ejemplo hoy, hablando por teléfono con el escritor D. –que es tartamudo– quise decirle que había estado leyendo un librito muy lindo titulado *L'impossibilité d'écrire*. Dije «L'impossibilité...» y no pude seguir. Me subió una niebla, me subió mi existencia a mi garganta, sentí vértigos, supe que mi garganta era el centro de todo y supe también que nunca más iba a poder decir «écrire». D. –bien o mal– completó la frase, lo cual me dio una pena infinita pues para ello tuvo que vencer no sé cuántas vocales a modo de escollos. ¡Ah esos días en que mi lenguaje es barroco y empleo frases interminables para sugerir palabras que se niegan a ser dichas por mí! Si al menos se tratara de tartamudez. Pero no; nadie se da cuenta. Lo curioso es que cuando ello me sucede con alguien a quien quiero me inquieto tanto que redoblo mi amabilidad y mi afección. Como si debiera darle sustitutos de la palabra que no digo. Recién, por ejemplo, tuve deseos de decirle a D.: Si es verdad lo que me dice tantas veces, si es verdad que usted se muere de deseos de acostarse conmigo, venga, venga ahora mismo. Tal vez, con el lenguaje del cuerpo le hubiera dado algo equivalente a la palabra *écrire*. Ello me sucedió una vez. Una vez me acosté con un pintor italiano porque no pude decirle: «Amo a esta persona». En cambio, respondí a sus pedidos con una vaga serie de imágenes recargadas y ambiguas y es así como terminamos en la cama sólo porque no pude decir la frase que pensaba. Termi-

---

1. Hoja mecanografiada y corregida a mano por A. P. Escritas a mano en el ángulo superior derecho las iniciales J. C. Sin fecha.

né también llorando en sus brazos, acariciándolo como si lo hubiera ofendido mortalmente, y pensando, mientras lo acariciaba, que en verdad no lo compensaba mucho, que en verdad yo le quedaba debiendo.

JUEGO TABÚ[1]

Ante todo una mancha roja, de un rojo débil pero no sombrío y ni siquiera opaco. La mancha configura un sombrero colorado que se inserta en el color arena húmeda del suelo compuesto por tres tablas de madera.

El conjunto –sombrero rojo y madera ocre– relumbra igual que en algunas iglesias umbrosas el manto de la Virgen. Fulgor mediocre que resplandece por obra de la oscuridad vecina.

El desconocido dueño del sombrero podría ser un niño que, asomado a la ventana, está jugando con una máscara. Tampoco es improbable que alguien, otro niño, huyera del lugar a fin de no ver la escena de la ventana. En la fuga habría dejado caer su sombrero, y así, la mancha roja que está más acá de la ventana sería el sombrero de un ausente temeroso del recinto cuyo emblema es la conjunción de Eros y la muerte.

Las tablas de madera y la mancha roja relumbran en un primer plano desierto con señales de ausencia. Se trata, evidentemente, de un anuncio del otro y verdadero primer plano, o sea el interior visible por la ventana, en donde brilla una luz apenas suficiente para iluminar una escena signada por el ocultamiento más ambiguo. El corazón del espacio es, aquí, la ventana de una choza en ruinas.

La escena reúne cuatro personajes infantiles en un recinto diminuto delimitado por un marco oscuro. La pareja del fondo se

1. Tres hojas escritas a máquina y corregidas a mano, con el título «Texto acerca de un fragmento de *Juego de niños* de Pieter Brueghel, el Viejo», y tachado «Juego tabú». Sin fecha.

entrega a juegos eróticos. El niño, tan borroso que aparece despojado de rasgos, apoya su hermosa mano cerca del pubis de su compañera, la que se encuemedio de un salto eróticamente ambiguo. También ella, pero más aún que el niño, carece de figura. Una toca blanca, semejante a la de una religiosa, le oculta la cara y los cabellos. Esa niña poco visible aunque nada misteriosa evoca cierta imagen de la muerte con velo blanco que llaman *la velada*.

Otro niño y otra niña hay delante de esa alegre pareja. El niño parece querer adherir a su cara una máscara que representa un rostro viril, adulto y muerto. La mano del niño, ocupada en fijar la máscara a su rostro, es innoble, y, en armonía con la máscara, algo muerta. El niño forcejea con la máscara con el visible fin de apropiarse del aspecto de un muerto o, lo que es igual, de la muerte. A la vez, su mano casi muerta atenúa la impresión de forcejeo violento. No, el niño no se estremece paroxísticamente para enmascararse de muerto; sólo quiere mantener la máscara fijada a su rostro. Pero también, y sobre todo, parece que su afán consiste en ver qué se ve a través de ella, como si los ojos ausentes de la máscara fueran de otro mundo. Y lo son, en efecto. Y más aún: las vacías órbitas negras son el primer rasgo de muerte que muestra esa trivial y aterrante máscara.

Al lado del pequeño enmascarado hay una niña entregada a una contemplación indefinible: mira el afuera como lo miraría un animal. Su carita es muy fea, se parece a la de una joven muerta. Dueña de una serenidad bestial, se muestra del todo indiferente a su vecinito.

Los cuatro niños emergen de una oscuridad densa, consistente, al extremo de creer posible cortar con un cuchillo tanta sombra.

La oscuridad no es negra. Color de sombra de una pared vieja y, a la vez, color inofensivo que acepta la invasión de colores de los cuatro minúsculos seres. El azul, el lila, el verde, el encarnado y el blanco dominan una oscuridad que reina para revelar los colores de los pequeños visitantes de la ruina.

La luz es originaria del lugar exterior que no cesa de mirar la niña de cara de animal luciente. La máscara de muerto brilla como un sol. Y no lejos, hay la extraña luz de la mancha roja que sería el sombrero de un presunto fugitivo.

Más que la luz, perturba la fusión de movimiento (los niños

lascivos) y de quietud (el gesto paroxístico del niño de la máscara aparece como esculpido; la misma inmovilidad hay en los ojos de muñeca de su vecina). Los rasgos de la máscara son impasibles y tensos, como si integraran una escena de inmovilidad desmesurada. Los labios de la máscara son el signo distintivo de una sensualidad frenética e inútil. Cabe preguntarse para qué se manifiestan los furiosos deseos resumidos en esos labios, si lo más probable es que el niño emitirá gritos a través de ellos para asustar a sus compañeros.

Los labios de la máscara o la nariz descomunal o su color borra de vino son figuras insuficientes en comparación con los ojos, órbitas vacías, oquedades negras. Por ellos todo entra y cae en la ausencia. Por esos huecos negros, la máscara es idéntica a la del rostro de un muerto, el cual es idéntico al de una máscara. Y es ésta la máscara con la que un niño quiere cubrir, con ardor incomprensible, su cara viviente. No es que quiera ocultarse detrás de un rostro ajeno sino detrás de un rostro ocultado en sí mismo.

Tal vez el niño de la máscara ha visto a sus compañeros y no los aprobó, y decidió, por tanto, desaparecer y convertirse en el embozado, el velado, el larvado. Se disfrazó de demonio de la muerte. Sea por error, sea para adquirir poder. De cualquier forma, es una aterradora figura condenada a la soledad perpetua.

EJERCICIOS SOBRE TEMAS DE INFANCIA
Y DE MUERTE[1]

–Mirá por la ventana y decime qué hay.

–No puedo creerlo.

–No es cuestión de creer sino de ver.

–Hay un fotógrafo de esos que sacan «mirando el pajarito». Está fotografiando a su propia cámara fotográfica.

–¿Y en la ventana de enfrente?

–Lo de siempre. La bombacha y el corpiño sobre una silla y una sombra que va y viene. Es la sombra de la dactilógrafa.

–¿Y el sol?

–No hay sol.

–¿Entonces qué?

–Nada. Todo está opaco.

–¿Y los espejos que brillaban tan dulcemente?

(Y es el frío de la noche. Lo negro.)

–Mi amante es más alta que un reloj de péndulo.

–...

–Mi amante es obscena porque se toca la hora.

–Me dicen que tengo una larga y brillantísima vida por vivir. Pero yo sé que sólo tengo mis propias palabras que me vuelven.

---

1. Dos hojas mecanografiadas y corregidas a mano. Fue publicado en *La Gaceta de Tucumán*, San Miguel de Tucumán, 2 de abril de 1972, e incluía un fragmento final que comienza con «—Se abrió la flor de la distancia...», y que A. P. incorporó en *El Infierno Musical* con el título de «Los poseídos entre lilas» (véase Alejandra Pizarnik, *Poesía completa*, Lumen, Barcelona, 2000, y «Los perturbados entre lilas», en la sección Teatro del presente volumen).

–Tenías tantos proyectos.

–Es tarde para hacerme una máscara.

–Tantos proyectos: alabar el frío, la sombra, la disolución. Decir hermosamente que todos los caminos se abren a la negra liquefacción.

–Es que yo creía que conviene decir a menudo, por más que se sepa, lo que nos puede servir de advertencia.

–*(Riendo.)* Dijiste *advertencia.*

(Se ríen.)

...

CASA DE CITAS[1]

«J'en parle afin de traduire un état de terreur.»
GEORGES BATAILLE

–Hay como chicos mendigos saltando mi cerca mental, buscando aperturas, nidos, cosas para romper o robar.

–Alguien se maravillaba de que los gatos tuvieran dos agujeros en la piel, precisamente en el sitio de los ojos.

–«Odio a los fantasmas» –dijo, y se notaba claramente por su tono que sólo después de haber pronunciado estas palabras comprendía su significado.

–Abrí la boca un poco más, así se notará que estás hablando.

–Me siento como si no fuera capaz de hablar más en la vida.

–Hablá en voz muy baja. Y sobre todo, recordá quién sos.

–¿Y si me olvido?

–Entonces bramá.

–Estoy pensando que.

–No es verdad. Cosas desde la nada a ti confluyen.

–A lo lejos sonaba indistintamente la voz de una muchacha que cantaba canciones de su tiempo de muchacha.

–¿En qué pensás mientras cantás?

–En que aquel sueño de ir en bicicleta a ver una cascada rodeada de hojas verdes no era para mí.

–Sólo quería ver el jardín.

---

1. Legajo de dos hojas y media, papel tipo avión, corregido a mano por A. P. Versión publicada en *Textos de Sombra y últimos poemas*, Sudamericana, Buenos Aires, 1982.

–¿Y ahora?

–Siento deseos de huir hacia un país más hospitalario y, al mismo tiempo, busco bajo mis ropas un puñal.

–Como vos, quisiera ser una cosa que no puede sentir el paso de los años.

–Supongo que el envejecimiento del rostro ha de ser una herida de espantoso cuchillo.

–La vida nos ha olvidado y lo malo es que uno no se muere de eso.

–Sin embargo, cada vez nos va peor.

–Entonces la vida no nos ha olvidado.

–Perras palabras. ¿Cómo han de poder mis gritos determinar una sintaxis? Todo se articula en el cuerpo cuando el cuerpo dice la fuerza inadjetivable de los deseos primitivos.

–Apenas digo el espacio donde se escribe el signo del reflejo de un pensar que emana gritos.

–Soy real –dijo. Y se puso a llorar.

–¿Real? Andate de aquí.

–Algo fluye, no cesa de fluir.

–Dije que te fueras.

–Dijiste que me fuera. Intento hacerlo desde que me parió mi madre.

–Vos no existís, ni tu madre, ni nada, salvo el diccionario.

–Alcancé el maravilloso poder de simpatizar con cualquier cosa que sufriese.

–No entiendo. Fui al prostíbulo, y esa bella constelación de divinas difuntas.

–Entiendo. La crítica de la puta razón.

–Quedé asombrada con cantidad de asombro pues vi a una mujer montada sobre un animal en estado bruto.

–Mi miedo al dar a la vida un solo. adjetivo.

–Siempre tropiezo en mi plegaria de la infancia.

–Siempre así: yo estoy a la puerta; llamo; nadie abre.

–Le dije cuanto había en mi corazón.

–Por eso huyó, ¿verdad?

–A la hora de morir uno canta para sí, no para los demás.

–Sólo en su canto podía reconocerse al amante silencioso.

–Dispersados serán por el mundo las mujeres que cantan y los hombres que cantan y todos los que cantan.

–Y entonces se vestirá tranquilamente con el hábito de la locura.

–De nuevo la sombra.

–Y entonces me alejé o llegué. ¿Tendré tiempo de hacerme una máscara para cuando emerja de las sombras?

–La sombra, ella está aquí. Casa de sal volcada, de espejos rotos. Yo había encontrado un pequeño lugar solitario, propicio para llorar. Esta vez la sombra vino a la tarde, y no como siempre por la noche. Yo ya no encuentro un nombre para esto.

–Esta vez vino a la tarde, y no como siempre por la noche. Volvió a venir, mas ya no hallé, aun siendo día, un nombre para aquello. Esta vez parecía amarillo. Yo estaba sentada en la cocina con un fósforo quemado entre los dedos.

1971

RETRATO DE VOCES[1]

a mi abuela, la princesa Dounia Fedora Kolikovska,
a quien ruego perdone mi desinterés por la magia
y mi adhesión excesiva al samovar

–Al alba dormiré con mi muñeca en mis brazos, mi muñeca la
de ojos azul oro, la de la lengua tan maravillosa como un poema
a tu sombra. Muñeca, personajito pequeño, ¿quién sos?

–No soy tan pequeña. Sos vos quien es demasiado grande.

–¿Qué sos?

–Soy un yo, y esto, que parece poco, es suficiente para una
muñeca.

–Pequeña marioneta de la buena suerte, se debate en mi ven-
tana según quiere el viento. La lluvia ha mojado su vestido, su
cara y sus manos, que se decoloran. Pero le queda su anillo, y con
ello su poder. En invierno ella golpea en el vidrio con sus piece-
citos calzados de azul y danza, danza de frío, de alegría, danza
para calentar su corazón, su corazón de madera, su corazón de
la buena suerte. En la noche ella eleva sus brazos suplicantes y
crea a voluntad una pequeña noche de luna.

1. Publicado en *Árbol de Fuego*, año 5, núm. 52, julio de 1972. Incluido en *Textos de Sombra y últimos poemas*, Sudamericana, Buenos Aires, 1982.

LA MUÑECA NEGRA[1]

–¡Flor de muerto! –dijo la ensimismada entre lilas.

Y es el silencio,
el frío de la noche,
lo negro.

–Si digo *Pero enterado en la arena*, ¿quién entiende que me
refiero al cuadro de Goya *Perro enterrado en la arena*?
–Dije algo que comenzaba con *flor* –dijo la que entre lilas.
–Cada vez que contaba la historia de su muñeca negra, ne-
vaba.
–¡Es ella! –dijo cayendo el hada.
Murió.

1. Hoja mecanografiada sin fecha.

II

Humor

HISTORIA DEL TÍO JACINTO[1]

–Ja, ja, ja –emitió llorando y continuó– entonces le arrojé un balde de agua y... ja, ja (emitió llorando) ¿sabe lo que había en el balde? Ja, ja, ja (y continuó) ¡agua!

Traté de consolarlo.

–La carne es triste, ay... –dije después de meditar.

Se sobresaltó.

–¿Un balde de carne?

–No, profesor –dije– una taza de boldo. ¿Se sirve azúcar?

–Jamás se debe incluir azúcar en un líquido hirviente porque a los pocos segundos desaparece...

–¿Quién desaparece?

–El azúcar...

–Cuente otra historia –rogué.

–¿Ya le narré lo que me pasó en Lisboa?

–Sí.

–¿Y lo que hicieron mis abuelos la noche en que se acostaron juntos y descubrieron que ni él era mi abuelo ni ella mi abuela y viceversa?

–Sí.

–¿Y la historia de la gallina sifilítica que contagió a mis ocho primos montañeses?

–No recuerdo bien...

–Ja, ja –exhaló llorando– la gallina se volvió pederasta.

–Querrá usted decir lesbiana.

1. Legajo de cuatro folios mecanografiados y corregidos a mano por A. P. En el mismo legajo, abrochado, un quinto folio manuscrito, «Jornada II y Jornada III». Sin fecha.

–No, puesto que contagió también a mi abuelo.

–¿Y dejó de producir pollitos?

–Los hizo más que nunca gracias a mi abuela que la fustigaba con un rebenque amarillo lo cual le gustaba tanto que se quedaba preñada todos los días. Pero ¿le conté la historia de mi tío Stanislás que se había comprado un monóculo de visón en Suecia?

–Sí.

–¿Y la de mi tío Estanislao que se suicidó por culpa de su vientre sonoro?

–¿Cómo?

–Pues resulta que tenía una amante casada con un viejo celoso pero viajante de comercio. Una noche toda llena de murmullos, de perfumes y de músicas de alas, tío hacía el amor con su dama al amparo de su creencia en el viaje del viejo viajante. Pero en mitad del... bueno... ¡zás!... merde alors! se oyeron sonidos y ruidos y chasquidos y músicas (no de alas). «Me han tendido una trampa (le dijo tío Lao a su amiga) el viejo no viaja; el viejo está debajo de la cama.» Y se arrojó por la ventana que para desgracia suya resultó ser la de la planta baja. Pocas horas después moría la dama. Murió de risa pues tío Estanís había confundido los rumores de su propio vientre con los ruidos imaginarios del viejo lo cual no podía ser cierto porque a esa hora el viajante moría en un hotel de Trieste, pobre trasto triste, solo y abandonado como se canta en el famoso twist...

–Querrá usted decir tango.

–¿Sé yo lo que quiero, amiga mía? –dije riendo.

(Su boca se plegó y exhibió comisuras amargas. Frunció el ceño. Con mano nerviosa acarició a un perro invisible y con pie histérico le encajó una patada.)

–¿Le narré el velorio de mi madre? –dijo riendo.

–Sí –dije–. Su madre de usted se incorporó en el féretro y los puteó de lo lindo.

–Colapso por empacho de gofio y de zen-zen.

Y agregó llorando:

–Tranquilo, Puchi, tranquilo o te rompo el culo.

–Pero lo va a matar –dije.

–Ja, ja, ja –expelió riendo–. ¿Y lo que le pasó a mi tío Jacinto?

–No, ése no me lo contó.

–C'est toute une histoire à raconter –dijo sonriendo finamente–. Por otra parte, husmeo caninamente la maledicencia implícita en esta aventura.

(El profesor era un hombre de avanzada edad y estatura, obeso, velludo, pequeño y menudo, que se movía con ademanes nerviosos y pausados. Su mirada, según lo hubiera podido constatar un observador desinteresado, era aguda. Sus dientes, parejos. Sus hombros, iguales, casi tanto como sus manos. Sus zapatos, zapatillas. Su boca, sobre los dientes y además, debajo de la nariz, la cual tenía pelos en su interior, los cuales a su vez le proporcionaban un aire de virilidad acentuado aún más, si se quiere, por los pantalones. Pipa no fumaba.) Pepe nos sirvió sendas tazas de boldo que azucaramos con pastillas Valda que son tan eficaces tanto para los pechos cuanto para las molestias del parto.

–Partir –dijo el profesor–. Partir en la mar en donde la vida es más sabrosa, más deliciosa, más digestiva... Partir en la mar, en la mar.

–¿Y adónde mierdas quiere partir? –dije sonriendo finamente.

–Puchi, te voy a cortar las orejas en flecos, te voy a cortar la cola y se la regalaré a Chipu, te voy a llenar de piojos hasta que te mueras de puro rascarte, porque sí nomás, ay de mí, porque sí nomás, te voy a enyesar una pata para que te la comas creyendo que es un hueso, te voy a achatar pintar de negro y meterte en el tocadiscos para que cantes *La marcha de los hermanos siameses* y *El himno de los chihuahuas*...

–Pero déjelo, pobre animal, Stern ha dicho a una mosca: «Que sea siempre aseada y que no escupa al decir Massachussetts.»

–Este Puchi –dijo– es la niña de mis ojos, la pinta de mis manos y la recontrapinta de mi sistema psico-somático, como decía Concha Espina quien por otra parte nunca se jactó de ello.

Entonces se miraron con pasión, con fuego. Ella sintió que sus venas ardían, que se le subía la sangre a la cara. Él avanzó un paso. Extendió los brazos. «Amada», pronunció. Ella corrió a los brazos fuertes de él. Se abrazaron. Se besaron con loca pasión. Bailaron mejilla contra mejilla. Estaban tan emocionados que no podían ni hablar. Ella sintió que había encontrado al hombre de su vida. Él sintió que ella era pequeña y débil y sintió ganas de protegerla para toda la vida.

–¿Te querés casar conmigo? –dijo con voz varonil–. Sabés que te amo, Porota.

–Seguro, amado mío –dijo ella con voz temblorosa de pasión–. Nuestra noche de bodas será como entrar en el cielo.

Tres meses después ella dio a luz una niña que llamaron Estafeta en honor de una célebre dama de la comarca que había vendido su tapado de nylon (imitación nutria) para que el equipo de foot-ball del lugar pudiera ir a las islas Sandwich a perfeccionar un detalle técnico que les faltaba conocer. Bueno, Estafeta creció, se desarrolló y a su vez se casó (dicen que) con un hombre... que resultó ser el tío Jacinto cuya historia no me contó el profesor por probables resquemores. Yo la supe en Polonia, en la biblioteca nacional de Minsk (cerca de Pinsk) gracias a un libro titulado: *Idiotishe gesichte von Alejandrishe argentinian genialishe fraulein zum Jacintus geshischte von kom zuzer töd und viv alejandrishe genialishe und etc. und etc. und etc.*

JORNADA II

–Resulta de que... –dije.

–Cayate la boca, Puchi –dijo–, o te dejo la lengua hecha un sacacorcho previo proceso de petrificación. Sí, tiene usted razón, resulta de que... Puchi, o te dejás de joder o te echo flit en las axilas con lo que terminás perdiendo tu razón de existencia (dassein)...

–Déjelo, pobre animal, el mundo es demasiado grande para usted y yo porque resulta de que...

–Tiene usted razón, querida amiga –dijo– pero no hay pan que por miel no venga...

–Hacéte bien y no mires a Quien...

–¿También usted conoce a Quien?...

–Nos educamos juntos, tuvimos la misma ama de llaves... mamamos de la misma cerradura...

–Dicen que traen suerte las herraduras...

–Cuestión de perfumarse con Dior nº 5.

–Quien se perfuma con Dior amanece más temprano... Puchi, o dejás de conjugar el verbo «yo conjugo» o te hago jugo de paraguas y te bebo cuando llueve para que no te mojes...

JORNADA III

Era del año la estación florida cuando reencontré al profesor en un simpático boliche de la caye 25 de Mayo a pocos metros de Reconquista y Santiago del Estero. Caminamos un rato por Viamonte y llegamos a Sarandí. Luego retrocedimos y caminamos otro rato por la Av. Mitre, el Riachuelo, la calle Hornos, Montes de Oca, Martín García, Alem y al llegar a la plaza San Martín nos sentamos en el Jockey de Viamonte y Florida.

–Una breve caminata relaja los músculos de las pantorrillas por no decir nada del baso ni de la glutis –dijo mi culto amigo.

–Ni del sabrokoxis –agregué sonriendo finamente.

–Usted lo dijo, ma chère amie –dijo el distinguido profesor–. Chè, Paco –agregó– dos chops con muchos platitos... Espero que le agrade la cerveza –agregó.

–Nunca la pasé pero por ser hoy me las aguanto –dije con dulzura exquisita.

–A mí los maníes o manatíes me seducen –dijo–. Puedo comer kilos de ellos sin que me pase nada, salvo vomitar algunos días, lo cual es muy recomendado por el oftalmólogo Huchs, de la Universidad de Fuchs.

–En breve habrá lloviznas finas y garúas, según el boletín psicometeorológico –dije.

–Así tendremos en vez de no tener –dijo.

–¿H_2O?

–Sí –dijo.

–¿Sabe que supe lo de Jacinto?

Se desplomó. Su rostro devino macilento como lo pudiera haber apercibido y remarcado un espectador desinteresado (perdón por galicismos y demás pero en un momento así...).

De pronto se incorporó y dijo sus últimas palabras.

–Jacinto soy yo y Estafeta es Puchi –dijo. Pero agregó–: Jacinto hélas. –Y además agregó–: Puchi era un perro que se creía Puchi.

Paco se acercó y dijo:

–Se necesitaban tantos maníes o manatíes para perforar el baso ardiente del profesor Jacinto Puchi.

[Textos]¹

VERSOS ANARQUISTAS A TU FLOR MÍSTICA
VERSOS PARA DENOSTAR AL DÓLAR (ciclo social)
LIRAS PARA ESCUPIR A LA PESETA (ciclo social)
OCTAVILLAS REALES PARA ATROFIAR
    A LA LIBRA ESTERLINA (ciclo social)
EL OCASO DE LOS DÓLARES (poemas alusivos)
LA PULCRA TARDE DEL SUSPIRO QUE SE INFLAMA
FOTOGRAFÍA DEL IDEAL
VERSOS EN UN PIS DESDE LA ESTANCIA DE PRÍSTINO
    GANADO
DULCE DICTADURA DE MI MANO
CANTAR DEL TUYO NOD (épica)

Fin

---

1. Corresponde a un legajo de ocho hojas numeradas de 11 a 16, y 8 y 9, en ese orden. Mecanografiado y corregido a mano por A. P. Sin fecha. Seguimos la numeración, el orden y la ortografía del original.

II

«Dichoso el árbol que es apenas sensitivo...» –empezó la recitadora.

Alguien aplaudió. La viuda del Sr. X., es decir la Sra. X., se enjugó una lágrima con la punta de su pañuelo.

–Si es apenas sensitivo quiere decir que lo es un poquito –dijo el profesor Grou.

–A mí me parece una exageración –dijo la Sra. del Vino– calificar de «dichoso» una cosa (perdón por la rima) que siente un poquitito.

–El «quid» consiste en saber qué siente –dijo el prof. Grou sonriendo con malicia.

–Siente que está en erección, como todo árbol –dijo el psiquiatra.

–¡Oh! –exclamó la Sra. X.

–... «y más la piedra dura pues ésa ya no siente» –aseveró la recitadora.

–¡Stá loco! –gritó el ciclista–. Yo soy un hombre casado y sé por experiencia que ninguna frígida es dichosa.

–Ni ningún impotente... –sugirió en voz baja el psiquiatra.

–¿Qué quiere decir? –dijo el ciclista ruborizándose.

–Lo que dije.

–Uno siempre quiere decir lo que dice pero no siempre uno dice lo que dice –suspiró la viuda del Sr. X.

–Es verdad –dijo la recitadora–. Cuando yo paré en Baradero, me hicieron una recepción en el Centro Floral de la Azucena Natural. Recité este mismo poema: «Dichoso el árbol...» y la gente, porque era gente bien es decir: ni profesores ni psiquiatras ni ciclistas ni viudas. Bueno, la gente reaccionó bien. Se quedó bien sentada. Se rió bien. Cuchicheó bien. Carcajeó bien. Y al final aplaudió bien. Después comimos bien y dormimos bien y nos despedimos bien.

–Como dice el refrán: «Dime con quién andas, cuchillo de palo» –dijo el profesor Graou palmeando el hombro de la recitadora. Cuando ésta se levantó del suelo, continuó recitando:

–«... pues no hay dolor más grande que el dolor de ser vivo ni mayor pesadumbre que la vida...»

–¿Cómo que la pida? –averiguó la viuda del Sr. X.

–No hay más que una –dijo el psiquiatra que era materialista dialéctico.

–Yo soy una viva y no me duele nada –gorjeó la Srta. Puti.

–Usted quédese como está y todo irá bien –dijo el prof. G. acariciándole el hombro.

–«... que la vida consciente» –gimió, casi llorando, la recitadora.

–¡Ah! –dijo el psiquiatra–. Eso es muy importante.

–Es lo que decía mi finado, el Sr. X. –dijo la viuda de X.

–¿Qué cosa decía? –dijo la recitadora.

–No me acuerdo pero en el medio de la frase estaba la palabra «consciente», de esto me acuerdo como si la estuviera diciendo ahora mismo.

–Dejadme seguir a orillas del mar –dijo la recitadora.

–Está bien que estemos en Mar del Plata pero no por eso hay que decir «dejadme» como si uno estuviera en San Sebastián en la época de Felipe 2do.

–Ese sí que era un caso clínico –dijo el psiquiatra–. Siempre de negro vestido, como una viuda...

–¿Qué quiere decir usted? –dijo la viuda de X. que estaba vestida de rojo.

–Lo que dije, amiga mía, y no se ofenda porque en primer lugar me refería a las viudas españolas y en segundo lugar el Sr. X. murió hace 24 años...

–Parece ayer... –dijo la viuda del Sr. X.

–Todo parece ayer –gorjeó la Srta. Concepción Puti.

–Usted, a todo le da un doble sentido –rió el anciano prof. G. haciendo como que sacaba una pelusa del muslo desnudo de la Puti.

–El sentido único no existe; todo va entre dos vías –dijo la recitadora, cuyo padre había sido guardabarreras.

–O entre incontables vías –dijo el psiquiatra quien creía en las ruedas de las motivaciones como quien cree en la rueda de las reencarnaciones.

–«Ser y no saber nada, y ser sin rumbo cierto,» –gritó la recitadora.

Todos se echaron a reír. Concepción Puti, no sin un dejo de herencia itálica, se palmeaba el muslo como una alsaciana.

–Siga recitando –gritó la viuda tirando una chancleta al aire.

–No hay por qué romper los vidrios –dijo la recitadora observando el camino de la chancleta que atravesó la ventana y desapareció hacia lo bajo.

–La poesía es una cosa para matarse de risa o para suicidarse –dijo todavía riendo la señorita Puti.

–Por delicadeza he perdido mi vida –dijo el prof. Gruau queriendo decir que su afición a la poesía le impidió frecuentar muslos como los de la Puti.

–Siga recitando –dijo el psiquiatra.

–«... y el temor de haber sido, y un futuro terror...»

En eso el can aulló. Alguien golpeó la puerta. La recitadora pegó un grito y mantuvo una mano en el pecho y la otra en la boca. Volvieron a golpear la puerta, el can aulló.

–Me gustaría tener 77 perritos negros recién nacidos que orinaran todo el día toda la casa –dijo la Sra. del Vino por decir algo.

–Algo es algo –dijo el prof. G. meditativo.

–Que nadie abra la puerta –chilló la viuda del Sr. X.

–Debe de ser el espectro de la rosa –dijo la recitadora pensando en «El rosal de las ruinas» y viceversa.

–Habría que abrir esa puerta. Ver para creer. Habría que abrirla y afrontar la realidad de frente –dijo el psiquiatra temblando.

–O al bies –dijo la del Vino, que era costurera.

[–Me gustaría ganar un concurso de desnudos –dijo la Srta. Putti.

–¿Pinta usted? –dijo el prof. G.

–No pero en cierto modo el resultado es el mismo –dijo la joven Putti con voz enigmática.

–Siga recitando como si no pasara nada –dijeron al unísono A. y la muñeca que con el silencio acabaron por despertarse.

–Qué linda manito que tengo yo... –cantó el profesor Grou para festejar el despertar del mundo infantil.

–Qué lindo monito que tengo yo... –imitó Concepción Puti.

–¡Ah pícara pécora! –dijo el anciano profesor amenazándola con un dedo.]

–Siga recitando como si nada pasara –repitieron A. y la muñeca.

–Tendríamos que llamar a la policía –dijo la Viuda X.

–«Y el espanto seguro de estar mañana muerto,
y sufrir por la vida, y por la sombra, y por
lo que no conocemos y apenas sospechamos,
y...»

Alguien volvió a golpear a la puerta. En eso el can aulló.

–Hay que afrontar la realidad al bies –repitió la Sra. del Vino.

–Quiero a mi mamá –dijo el profesor Grou un poco asustado.

Se oyeron más golpes en la puerta pero esta vez el can no dijo nada. La recitadora se echó a reír pero eran sus nervios y no ella los que reían.

–Por Dios, dénle luminal, dénle valium 100, dénle evanol, dénle adanol, dénle la serpiente, dénle una manzana, hagan algo –dijo la Sra. del Vino que entendía de farmacopea.

La recitadora se calló y chirrió como un auto que frena bruscamente.

–No exageremos –dijo el psiquiatra–, ¿por qué los golpes en la puerta tendrán que anunciar algo malo?

–Cállese, no delire de nuevo con Felipe II. Repito: ¿por qué lo desconocido tendrá que ser forzosamente malo? ¿Quién avaló esto como si fuese un axioma? Lo que pasa es que lo nuevo nos aterroriza y es un error. En una de ésas está llamando a la puerta la persona que deseamos que venga, ésa y no otra...

–¿Y entonces por qué no va a mirar quién es? –dijo la viuda de X.

El psiquiatra bajó los ojos, luego los levantó hacia el cielorraso y se puso a silbar *Nadie me comprende cuando voy a visitar a los jíbaros*. La Srta. Puti marcaba el compás con los pies; el prof. G. con las manos; la Sra. del Vino con la cabeza; la viuda X. con los hombros. A. y la muñeca miraban el suelo tratando de no reírse.

III

La recitadora canturreó:

Tu paseo bajo el paraguas será sin suerte
pues te condenaré a muerte.

–¿De quién es esa horripilante canción? –preguntó el psiquiatra.

–De Carl Jung –dijo la Puti riendo y guiñando un ojo al espectador desinteresado quien se apresuró a lanzarle un beso con la mano.

–Como dijo el faraón Tristán Come On sesenta y nueve... –dijo la viuda del Sr. X.

–No hay como el 69... –gritó entusiasmado el ciclista pedaleando una bicicleta imaginaria.

–Quand il fait Freud, il fait pas chaud –dijo A. con una fina sonrisa.

–Mais tu est Jung encore... –dijo el psiquiatra siguiéndole el juego de palabras.

–A propósito de juegos de palabras, ¿qué fue de Propercio?

–Yo qué sé –dijo el ciclista– es como si me preguntara qué fue de Catilina, de Guillermito el Cojo y de Cacaseno.

–¡Cacaseno! –gritó la viuda–. ¡Qué amor! ¡Cacaseno! ¡Qué amor!

–Es una bestia –dijo el profesor Grour airado–. ¡No tener nuevas de Propercio!

–Propercio parece Prepucio –dijo la recitadora.

–Usted siempre metiendo la pata en donde no le importa –dijo el profesor Grou.

–Quiero velas en donde no me importa –dijo la monja despertando como de un éxtasis.

–¿Qué le pasó que calló tanto tiempo? –dijo el psiquiatra.

–Me molestaba un callo en el dedo gordo del pie –dijo la monja. Y agregó–: Quiero velas gordas.

VI

El erotómano

«¿Y qué hicieron mis abuelos la noche en que se acostaron juntos
y descubrieron que ni él era mi abuelo ni ella mi abuela y viceversa?»
COLETTE, «Claudel à l'école»

–¡Qué lindo! Empecemos de nuevo –dijo la muñeca.

–Bueno –dijo A.

–¿Fuiste al teatro ayer por la noche?

–Sí, fui con la madre de mi hermano, mi suegra.

–Nosotros llegamos mucho antes de que empezara la función.

–¡Qué interesante!

–¿No es cierto?

–Sí, pero la sala estaba casi desierta porque la obra era obscena.

(Aparece el erotómano.)

–¿Saben qué significa *obsceno*?

–Inmundo –dijeron A. y la muñeca al unísono.

–Mi nombre es Edmundo, justamente. Pero paren los oídos y abran las piernas: las voy a instruir un poquito.

Inmundo deriva de *mundo*, que significa orden, perfección y pureza (*pureza* indica que en el mundo hay leche pura, como la de madre, por ejemplo). El *mundo* significa el aire, los cielos y los sexos, tomadas estas cosas en su sentido alto, grueso y grande. Decir *mundo* era, antiguamente, decir belleza, simetría y consonancia. De modo que *lo inmundo* es *lo no mondo* o, más exactamente, *lo que no está mundo*. Por eso ustedes me dijeron *inmundo*: para decir que no soy un pelado de mierda, y tienen razón.

Desnudemos la otra palabra. Con *obsceno* ha ocurrido una cosa muy pero muy rara. Se compone de *ob* y de *scaevus*, de donde se formó *pájaro natural*, cuyo adjetivo es *bosquimano*, del cual salió *erguido*, origen de nuestra voz *obsceno*. El *scaevus* latino significaba *zurdo* y también *amuleto de la buena suerte*. Era una palabra de los ritos Bragueta. Pantaleón Suárez Pendejo conjeturó de una vez para siempre que lo obsceno nos espolea porque tiene pendones. Orígenes Materno intentó refutarlo desde su tonel a orillas del Titicaca. El Materno argumentaba que el espolón se origina en parte en el olor a pescado o, en su defecto, à crème Chantilly. Pero los dioses no le depararon la gracia de asistir a la consagración de sus teorías. Así llegamos a Freud y a Einstein: el primero aprendió de su mamá que el Sena es un río peligroso. El segundo descubrió que el mal de la écula es una perversión patológica, mas no un pecado. La écula –cuyo uso exclusivo produce *malanculiata frustrasionis* en las vírgenes de Nueva Caledonia– no es más desdeñable que su vecina, la ya aludida concavidad rodeada de pelos donde suele guardarse el *zurdo* (o *amuleto de la buena suerte*). Es verdad que hubo detractores que intentaron pulverizar estas teorías: Herculano y Concha Espino fueron los más diligentes. Herculano dedujo que todo culano es abominable porque reproduce los *Her*. Por su parte, la Espino sugirió la urgente creación de un matriarcado gallego semejante al de las abejas vascas. Promulgó sin finura que las mujeres deberían injertarse espinos en el bajo lugar de los pelos para de ese modo vulnerar como rosas a los llamados *machos*. Thetis del Ano, senador comunista-conservador, propuso una votación siguiente: o pelos o espinos. Ganaron los pelos 8 a 1 y se desmoronó el estadio. Concha Espino renunció a sus ambiciones científico-políticas y se dedicó a la profesión de *femme de* letrinas; su amante, Thetis del Ano, le regaló pelucas para la pelvis de todos colores, y ella solía decirle a voz en cuello: «estoy con la verde» o «estoy con la violada», para escándalo del *tout* Galicia. De modo que *obsceno*, actualmente, significa, café moka. Ahora, a ver, muéstrenme las bombachitas y les daré bombones-laxantes, como el marqués de Sade a Rose Keller y Thetis del Ano a Concha. Nada hay que dé más suerte que comer caca. A ver, a ver esos culitos, a ver...

(Aparece don Ernesto de la Torre, fino industrial especialista en cojinetes.)

–¿Qué cojinaron hoy? –dijo don Ernesto.

–Conejo –dijo el erotómano.

Una especie de cerdo en estado bruto comía un capón en erección. A su lado, otra especie de cerdo comía gallinas pigmeas precoces. Tras ambas curiosidades, al sesgo y al bies, había una especie de cerda de un rosa viejo tirando al marrón más recalcitrante. ¿Qué hacía por ese lugar y a deshora? Era la vieja Chisporrotea y cosía una mañanita, ella, la anochecida. Con sus cinco patas pedaleaba en una antigua máquina de coser paraguas, y sonreía.

Al verla, dijo el mono Sherlock:

–¡Nada menos que la gran Chisporrotea! Darwin me contó que ella, de joven, en París, lograba evocar, bailando con solamente sus cinco patas, un trébol de cuatro hojas.

–¿Y eso qué prueba? –dijo un trébol de cuatro hojas–. También yo lo evoco y sin embargo nadie me invita a ir a París.

Chisporra sonrió al mono y lo previno:

–Ojo con el trébol. Bajo su verde pie, es hiel. Hola, Tití.

Tiritaba Tití, el titiritero.[1]

1. Hoja mecanografiada sin fecha.

LA BUCANERA DE PERNAMBUCO
O HILDA LA POLÍGRAFA[1]

> "... hasta es posible que se haya metido
> en la boca un mondadientes...»
> F. KAFKA, *Diarios*

1. Carpeta con dos conjuntos de relatos. El primero, abundantemente corregido a mano; el segundo, mecanografiado y con correcciones. En la presente edición se respeta el orden de los textos según el segundo conjunto incluido en la segunda parte de la carpeta, seguidos del primero en el orden que figura en la primera parte de la carpeta, y se colocan al comienzo del libro la cita de Kafka, los índices y el prólogo que en la segunda parte de la carpeta se encontraban al final. Si bien no podemos saber por cuál orden optaba A. P., privilegiamos el segundo, dado que los relatos están prolijamente mecanografiados y con las correcciones incorporadas. Aunque no en este orden, estos textos fueron publicados póstumamente en *Textos de Sombra y últimos poemas*, Sudamericana, Buenos Aires, 1982.

ÍNDICE INGENUO (O NO)

a las hijas de Loth

ÍNDICE PIOLA

a la hija de Fanny Hill

PRAEFACIÓN

Me importa un carajo que aceptes el don de amor de un cuenticón llamado haschich:

LA PÁJARA EN EL OJO AJENO.

–¡Hideputas! –dije en Jijón, mientras en Jaén tres cigüeñas negras cambiaban de puta.

Oculta tu voluptad antes que la voz del matante miedo ritme esta prosa por pendientes desfavorables. Voy a entrar en mi castillito de papel acompañada por un perro de niebla.

–Lo perro es una cosa o una esencia que cada atardecido siente a solas –respodencó.

(–It's O.K.)

Malmirada por la bruja que Brujas la muerta.

(Regio, ché.)

–La oscuridad es una cosa poco correcta –dijo.

Pequeño ciervo mueve diminutos cierzos. Solamente yo emito señales vivas. Una bondad última ilumina las cosas.

(¡Es laloc!)

¿Pero no resulta medio afligente ser la única náufraga sobreviviente en este cementerio hecho con aullidos de lobo y con el áulico ulular de Ulalume, cuya sombra yerra cerca del estuario, entre animales que parecen estatuas?

(Seguí, no seas vos también la marquesa Caguetti.)

–Las desgracias no vienen solas puesto que vinieron con su madrina. Ché, Chú, quedate kioto.

–¿Entre qué tréboles treman los tigres? ¿De súcubo tu culo o tu cubo?

Lectoto o lecteta: mi desasimiento de tu aprobamierda te hará leerme a todo vapor.

ACLARACIÓN QUE HAGO
PORQUE ME LA PIDIÓ V.

Aclaratoria: Alguien me pide que explique a los horrendos lectores lo siguiente:

1) Cada vez que un nombre empieza con *Pe* designa fatalmente al loro Pericles.

Ejemplo: Perimpsey (cuando Pericles o Perico o Pedrito, boxea); Peri Huang (cuando Pericles escucha una perorata acerca del erotismo chino); Pericón Nacional (cuando lo ejecuta munido de algunas patitas). Y siempre así.

2) Mismo método aplicado a la Coja Ensimismada. Ella es todo lo que empieza con *Co*.

3) Ídem para Flor de Edipo Chú. Todo lo que empieza con *Chú* es él y viceversa.

HELIOGLOBO –32–

a Silvina Ocampo y Adolfo Bioy Casares

*«Aussi bien pouvez-vous par une annonce
personnelle faire savoir que vous existez.»*
L'art de trouver un mari

I

TRISTE INTROITO, por el conde FERDINAND VON ZEPPELIN*

Soy el primero en reconocer que hiciste una labor no enco-
miable sino egregia, a pesar, precisamente, de ciertos lupanares
ad coj que traicionan las manitos libertinas de las nocturnas
aprendizas así también como el pie plano de tu probo amigo

P fffffffff Plop

Riga - Riga, 29 de febmarzo de 1984.

Nota de Lactancio de dexubre del 69: Por más que Corrado ría sin
el propósito que supuso alguna vez su madrina, la tuya que tu
libro sea taxi (libre como un taxi) o, mejor, *remisse*. Que no se
rebaje a colectivo, donde se embaten y se embuten, dándose culo
con culo, una garaba juntapuchos que canta lo más pancha bajo
la lluvia, un hada franelera, una niña que tiene la manija, y el
tratante de loros, el pechador arrepentido, la vendedora de pul-
pos, el Dr. Flor de Edipo Chú y su amarilla fosforera, su mono-
dúctil pensadora, que ahuyenta al lector goruta.

Proemio de la fraguadora

Una costumbre aneja y añeja aconseja y aconeja la gratitud en los
proemios. De donde se deriva mi declarado reconocimiento por
mi introducción a mi menor, y, también, a la Asociación Litera-
ria Reina Menstruy –de Casilda– cuya beca Juana Manuela Gorri-

---

* En 1900, el conde von Zeppelin inventó lo que indica su nombre.

ti, tan útil para la lluvia, me regaló ocio suficiente para mallar-
mearme de risa igual que cuando uno pierde una meano, en su
lugar de ausente crece este guante de papel que abre o cierra a
su duque de Guisa, con llave de oro, el espacio donde celebramos
la fiesta de mis voces vivas.

El lector excusará mis imprecaciones, mis improperios, mis
denuestos y mis ex Marco Abruptos. Esta exigencia de ser excu-
sada se acompaña de una severísima aseveración que la Sanse-
verina formuló cuando, a propósito de Ahasverus, Cartuja de Par-
ma preguntó:

–¿Existe, ché? (Est-ce qu'il existe, Tché?)

–Poco importa, puesto que sufre. Pero si preferís obrar como
los mierdas, ajetréate, jugá al ajedrez con Cristina y Descartes, y
proferí la proverbial cantilena de los mierdas.

–¿Qué dicen los mierdas? –dijo, demudada, la Cartuja de Es-
perma.

–¿Qué van a decir? ¿Encima que son mierdas querés que di-
gan frases memorables?

¿Qué he de agregar si Plinio el Joven y Aristarco el Terco de-
finieron para siempre el invisible fin de todo jardín? Porque yo,
en 1970, busco lo que ellos en 197. ¿Y qué buscás, ché?, me dirá
un lector. A lo cual te digo, ché, que busco un hipopótamo.

II

Algunos persopejes

> «On ne s'appelle pas Bonichon, d'abord.»
> ALPHONSE ALLAIS

El loro PERICLES.

COJA ENSIMISMADA: Dueña de Pericles. Présbita. Nadie garantiza
la veracidad de sus amores con Ramón del Valle Inclán, el supérs-
tito manco a quien Manco Capac de Mantegna y Pancho Villa
obsequiaron con calaveras. «Hoy tu palabra es como un manco»,
le dijo, desde Casilda, el clan Coja. A lo cual respondió el traza-
dor de Bradomín: «Entonces, a Montecarlo, a conquistar a la Ar-

gentinita.» A la sazón perdió el último brazo con el que rampaba como un lobizón.

BOSTA WATSON: Hija natural de Ionesco y de la Unesco. Hija artificial de Lupasco.

PESTA CHESTERFIELD: Hija de Lord Chesterfield, padre de Phillippe Morris. Prima de Bosta Watson. Fina y gallarda escritora, su pieza teatral de tres páginas consta de veinte actos y lleva un prefacio de Gregorio Marañón y un postfacio de Gregorio Samsa.

NICOMACO: Mico apócrifo. Inició a Popea en los puntapiés eróticos que acabarían con su vida (la de Popea, no la de Spaguetti). Especie de play-ping-pong de la isla Fernando Póo (Estado de Nausicáa).

BETY LAUCHA BETINOTTI: Concuñada de Berta la calígrafa. Novia apócrifa e hipogrifa de Hipócrates.

VERNACULA DRACULA: Esposa morguenática de Guadalupe Posada, con quien se casó en la calle Morgue. Viuda de Gervasio Posadas. Ecuyère emmenthal de la Hostería del Caballito con Ruedas. Novia de la casa de Tucumán. Aconsejados por la Consejera Goethe, pedimos consejo al inventor Drais von Sauerbronn, quien inventó la *draisina*, especie de bicicleta con, en lugar de asiento, una pluma de oca (u ocarina). Con dicha pluma se desgansó a Animula Blandula Vernacula Dracula, que desapareció so pretexto del carnaval de Riga y, sobre todo, hizo desaparecer la espléndida máquina que se llamó *Bibí Draisina*.

> «... buscando un hipopótamo.»
> L. CARROLL

–Time is Mami –dijo Edipo a la Esfínter.

Entonces esa fula a quien le faltaban las gambas desapareció, y ya nunca su jeta de goruta apesadumbró el alba de los madruguistas.

–¡Zas! –denegó Zacarías (tocando el acordeón) en la Recoleta donde se tarahumaron los restos de Hilda la polígrafa, óboe suplente de «El vaso de leche» y damajuana de la Sociedad Franelera «El ganso de organza».

–Y me dio un pesto –narracionó Pesta rodeada por el tout Paestum.

El loro rió hipotéticamente como quien vaca y erra buscando un hipopótamo.

Recordará el lector que, no bien nació Buda, la gente vio a Asita, el ermitaño n.º 122, bajar del Himalaya pegando saltitos con un solo pie puesto que tenía un solo pie. Asita entró chez Buda y leyó en el cuerpo del pibe los «32».

–Ché, chú, explicá «32» –dijo la Cojuntapuchos encendiendo uno en la mirada del lechuguino Pedrito.

–Rajá, novia delisiada de Miguel Strogoff, que si no te sacudo una biaba es por no enroñarme. La próxima vez que quieras fuego, franeleate contra la estatua de aquel soldado desconocido que cuando pasás no vomita –dijo el loro por excelencia.

–Los «32» signos del Buda son 69 –dijo Li-Poe (cf. *Histoire d'O*).

–¿Lo cómo? –dijo Yeta Pundarika.

–¿Por qué te metés a balconear desde mi cuento, turra con almorranas? –bramaputeó el loto por excedencia.

Munido de un megáfono, Chú tsé tsentó en la proa de utilería y ut:

–A Asita le bastó mirarlo para darse cuenta que el pibe era un bochó. Por eso se enseña que el primer signo es la azotea harta de pajaritos.

Mutóse el chupaglor escrutando a un escrushante que con un dedo en los labios, decía *¡sh!*

Pesta diole un pesto:

–¡Chupacirios! ¡Traer un arzobispo de juguete!

El calígrafo poligriyo se vino al humo, y chau.

(Risas de Bosta. Risas de Pesta. Otras Risas.)

Chupetín en ristre, Chuá Gregó:

–Una descripción real de un ente viviente como el perilustre Pericráneo nos obligaría a reconocer que hombres semejantes no existen.

–Soy la mentalidad futura –dijeron en coro «32» loros.

LA PÁJARA EN EL OJO AJENO

a Pietro Bacci-Baffo y a Antonio F. Molina

«Il danaro, del buen danaro, è indispensabile.»
FERRUCCIO RIZZATTI, Il libro di baci

Grandes pajarerías «el ojo ajeno».
–Stock permanente de calandrias.
Servicio nocturno.
Coturnos para colibríes.
Invención y distinción en el arte pajareril.
Alpiste *Ma Mamelle*: todo para la teta, nada para la testuz.
Más vale pájaro en mano que en culo.
Gran pajarería *Felipe Derblay* cumple su sueño del pájaro propio.

En las ramas de mi pajarera hay un pajarito que le espera desde el 1º de octubre de 1492.

Sea el pajero de su propio desatino y sepa de una vez por todas que en ave cerrada no entran moscas sino que, al contrario, salen (las momoscas son las que sasalen).

Aprendimos en los clásicos que
In culo volens loquendi chorlitus
Concurra, por tanto, a Canuto 13, donde se le alegrarán a usted las pajarillas.

(En caso de accidente, pida pajaritos marcando CAN FIEL 69.)
Amigos: nunca nadie se atrevió a refutar la óptima textura ni los sublimes materiales de nuestros pájaros. Lo mismo en cuanto a la impecable terminación de cada nuncio canoro. Cierto, hay algo irrisorio en nuestra pajarería: nuestros precios, más bajos que Chaliapín, que Napoleón, que mi novio. Lista de precios en mano, usted, reirá como cuando su madrina fríe una raya estrellada.
Voici algunos precios ejemplares que justifican a aquéllos del mismo ramo que nos llaman *Las niñitas modelo*.
Por sólo 22 $ w/c, usted puede (usted debe) comprar un par de chorlitos, o una docena y media de pájaros bobos, o el hijo del

benteveo, o una pestaña de pájaro loco, o una pajarita de papel, o un pajolero, o un pijón, o un pijije, o un pájaro transparente, o un pájaro aparente, o un pájaro resucitado, o un kilo de canarios (y otro de preservativos de papel picado).

Otro ejemplo: por 2.200 $ h/p, usted podría (usted debería) comprar un pájaro imaginario.

Cada lunes de cada año bisiesto liquidaríamos: un pájaro mosca, un pituy; un picotijera (el pajarito del cajón de sastre), un picaculo (eficaz para... cortina musical), un pájaro-estructuralista y un pájaro de cuero negro *(Psychopajaritos Pif und Paf)*.

Compare nuestra lista con otras. Comprobará, estupefacto, que los nuestros son lo más barato en plaza y en amueblado.

Pibe que estudiás: tené siempre a mano un pájaro, tené siempre un pájaro en mano.

Escuchante: si le arde la pajarilla, aplíquese nuestra proverbial pajarita de las nieves. Y si sufre del mal de los antojos, pajaree entre pífanos y Plautos hasta que el suyo propio sea más eructo, es decir más erecto.

Moraleja: El niño azul gusta de la paja roja pero la niña roja gusta de la paja azul.

Pantuflas *ad patitam* exclusivamente diseñadas para nosotros por Bernard Showl.

Dichas pantuflas instarán a tu pajarito a practicar saltos mortales los días hábiles, desde las 8 hasta las 19 horas, y los días torpes desde las 8 horas hasta las 8 horas.

Cada mañana, mientras lo bañaban, Luis XXV sostenía con ambas manos una jaula con 450 pajaritos. Lo cual nos recuerda las bicicletas que Cleopatra encargó para sus 300 bichofeos.

Audistas, ¿sabéis definir el pájaro? Os ayudaré.

El pájaro es una cosa oculta.

Frobenius alimentó a un pájaro carpintero con pianos de cola. Resultado: nulo.

En 1911, Planck denunció, quejicoso, a su pájaro bobo, que lo hostigaba con preguntas inanes acerca de la inmortalidad del alma.

(Cortina infantil.)

–Mamá, ¿quién es esa ladrona de marionetas que canta en el jardín?

Oyente: permutá tu mastín por un pájaro vigilante. ¿Cómo que no? ¿Te embaraza la imaginería miniaturizante? Bueno, bueno. Inflá el pajarito con un inflador de bicicletas. ¿Preferirías duplicarlo? (Al pajarito, no al inflador.) Pon un espejo en el dintel y chau. Claro es que proveerás de sendas dagas al pájaro real y a su reflejo.

Es razonable que agregues, junto al espejo, una figura de cartón pintado que represente a un pájaro loco. No olvidar –y esto es importante– que también el tercer pájaro querrá una daga propia.

La manutención de los tres mosquéjaros así como el bestiario *ad pio*, lo comentaremos algún otro día, con más vuelo.

(Cortina musical: «El ornitorrinco», anónimo japonés.)

El correo semental del ojo ajeno; a Culo Pajarero. – Nos está vedado, provecto escriba, contestar al consultor que ostente elementos reñidos con la moral en boga. Cierto, usted no es el único en orinarse en sueños, pero le rogamos pasar por nuestras oficinas a retirar la sábana mojada que nos mandó. No somos «videntes a distancia» (*sic*); solamente vendemos pajaritos. A prepúcito, la incontinencia del suyo no parece ser obra exclusiva de la Fatalidad. No lea tanto a las memorialistas anónimas (princesas rusa, palatina, cochinchinesa, etc.), pioneras de esos trabajos manuales que, si bien le proporcionan «alegrías de colegial» (como reza en su carta), conspiran contra su vieja vejiga, carajo.

Usted dice que no ha tenido tiempo de conocer la vida. ¿Qué responderle? Estamos algo ocupados.

Dice, también, que nunca miró otra cosa que el espejo, y que usted está enamorado de usted. ¡Oh platónico ropavejero! Su amor por usted no es una catástrofe, puesto que no hay probabilidades de que surjan rivales.

Menciona usted dólares, liras, anacolutos, libras. ¡Por fin un conflicto interesante! Llame a Pajita 22 y concierte un *rendez-vous* con Concha Puti, su locutora amiga.

De modo que si esas libras esterlindas existen en sí y para los otros, venga nomás vestido de Pimpinela Escarlata. Le será fácil reconocerme pues huelo a señora que en los momentos de ocio y a fin de procurarse un dinerillo suplementario, se dedica a pintar los ojos de las muñecas.

(Cortina musical: «La trucha».)

a Bilitis Negra. – Basta. ¿No habrá un espíritu valiente que la persuada de que los hamsters no son de nuestro ramo? Siento en el alma, señora, que precisamente hoy festeja el 18avo aniversario de la muerte de su memorable *Solterón*, pero el parar mientes en el aniversario de marras es una rosa que está ausente de nuestro ramo desde 1869, gracias a los ardides del Dr. Cabello y Sopa, sobrino de Peladán y Peladilla, «el raro Sar» que reconoció la apoteosis del tordo kurdo. De modo que si usted no compra, por lo menos, 13 canarios, deje de escribirnos. No olvido, no, que tiene usted 12 años. Pero su pseudónimo y el riguroso luto que dice llevar por *Solterón* contornean una estatuita poco excitante. No soy prejuiciosa, si bien me honro de ser pre, pro, ex, ut y post. Por otra parte, ¿cómo podría yo acostarme con usted simulando ser *Solterón*? ¿No exagera usted el número de favores que reclama desde su carta? Su carta, sí, en la que parece ignorar mis honorarios para casos «especiales». En fin, si logra robar un poco de dinero, escríbame inmediatamente.

La llegada de Alfeo constriñe a Ialoc* a enderezar su peplo. Satisfehaciente, el vate la palpa y la dice:

–Mi Concha, ¡eres la eternal visión del Ideal!

Respondeloc:

–En Frigia nací, mas en la Hélade me eduqué. Empero, ni una rosa de mármol de Paros podría enfriar este corazón donde había el *doppelgänger* de Torquemada ni este cuerpo enardecido por los hormigueros de Loudun.

–¿Te engripaste? –dijo Agrippa d'Aubigné tomando un camino tan erecto que la extenuada debió sentarse encima del susobicho.

–Eres mi lírica sueñera y ofrendo mi virginidad en aras de tu varonía. (Firmado: Concha.)

–Sois una rimadora cuyo envase deja atrás a Atalanta –*dixit* Happy Fofo en desabrochadura.

En el amueblado amusical, Teófilo vio por el ojo de la cerradura que él y ella se esmaltaban los camafeos.

---

* La locutora.

Dijo laloc:*
–El pájaro loco es una idea fija. El pajloc se muda la sombra
hasta la sombra. Chúpame la cajita de música. Cháu.

–Es tiempo difunto y con sombras intrusas –¡y los ayeres y los
mañanas!– aquel en que tu pájaro loco no te convierte en un pin-
tor de brocha gorda.

–Fuera del niño músico y su elegía al maelstrón, los otros son
esto y esto y esto.
–¡Oh! –dijo un urutaú así de chiquito.
–¡Culos de otrora! ¡Culos reserva 1492! ¡Culos rayados por los
cruzados!
En Jaén, tres cigüeñas duermen con la pata alzada. Cada vez
que alguien dice «puta», cambian de pata, en Jaén, en un establo
para caballitos de madera. Acércate, lector mío, y mira la baña-
derita donde se baña un pajarito a quien una canonesa exhorta:
–No seas hereje, San Vito, como ese rompecabezas que al re-
constituirse manifiesta el sobrenombre de Dios.
–¿Se puede saber cómo lo llaman? –dijo Vito chapaleando
como Chaliapín disfrazado de Vito Dumas.
–Lungo. Pero por favor, Vitito, salí del agua, te me vas a engri-
par, no juegues con la salud. Venga, mi Pitito, venga con su ne-
gro carrousel en donde lo van a entalcar, a perfumear, y a un
montón de cositinas más.
–Soy el hijo de sheik –dijo Vitito.
–Y glob –dijo un urutaú.
–Y pif –dijo sin su gorra el gorrión.
–Y paf –dijo un jugador de ludo totalmente ajeno a nuestro
texto.
–Córrase, diga –dijo lacanón.
Y Vitito:
–¿No ves que te confundiste de cuento? ¿Por qué no te vas a
pirandelear a la cucha de tu hermana?

                                                    1970

* La locutora.

LA VIUDA DEL CICLISTA

a Félicité de Coiseul-Meuse

Está el otoño, Señor, sobre mi vida, y todavía, Señor, no logro olvidar ese chiste malísimo que, en el verano de 1893, hos infligió esta patasanta en Haït-les-Bains, a un grupo de argentinos que tomábamos sol sin decir oxte ni moxte. Estábamos Eduardo Mancilla, Eduardo Wilde, Eduarda Mancilla, el segundo triunvirato, un indio ranquel, Ulrico Schmidl (supuesto amante de Isadora Duncan), un indio prendido, un indio aranculo, un indio cano, Leopoldo Lugones (supuestamente amante de La Sobaquinha), Andrés Bello (del brazo de Tórrida, su prometida), Leandro Alem, Parquechás, Chiclana y el Bebe Campo de Mayo.

–A ver si hacés un poco de mutis, pedazo de medio y verde pelo recorriendo la Costa Azul en bañadera –dijo la noble coja o, mejor, la blenojaco. Y arrodillóse no sin agregar:

–No me arrodillo ante vos, mierda que te verdo mierda, sino ante la mierda de la humanidad, a la que también le duelen las putas, no vayas a creer.

–Puta que veo, puta que creo. Ergo: hacete a un lado, aborrecida –dijo el meridiano de Greenwich objetivando un esputín de verdín color sonámbulo. El mentado no cesaba de esputar porque no cesaba de chupar morosaverdemente una papa-crea-soda, hélas.

–Víctor Hugo era un loco que se creía el Benjamín Constant de Vieytes, hélas –dijo Cojapícora o Jícora de Alcoganda o Las Aventuras de Cójaca a caballo entre cobayos, jíbaros y tarahumanas.

–Coja que medra no mierda –jactóse la jacto–. Jicorar con un buen coro, humoro; pero jibir bajo un jibarita, es divinox. Moraleja: en caja de coja, carcaj al carajo.

–El Pigmeo meó a su antojo después de ponerse los anteojos –dijo el pericolador de todas las indias.

–Nas Noches –dijo Hernandarias guiñando un ojo a Hernán Cortés.

–¡¡Noches!! –chilló la malcojida anotando en su diario:
Jimmy tú mon fé
dans ma larinx
en disant ¡¡Soirs!! A l'adoré H.

Péric 32 rió como el Divino Marqués, es decir a carcajadas.

–¡Sádico! ¡Sá Miranda! ¡Zazie dans le métro! –chilló, dando patadas como Platero y yo, la que si se buta y se coño contra la ventana se jode con su flauta de jade que *no* elogió el marqués de Jade.

El pisaverde anexó a su risa el canturreo refunfuñado de *Para Elisa* que solfeó con voz de parca menor:

–Mi-rémi-rém-mí-sí-ré-dó-lar... –interrumpiéndose para gritar:

–¡Oh mon adorano H.! ¡Bú-bú-bú! ¿Y tan sólo porque soy chiquito y no puedo decirle algo a H.? ¡Bú-bú-bú! Mon Hadoré Hodorono Rivadavia: c'est muá! ¡Bú-bú! Muá. Bú. Mú. Mú. Soy bú-bú-bú. Soy Ernest Hello. Soy Hello-Ice debajo de Abe Large. Soy el que le chupó las medias a rombos a la locura, soy Orgasmo Derroterdamcul. ¡Mein Goethe! Soy Bertoldo Bertoldino y Cacaseno. Soigneur dés, un coup de dieux n'abolira pof la lézarde. ¡Bú-bú! *Ad coj*. By, Odorono! By, & beri-beri matches. At what flower are you open?

¡Noches! Voyagez a Istmancul. Visitez le tomboctcul de mon oncle Cul. Yes, Mary Smith. You are so sorry as Norma and he is glad as Aida. Verdi que te quiero Verdi. Yes, Norma and Aida are laloc.* And now, that's le cul de Mr. Chú & this is le chu de Monster Cul.

Perfecto payaso enharinado, Perogrock exprimió su boina de la que cayeron 6 gotas para retribuir el saludo del Dr. Chú quien arrancóse la soledosa trenza para honorar inclusive en el saludo al dueño de la verde cháchara.

–La noche tiene mil cojas –dijo el Dr. Chú al barón Mony Verdasco.

–Ahora, a esta hora, los coroneles oran en Orán, a la sombra de un orangután –dijo el ciclista etíope o el ciclíope pasando una mano de pintura por la estrecha bicicleta de la viuda del ciclista. Cíclope y viuda desaparecieron cuando, desde el Virreynato del Perú, se cayó la Coja hasta Buenos Aires.

–¡Lenguas en pena me condenaron a costurones negros! –dijo la Cosa cojiendo con hilo negro una pequeña costura en su paraguas mermado por tanto buen comer mermelada.

---

* Laloc: la locutora.

–Se nota que se resfrió, Miscoj –constató el falso ornitorrino-laringólogo, Dr. González Chú.

–Etónse, Mossié Ornitorrinco, güí, etónse lloré, bú-bú-bú, etónse dejé que me la dea, etónse me yevó al río, y me regaló un frasco de Hadorano.

–¡Sierpe solitaria nacida de un cólico de Adán y Eva! Mejor dicho: ¡de dos cólicos! –dijo la novia de Frogman.* El interpelado, no sin silbar el Danubio Azul en idish, entró en mi cuento acompañándose dicho silbido con el timbre de su velocípedo.

–¡Yararás! ¡Monotremas! ¡Equidnas! ¡Peinillas! –chillonó «Coja y vivan cien mancos».

–Hermanco Chú –dijo Pricles– mi prójimo librium se llama de amor viva. Se llama de tambor víbora.

–¿Así? ¿Has she? ¿Haschich? –dijo Udolfo de Otranto.

–Que los monos del otoño hagan moñitos con vuestros hocicos de vates-closet occiputos y orienputos –dijo Coja Babalú-En-sensemayá clavando alfileres de cabecita en las fotos del amarillo y del verde, los que se echaron a reír sin eludir la convulsiva belleza de la histeria, cuyo centenario celebra hoy su padre, Herodoto.

–Ché, Chú, si de repente aparece Frankenstein con el susobicho más parado que el Papa sentado, y si por casualidad la viera a ésta lavarse la entrecoja, entonces, Chuchito, ya no se le pararía ni para hacer rabiar a Drácula –dijo Perry Sigmund Shelley-Holmes.

–Sois Miguel Servet y Miguel de Molina, respectivamente –dijo la repentinamente llena de pelos congregando a la prensa capitalista.

–Hoy dijo *bosta* –declaró la novebosta mood-camp *ad hoy* Bosta Seller.

–Para Bosta Watson, con cóncavo cariño –dedicó Pergord Noir estampando, en una estampita, una verde crucecita.

–¡Pobre Bosta Watson! –dijo Ionesco a Bertadora Nuncan, la que fue galardonada con la BOTA DE ORO por su feliz interpretación de dos sillas en *Les Chaises*.

–¡Bostas! ¡Bostas! –recitó Bertadora Nuncan aupando su legendario vestido en forma de montoncito de bosta.

* Cf. H. Bustos Domecq, *Un modelo para la muerte*.

–Bosta es una bestia. Y ni siquiera eso, porque murió –dijo el animal.

Ionesco quiso sosegar a Perilesco.

–Amigo Perlasco: es Bosta Watson, el marido, quien murió. Ella, Bosta Watson, vive. Cierto, cuando el marido vivía, los dos se llamaban Bosta Watson. Quien juntos los viera, nunca los diferenciase, pues que tenían un solo y mismo nombre. ¡Peste de Bosta y Bosta de peste! Era bostial el despiole que se armaba y, sobre todo, la confusión, e inclusive –me atrevo a decirlo– el enredo. Todavía hoy día, que no somos ayer, hay giles sueltos que creen que quien murió es ella, Bosta. Y se acercan lo más panchos y le dan el pésame al muerto, a Bosta, el marido, pobre Bosta, quedarse así, sin su Bosta.

–¿Y tu hermanca? –dijo el hada Aristóteles, quien estaba justito en el medio.

–Se pescó –respondió Ensimismojarrita– una tranca y apareció en Salatranca.* Cuando baila sardanas, enardece a las sardinas. Cual jaula, el aula Alejandra Magna se llena de mancas cuando Salacoja entra.

–Tu hermanca Aula Renga sabe la flor de la arenga como Malena –dijo melifluenca, en Alabama, la Estagirita me emborracho bien.

–¡A callar, culos ligados! –picocteau la Tapette Criarde de Tomboctcul esputeando al dorso de unos sellos postales con el propósito de enviar anónimos extorsionantes a personalidades de la talla de Fritz y Franz, Laurel y Hardy, Pavlov y Pavlova, Reich y Reik, Rimsky-Korsakoff. Reconociendo con inocencia su culpa, San Pericles, comediante y sastre, estiró la pata a fin de encender la radio.

Al verlo en cierta postura aureolada por mil escándalos, todos pensaron en una frase de la bizca pero aplicada a Aristóteles:

«Pericles nos tiende un espejo en el que tenemos que mirarnos.»

A lo cual respondieron con risitas indecentes algunas parejas: Groucho y Engels; la bella y la Bosta; el ciclista y el inflador; y Helioglobo.

---

* La frase evoca: «Se pescó una mina y apareció en Salamina».

EL GRAN AFINADO

–Conocer el volcánvelorio de una lengua equivale a ponerla en erección o, más exactamente, en erupción. La lengua revela lo que el corazón ignora, lo que el culo esconde. El vicariolabio traiciona las sombras interiores de los dulces decidores –dijo el Dr. Flor de Edipo Chú.

–Usted prometió enseñarme a pintar con un pincel, no con la lengua –dijo A.

–Ni un aforismo más. Pero estudiarás el pacaladiario con flecos de la *pittura* o los nombres de oro que configuran el vacablufario pictórico. De modo que cerrá los oídos y abrí las piernas.

Ahora bien: existe, ante todo, el lacre. ¿De qué reís, panyulillita no apolillada?

–De su interés por comer «locro a la otra ogra».

–Bravo, bella pendejuela, hay que ser sensible a la lengua y a nadie más. El «locro lacrado a la otra ogra» es, en efecto, una frase magistral o mía. Además, y sobre todo, exige una operación sencilla como coger conchillas por el borde del mar. Es decir: rompés el lacre y te vas.

–¿A dónde? –dijo A.

–A comprar un *toccalapis*. Si tenés suerte, dibujarás un lince con ojos y todo. No sé cómo podrás tocar el piano con estas cosas, pero es seguro que no te impedirán lustrar las contras de dicho emolumento musicológico. Asimismo, podrás tocar a un bajo y hasta a dos. Pero si vas al bosque llevate el *organetto* (en el verano te conviene limitarte a los instrumentos de viento). Si no te gusta el pincel, servite de una pluma o *penna*, ya sea pena de la oca, ya depresión de los ánsares, o bien pesadumbre del ganso. Cualquiera te será útil para lavar una aguada en miniatura.

–¿El agua se lava? –dijo A.–. ¿Y con agua?

–Natürlich. Ya que no hay otro modo de *raschiare* a fin de practicar una *incisione* en la realidad. No olvides nunca degradar los colores.

–No soy una occiputa sádica de tres por cinco –dijo A.

La cara de Chú se convirtió en una boca abierta.

–¿Qué querés si las cosas son así? –Chú dijo.

–Lo que yo quiero es sombrear –dijo sombría.

El bocaza cerró la boca, tragó la mosca y sonrió en tanto rescataba sus demás facciones.

–Lejanita, sombrear sombras es el callado deseo máximo de todo gran artista. Pero seamos modestos y festejemos la buena suerte de haber encontrado tinta china, la cual, en Alabama de la negra demonia de la verdad sea dicho, se encuentra con facilidad en cualquier parte del mundo.

–La adula por adelante –dijo un pompón por detrás.

–En caso de naufragio –dijo el agorero– ¿sabrías servirte de una raqueta? Temo que no y lo deploro. Ardua es la ciencia de la volatinería, pero con mi ayuda aprenderás a jugar al aro, al escondite y a la gallina ciega que podemos bautizar ahora mismo María Tiresias.

–Yo... –dijo A.

–Nada de argumentos en contra. Si querés ser campeona en el difícil juego de la volanta, tenés que aprender a llamarte Violante.

A. sintió un vago designio de argüir a propósito del injusto olvido del ludo.

–Ay de aquellos que se olvidan del ludo –dijo el lúdico–. Ignorarlo equivale a una caída en la Laguna Garrafal, así llamada porque se expende en pequeñas garrafas. Pero creo que es la hora del almuerzo.

–Vé, vé, vé –dijo un pajarito dibujado con tinta china.

Chú salió como bala.

Comieron en la calle del Ángel.

–Nombre inspirante –dijo el comedor–. Me recuerda las flores que comí en Capri.

–¿Para qué comió flores? –dijo A.

–No sos más que una niña que no debe saber la respuesta a su pregunta –dijo blandiendo el páncreas de un pollo como si fuera el Santo Graal.

–Pienso en la anémona, en la balsamina, en esa flor niña que llaman *anciano*. Evoco una camelia pegada con scotch-tape encima de una dalia.

El Dr. Chú se puso a temblar, acometido por la gama completa de los chuchos.

–Usted anocheció –dijo A.–. Su cara es color *turchino carico*.

–¿Por qué no me dijiste antes que hablás la lengua del danés Dante? –dijo el dueño de un repentino prurito.

–Porque no la hablo –dijo A.–. Ahora hay un color *incarnato* paseándose por su cara.

–Decís que no sabés el italiano y me decís tamaña necesidad. Ergo: sabés el italiano.

–Nací reñida con el *ergo* –dijo A.

–Así me gusta –dijo el reanimado comilonte mendigando otra vuelta de «locro lacrado a la otra ogresa». El emisor del decimotercer eructo dijo:

–Antaño, todas las flores eran para mí la pasionaria. Recuerdo. Era otoño en Pekín y yo estaba en Capri. Me había enamorado de un blanco que se llamaba El Negro. El Negro era diáfano como el marchitarse de la pasionaria. Un día que yo contemplaba arrobado mi reflejo en una fuente, mi amigo, en vez de tirarme al agua como otro occidental de doce años no hubiese dejado de hacer, me regaló un narciso. No te apures a sonreír; nuestra historieta fue trágica como morir a los 101 años diciendo *chau* con la mano.

Con nosotros vivía una prima pobre a la que mamá designó «dama de compañía de Chuchuchatito». La prima de marras avizoró la escena de Narciso & Company. Apareció desnuda y desgreñada como 139 locas y, como no sabía el chino así como no lo sé yo, ejecutó una serie estructural cerrada de gestos y morfemas lascivodemonios. ¿Agregaré que mi prima era además muda? Señalaba su pubisterio y con furia incomunicable pronunciaba las dos únicas palabras que por ensalmo aprendió en Capri y en su vida: «capuccino» y «gratis». Pero ahora sabrás por qué te confío estos recuerdos perfumados. Porque el día ensombrecido por la muda empecé a escribir. Compuse, en estado octavo, un aforismo de apenas 50 páginas que titulé *La prímula del jardín*. Alguien elogió la largura de los anapestos; alguien, la anchura de los anfimacros; alguien, la undosa turgencia de los anacolutos (Ana de Bolena los definió para siempre). Pero yo, genio insatisfecho, adjunté, por las dudas, un glosario de 450 hojas acompañado de fotografías obscenas.

El último capítulo es la descripción de un... encima de un... y está narrado... con el propósito de... o, más exactamente, de... Esto me recuerda, pequeña amiga del viento Este, que no te pregunté cuáles son las mejores propiedades de los cuerpos.

A lo cual respondió A.:

–La trompa marina, en los elefantes acuáticos. El cubo de nie-
ve, en las sombras de las plantas tropicales. El pozo arlesiano, en
la memoria de los cuervos de Van Goch. El banco de arena, en los
avaros blandos.

–Oh, comprendí la fineza –dijo Chu–. Buenas noches, que-
rida A.

–Buenas noches, querido Cé Ache –dijo A.

Es así como se va lo mejor de nuestra vida: estudiando.

INNOCENCE & NON SENSE

Un jostrado y dioscoreáceo diccionario ilustrado ha suprimido en su decimotercera edición la voz *rictus* con el fin de poder incluir la voz *lectual*.

Los oigo reír disfrazados de bataclana, disfrazados de Pero Grullo, disfrazados de violador de hamadriades.

–¡Basta de escriborrotear, escribómanos! –dijo Chisporrotea a Casimiro Merdón creyendo que éste era Escribosta Watson.

Merdón, escritor áptero, me telefoneó.

–¿Quién es ME? –preguntó el exhibicionista que transita por las calles oscuras de este libro.

Jehan Rictus nos dijo *adiós* y otras cosas peores, no sin un rictus sardónico, y no sin gritar, entre risitas satiriósicas, la definición de la voz *lectual*, la que lo obliga –a él, a Rictus– a cambiar de ciudad con el propósito de buscar otro lugar y otro trabajo.

–¡*Lectual* es todo lo que concierne a la cama! –dijo Jehán Rictus. El chambergo se le cayó rodando, haciendo repentinamente visible una especie de sombrerito hongo color magenta con plumita sombreada por una sombreadora que te somorgujara en una vespasiana, horrífico lector, si te reías de los sombreritos de Rictus. Porque a su vez el sombrerito hongo estaba encima de un sombrero de copa o chistera.

–Mucho nombrarse «la sombreadora» y «la sombrosa». Mucha prosa en alabanza del sombraje. Pero no sos más que una sombrerera –dijo Cojca repartiendo sombrerazos a troche y moche.

–¡Silencio! –gritó O.

–¡Silencio! –volvió a gritar Ho.

–¿Qué significa esta titiritaina? –gritó erizada de pensamientos como tics, como tocada por un amor desdichado por un titiritero titilador que titubea cuando está desnudo porque él no es ese muchacho volatinerito que adora los galicismos, en particular éste: TODO AZUL. No, no es Todo Azul quien así se titula sino que se trata de Toffana,

Toffana,

la inventora del *agua tofana*, especie de orina de tritón con sabor a triaca (Critón, ¡un tritón!).

Poseída por la desmesurada tiritera, la pobre Aspasia tarareó solita un tiritera, la pobre Aspasia tarareó solita un tiritirí que bailuzqueó con un Pericles recorrido por los más altos tiritones.

–Enfocá a la enflautada. Está enflorada y si no te enfrascás en su persona, si no te engolfás en sus asuntas, si no te enfoscás como una fosa llena de focas en sus paredes empavesadas, la verás henchirse por un furor que la emberrenchinará hasta que, TODA LILA, se vaya con los gitanos a andar caminos –soles y lluvias, pasar trabajos– mudada una vez más en:

Bárbara la endechadora.

–¡Soy hijo de la ensalzadora de Salzburgo doña Urraca la Paragüera! –dijo Peripalo.

–Y yo soy la falible de Falondres –dijo Aspacia–. Al nacer, me dejé coger por la noche. En la selva dentafricana, los indios gagá me ataron culo contra culo a la Mère Lachêz-Tout, la meretriz oculta del samovar, a quien yo acompañaba al pihanon con mi corneta color czerny. Pero por culpa de un moño culorado que me cubría las vergüenzas, fui cogida por un toro con cascabeles en c/test. –valga la redundancia. Tamaño *tohu-bohu* disgustó a las tribadas de la clase «haute» (tan enemiga del nomadismo y tan roma cuando habla de Francia). Por eso los toros a bulas de campanicas de oro llevan, desde ese día, un trapo de percal amarillo (color elocuente que simboliza la mierda) con el que rodean su pitín tabuado. ¿Cómo ocultetarte, Periculín, el menor de mis Picadilly's? Megère y la que suscribe (estampilla fiscal) cedimos a la tentación de coger a mano el chorrito del líbido que nos chorreaba en la batea de estribor.

–¿Estribor? ¿No dijiste más bien escritor, escuchador, escuchimizado, escudriñador, escupidor, esenciero, esfíngido, estornutatorial o, digamos, estreculiestrellamar?

–¡Oh, amado! Déjame llorar chiticallando. ¿Decirte qué cosa quise? Sólo sé que Memère y yo trepamos, cual gorilas, por las cosas.

–¿Cuáles cosas? –dijo súbitamente custodiador de un serrallo verde.

–¡Oh verde violador de hamadriadas!

Perfumicles estaba fumigado de cólerra.

–¿De modo que la hetaira que en las noches de mucho amor giraba los brazos como dos Aspasias locas resulta ser una Caca Panel de Pacocotilla?

–¡Pero midosilasol querido! Olvida y perdona algo que pasó en el siglo VI. Ya nada queda, ni siquiera (risas nerviosas) el chewwing-gumm que Minette masculeaba para no gritar como Popea en brazos de Pope. ¡Juventud divisa testuz!

–Mucho hacerte –hizo Perrocles– la nena pero con esas tetas que tenés podés vender ballenitas a los bananeros y ballenatos a los ballesteros y baldaquines a los baldados y sabañones a los bañistas y banderolas a los bandoleros que mariposean a la bartola cual barraganes (magüer barruntan los chistetes de la barra El Barrilete). De modo, srta. bastetana, que tu batahola bávara del S. VI es digna de una burriciega como la Silla Lachaise, tu amante rebuscapitos que se cree fernambuca y no es más que una ferretera que se acuesta hoy con un feldmariscal, mañana con un fechador, pasado con un filatelista, luego con Felipe Derblay, con los tres mosquitos y con el padre y el hijo de Dumas padre y de Dumas hijo.

Se basaron con ración –¡oh los amantes autumnales, oh las malojas mamertas!–. Alabaron en acto el maltusianismo de los indios mamelucos de las Molucas. Compadecieron a los prostáticos que comen por dial una porciúncula de sopa de cabellos de anculo llena de pospelos magüer el esfuerzo de los pesalicores. Mientras comían emparedados de aspid, habló Aspasia con voz atabernada:

–Yo era como una niña que mira el mar por el ojo de buey y quiere mirarlo por un ojo de toro, por un ojo de perro, etc.

–¿Dónde está esa niña?

–?

–La del mar por un ojo de toro.

–No sé. De tantos niños las noticias se pierden.

ABSTRAKTA

I

–¡Estúprida! Con esa patita de rana que te van a mandar como por un tubo a la misma mierda, corrés parafrenética. Es pura prisa, eso. ¿Adónde querés ir, Patafangio? Derechito a la mierda con tu quesíquenó que sólo dice *tralalá*.

–Clausurar picoloro. Los vecinos dirán. Ayer en la percha y recorrido por chuchos, parecías un anticonceptivo de gutapercha. Y hoy, ¡zás!, el mierdapercha se traga una papa papórea y ya se lee las *Memorias* de Perulero Papiro encuadernadas en papirino con una parapajita a modo de señalador.

–A ver, Coja, si me dice de nuevo, pero más despacio, cómo vienen esas Memorias.

–Amigos de Occidente: aquí tienen un pajero amarillo. Es más pajista que la paja –pajeó el Peripajita saludando a la Areopagita.

–¡Ufa! ¡Una gallina! –dijo Lacoj.

–¿Qué querés, gallo? –dijo Zacarías.

–Anunciar a D'Annunzio –dijo el nuncio canoro.

–Apriessa cantan los gallos –canturreó la culta latinicoja encerrando al nuncio y a D'Annunzio en la sala de ser y estar. (Nunca más nadie volvió a verlos. Se habían ido, se habían mudado, se habían muerto.)

–Tenían Saturno en la coja primera –dijo el doctorchú.

–Ché, Saturcho, ¿qué se fizo del loróscopo que me prometiste? Mi animula blandula vagula necesita su loroscopulo poropio *hip & nunc*.

–¡Periculo! En mi puta vida he tolerado abuso de confianza para con los amigos meos. Ay de tu verdaje si volvés a llamar Saturcho a este saturchino de mierda.

–¿Vé? ¿Vé? ¿Vé? –dijo el verde párrafo poniéndose cuatro pantuflitas y una camiseteta muerta de frisa.

–Mañana te digo tu horoschata –díjole el chato Chú bebiendo horchata de una chata.

–Pedrito Oslo agratecerá. –Y lo miró al mandarín que los demás pensaron en los ojos prohibidos de las cantoras nocheras que van y vienen por la Calle de la Trovadoresa.

–El sólo verte viéndolo me justificaría si de repente te dejo sin traste –dijo un pobre trasto triste o la triestina etruscoja.

–*Paramaban papita oculos* –cablegrafió Pericles a Demóstenes.

–*Imposible, stop, dentista, poner corona en piedra, stop, muchojo, stop, cuidar culos, já, já, já.* Demóstenes.

–¡Callar, rufianes! –dijo vejtida de cojaco.

–¡Dr. Chú! –dijo Aristóteles entrando y no saliendo.

–¿Por qué me busca, Tote? –dijochís estornudando.

–¡Oh! –dijo Tote.

–¿Qué indecible farfullás? ¿O acaso te rompieron el culo con tu propia varita? –dijo Peritabú.

–¡Oh! –dijo Tote.

–Ché, no te hagás la que no fue y contá –dij Coj.

–¡Un libro! ¡Ayer! ¡Lo escribí! Yo miraba TV cuando: ¡pffffffffff! Cubrí la agendita azul con conceptivos y conceptitos.

–*¡Tu quoque locuta puta!* –dijo, disfrazado de Cesárea Bruta, el Dr. Chú.

Pericles saltaba de percha en percha sin prestar atención al hecho de que no había sino una sola percha.

–Doctorchu, del dichu al hechu hay mucho trechu. Acá no entendemos tanta cosa. Y sobre todo ¿qué van a decir los lectores?

–Pedrito se caga en los lectores. Pedrito quiere lo mejor para Pedrito y para Pizarnik. ¿El resto? A la mierda el resto y, de paso, el sumo. Porque Pedrito se caga en: lectores, ubetenses, consumidores de triaca, tintineadores, atetados, tetepones, tesituradores, tetrarcas en triciclos, popes opas con popí de popelín y –dijo Petroilo y bailó un tango hasta que se cayó de culo.

–¡Oh! –dijeron las damas. Pero la flecha del niñito ciego sólo se calavó en Chí, quien –chuno túpuco– así peroróse a sí propio:

–¡Ojo! ¿Si Plexiglás responde Noh? Ojochú. Urdí en forma y luego perorará hábilmente acerca de Eros. Así verás si se parapá allegro vivace su paraligeropezculiferineo o si deviene una quisicosa visigoda y cacarañada como los monótonos culos occidentales conque dotó Renoir a sus «señoritas tocando el piano».

–Si yo escribiría pergeñaría una bibliografía de Ana Bolena –dijo la decojitada.

–Anaboluno tiene su gusto –dijo Leon Chuoy sonriendo como Ana Karenina.

–Pedrito quiere papitas con anchoas andróginas –anexaron Merdocles y el león.

–¿Te callás, pedazo de mierda rotativa? –dijo la coja escogiendo una anchoa en la rotisería de la reina patoja.

–Soy el andrófobo, el príncipe verde en su percha abolida. Mi única papa ya la he comido y mi pirulín muerto revive al sol tuerto de mi redonda tía –dijo Pericardo de Nervicles.

II

–Chú es un erudito pero Pericles es otra cosa –dijo un pompón colorado.

–El vacío es el elemento en que viven más a gusto los intelectuales –dijo T. S. Chú.

–Corta castellano como Juana la Loca –dijo la pompuelita del pomponcito colorado.

–¿Y la lordosis del lord? –preguntó Perilord, un gracioso pisaverde que acaso volveremos a encontrar.

–Mejor, gracias, querido Pericles –dichú.

–¿Por qué dice el diccionario que soy un «ave prensora»? –dijo el «ave prensora» mientras se sacaba las gafas y se secaba los ojos, pobrecito.

–¡Pobrecito! La envidia de dedos color sepia reina en los cuatro reinos que son tres: el animal y el mineral –dijo un chuansioso por estarse a la sombra de un Pericles en flor.

Rabiando que ni Pasteur, la Coja daba zapatetas en el aire:

–¡Grr! ¡Putos! ¡Grrr! ¡Putos!

–Uno Coja bien, soporta; mas su antípoda, no –dijo la Estagirita entrando y no saliendo.

–Permitime, María Escolástica, yo seré una nada pero vos no sos quién. ¡Ufa! Desde que publicaste el Organón ya no saludás más al entrar y no salir.

Pericón rió.

–No bien me leí el dichoso Organón, me llené de caspa y de eudemos. Ahora me resulta nicómico pero en su momento me dio tanta rabia que peroré sobre Aristómenes en el Club Amigos del Falso Averroes.

–¡Loro latero! Ni siquiera leíste «Patoja y yo» –aseveró severamente la Sanseverina.

–Déje que perore, amicoja. De sólo oírlo, gozo. (Chú.)

–*Ad pajam* –dijo Perifreud.

–¡Alsucio y loroano! –dijoc.

–¡Lueñe lengua luenga! –di Pé-Pé–. Y si les cuento a los amigos cómo saltabas en bolas pero con guantes largos, en el hotel Loretano, en Lovaina, con ese lovaniense que se meaba de risa al verte con los zapatos ortopédicos, guantes y anteojos saltando y chillando «a la lata, al latero, a la hija del chocolatero»; y el tipo te señalaba con el índice y pronunciaba: «loxodromia» y otra vez juá-juá y entonces decía «loxodromia» y de nuevo la risa hasta que.

–¡Paquete de mierda extraviada por un hipopotamito con lúes! –dijo la que amanece cojeando.

–Si querés quejarte, pedí en administración el Libro de Cojas –dijo Perry Key mientras su manager le rizaba la verde cabellera elogiada por Liberace y por la revista Planète.

EN ALABAMA DE HERACLÍTORIS

–Para últimar –pam-pam y también bang-bang– a los que creían perros atorrantes en las casillas prefabricadas de su mente y que son los que cuando se desparten para ir a mirar el Partenón organizan las formas acres de sus boquitas en formas de culos de gallinas.

–Aliverde, esta noche te agarra el presidente de la sociedad internacional de hombres de la bolsa. ¡Oh, porquería del color de la monótona esperanza!

Zacarías jugaba al rango con la Marquesa de Villeparisis, la cual, acuclillada, obligaba a pensar en un viejo que, sentado solitario frente a un espejo, se burla de la silla.

–Nicomaquino, no comas con la boca abierta, ¿qué va a decir Emmanuel Kant? –dijo Tote con el corazón destrozado.

Con los tristes restos de lo que fue un corazón, se sentó junto a Chú.

–Por lo menos Vd. es culto –dijo María Escolástica.

Como el chino universal no respondiera, Tote mirase la culiilícita careta del Chú. Horas después, con gestos de autómata iluminada, se autolió la entrepierna del medio.

–¿Por esta pavada ponía Vd. cara de pastilla de menta?

–Gracias a Vd., Madame, quisiera regresar lo morfado, lo cojido y lo cabalgado.

–¿Por qué? –preguntó la madrina de McLuhan.

–¿No comprende la relación entre la cánula y la teoría de la comunicación?

–No niego que lo que aquí se huele no es inferior a la mierda –dijo la ñ.

–En efecto. A la mierda –corroborobó.

–Amiel no erró –dijo Tótele.

–A la mielda velde, cuchillo de pelos –dijo Jean Pedritoné, comediante, mártir y sastre.

Conmovida, la Coja se le acercó con un plato de papita.

Entonces, Borges, alcé mi patita munido de un puñalito.

....

–Espichó, espiroqueteó y parece el maestro de Ho –dijo nuestro héroe sacándose los guantes.

–Y qué –dijo Flor de Chuk– hay un gil con un ojo revuelto que quiere escribir un libro para que no te amuren la percha. El coso dice que la culpa de tu crimen es de la sociedad puesto que ella te dio a luz huérfano, periquito y pobre, o sea te jodió *ad jod.*

LA POLKA

a Alexis Piron Ashbee

Resulta de que Coja Ensimismada fue a Nueva York por un día. Si el lector (o no), que los hay (o no), preguntase con su consabida (o no) voz gangosa (o no):

¿Y qué fue a hacer (o no) a Nueva (o no) York?, nosotros le diríamos, redimiéndolo y remedándolo:

–Fue a la capital del cheque pues habíase enamoriscado de un clergyman de pito arromadizo que durante toda la travesía había cantado el muy felino: «Cuando te veo, siento en la sangre un hormiguero de percherones». La rara risa de Cojright turbaba a las damas enturbanadas por un no sé qué de Calibán, que diría el bueno de Peladán.

–Má qé «Peladán», mister! –dijo Cojagood–. «Te la doy» es la única expresión correcteta y no hay tu tía, ¿you cojesme?

El canalla del capitán vestido de canillita, risueño cual cigüeña, saltó como un gorrión y gritó al pasajero pajero: «El Danubio entró en erección».

Prosternado ante la Ulalume pampeana, salúdola el clergymnasta:

–¡Ave! Good morning, darling! Miss Coja, que nuestros nietos, que hoy encargaremos sin falta, no digan al ver nuestros retratos: «Esa barra de mierdas son solamente dos tutubeantes que la cagaron a la hora de la sonatina». Poco le prometo: soy hombre de mucho cogollo pero no me las doy de gallo, ¿entiende, carita de ganzúa?

Poco faltó para que Coj-Coj no se tirara por la borda como Theda Bara, Lon Chaney, Gloria Swanson, Gracia Deledda, Bela Lugosi y Leopoldo Lugones. Empédocles, que estaba en pedo, dijo:

–Peresidientes del poker pejecutivo de la Res Púbica, nuestro país es homo...

–¡sexual! –gritaron.

–géneo, burutos. Nuestra apatria es homogenual. Quiero decir, estimados fantasmas recorridos de cólicos, que todos somos iguales.

–¡Brave! ¡Pish! –dijo la mame Gruau.

Inmediatamente, Bibí Draisina, el virtuoso sin manos, se sacó la bata y agarrando la batuta (no hay bata sin batata –dijo el Papa), dirigió la orquesta de la armierda:

–Homogenual, ¡qué grande sos! / Mi Co Panel, / ¡cuánto cosés! / Merdón, Merdón, / Merdón, Merdón / para pa pá / pá pá pá pá.

–Mirá viejo, qué querés que te diga.

–Nada, por favor.

A pesar de todo, la Divina Comedia continúa en los bajos fondos de la vidurria. No sé si dije que en Carhué María Escolástica perdió su corazón al escolaso. Pero sé que dije en admirables y estupendas proposiciones que la Oja cojeó *de cujus* hasta no dejar títere con cabeza. 32 veces por día corríase al camierdote del cogyman, quien en seguida le daba tarros de alpiste. «¡Qué tarruda soy!», decía la cotorra acariciándole el canario percherón.

Los amantes del 32 parecían, abrazados, una urna electoral. Para colmo, vinieron los pintores. Como para pintar el cotorro del crérculo habían hecho un batuque de la moroshka, los sacaron a todos a patadas, con cotorra y todo. Pero la coja no se amedrentó ni dejó de medrar por unas pinceladas superculíferas y otras nietzschedades. Aprovechando el *quid pro quo* se disfrazaron de silla papal, con lo cual andaban dinoche y nodía de cújito turral hasta que el otario se dio cuenta que de 32 habían alcanzado el pedigree de 64.

–¡64! –gritó Bosta Watson tentando con un lápiz de carpintero la perla que sabemos.

Nadie la repudió pues nadie la reconoció, vestida como estaba de mujer-sandwich (así como Pesta de hombre-pancho y Ejecuta de mujer-berro).

(En Jaén, las risueñas cigüeñas saltaron en sueños como saltaría un trapecista de trapo que nunca viera un trapecio ni un trapense.)

Un pasajero gritó al pajero: Sá, tené ojo, mirá que el Danubio entró en erección.

Hicieron un baile de presentación de las niñas de sus ojos en saciedad a pene ficticio de las óptimas del desartre. El vivaracho Clergy aprovechó la coyuntura para encajamarle una peneliza a la moñacojeña que la dejó con la sartén sin mango, meando fuera del tero y gripando como el loro pando de Pandora, la dorada Pavlova que gracias a Pavlov pudo darse una ducha en Cucha-Cucha.

—¡Me pegaste sin ninguna vergüenza! —dijo la símil de Emma Gramática.

—¿Así que te gustan los que no priapitman? —dijo el que silbando polucionaba a cuadritos.

—¡Nada de malentendidos, pedazo de wittgenstein! ¡Yo Alabama la flauta y el muy canario me malentiende! No me gustan los que-nó, negro mío. Sólo me gusta tu turututú que tirita como un urutaú.

Un mes después, Lotario aumentó a 83 las veces de abrir y cerrar el frasco. Pero también aumentó la biaba: 6 por nodioche. En cuagando a nuestra Coa, dulce como una boa, digo como una cabra, y enredada a su mishín como una cobra, parecía Catalina de Prusia poniéndose hodorono en las supersticiosas axilas que comentaremos exhaustivamente el año próximo pues razones ajenas a nuestra voluntad impiden un desarrollo conspicuo y pingüe del tema.

El Cisco Kid de la cuestión fue formulado por el Niño de los Pitos, novio de la Coja:

—Un clargyman, si ama a su papusa coja, le sacude una biaba que arrastra con el Papa, con la pluma y con la concha, ¿me oíste? Porque si no me escuchaste te voy a dejar como untada de gomina, durmiendo en una percha definitiva.

—Como mi loro —dijo riendo por primera vez.

ANUNCIO

¡FUMECALIBÁN!

–CALIBÁN, un cigarrillo para todos.
–Si es para todos, será la muerte.
–Francisco, no se apure.
–Me apuno.
–P fav, Fr.
–Mierda.
–En fin, hace circular mi cajetilla de cigarrillos. Un indio aran-culo aceptó uno.
Creóse un grisáceo corro de fumadores azules.

Acompañado por su oscuro paje, Cristóbal Quilombo penetró en el quiglobo. Allí, la Madama fustigaba al bramaje que pedía pan con manteca.

Sigo con *Calibán.*
El primer cambio de impresiones se produjo.
–Voces. ¿Qué quieren de mí las voces? *Chapá tu bufón,* decían. Le canté las cuarenta ladronas. Luego, ya podrido, le canté cuatro frescas.
–No comprendo.
–Le dije lo que tenía que decirle.
–Pero lo mataste.
Sonrió enigmáticamente.

Acto seguido me regaló un cigarrillo color mierda que examiné al microscópek: encontré tabaco. Su sabor era algo turbador. Por su humo hube de apreciar su perfumo. Ello me hizo comprender, no sin bonhomía, la idiosingracia del hombre que, a pesar de hablar con gerundios, me dejó chupar su singular cigarrillo.
Es así como se me reveló la soledad del hombre de mi tierra.
Yotúélnosotrosvosotrosellos fumamos CALIBÁN.
Madame Destina, la vidente, sugiere:
Que seas el tarrudo bacán que se aboca sobre el pucho y lo acamala.

Imposible no invitar a Marcel Duchamp:
Quand la fumée de tabac sent aussi de la bouche qui l'exhale,
les deux odeurs s'épousent par infra-Mince.
Rose Scélavy nos inculca:
Un CALIBÁN se fume,
y un caníbal se esfume.
Gardel atanguece:
¡Viajá a Nueva Calibania!
Leopoldo Bloozones cacofonea de esta suerte:
¡Bufe Fumanchú!
A lo cual responde Concepción Arenal:
Y, por último, Sir Walter Raleigh:
Gracias a CALIBÁN, Mme. Blavatsky tiene ojos de gavilán, como
Peladán.
Cortina musical: «la deplorable rumba El manisero».*
El coro de los pintores sin cara cantó:
Las chinches repiten a gritos:
¡Compinches: cigarrillos con pitos!

---

* Borges: *Historia universal de la infamia.*

CINABRIO EN CIMABUE

«Como a otros les duele el culo,
a Grigori Efimovitch Novy le dolían las rosas.»
GREGORIA MALASUERTE

I

¡CINABRIO EN CIMABUE!

Hace tiempo que tengo ganas de escribir una cosa importante con este título.

Coco Panel levantó la mano.

–Pero Panel ¿Otra vez al baño? Ya le dije que en mis cuentos no hay baño.

Panel sonrió barbazulmente. Dijo:

–No baño. Baño, no. Sólo pedir que diga qué quiere decir Cinabrio en Cimabue.

–La proposición queda descartada por sugerencia de la dama de bastos y del rey de loros –dije tras consultar a Destina, mi vidente de cabecera.

–Los escritores jóvenes no respetan las canas –dijo Panel pateando de despecho una pelota de encaje que ella misma había diseñado en 1898 especialmente para don Miguel de Unamuno. Pero una patita muy hábil, que nuestro lector estrechará con emoción, desvióle la pelotaris, que rebotó euskuramente para terminar incendiada en el Bósforo.

–¡Hermana! –dijo.

–María Anacrónica, deje las pelotas en paz –dijo Delfor Pericles acercando su oreja a una radio a trance de tesiturador que se dilató y se contrajo como un acordeón y como el yo de Baudelaire cuando resonó el unánime grito:

–¡GOOL!

–¡Gool de Pedrito! –digool Pedrito mirándose de hito en hito en hito en un espejito sin dejar de saltar en puntas de pie como una verde Pavlova.

Fue entonces cuando vio algo del color de un dólar que se estremecía como si fuera presa de la fiebre del oro («mis ojos habían visto mi jeta» –anotó en su diario el fiel Caracalla).

Como no se le ocurrió pensar –puesto que, entre otras cosas no pensaba– que *eso* podía ser *él*, guiñó un ojo y vio, consternado, que la cosa extraña del espejo también le guiñaba un ojo a él. «¡Marica!» –musitó. Descorazonado y menoscabado, reunió sin embargo una cantidad válida de saliva. Luego, con la gravedad ceremonial de un arquero *zen*, la proyectó contra el fantasmita color esperanza.

Pero la radio –esa abortadora de aventuras metafísicas– tornó a dilatarse y a contraerse cual abanico (por no mentar el coñito de cualquier cuáquera) al punto que todo lo existente tintineó por obra y gracia del término GOOL que emitieron voces otrora humanas. Saltó nuestro héroe (pero esta vez cual verde Pavlov) y desapareció con entusiasmo del espejo («desapareció con entusiasmo el espejo», anotó en su diario el fiel Caracalla). Sordo a las voces que anotan misterios de tres por cinco, Peripsey se autoproclamó primer gran campeón de Papita Plate. Aquí lo tenemos con nosotros:

–¡Basta, muchachos! ¡Está bien, muchachos! Nada que ver, Mr. Smith. Una vez más mi juego fue limpio. Sí, tengo novia. Nada de fotos «íntimas». No, el dinero es un medio no un fin. Ni comunista ni conservador: ambos extremos son estúpidos e incluso bestiales. Por eso les hago saber que el 1% de los 32 millones de pesos ley que me incumben por mi neotérico título de *gran verdroforward*, el 1%, recalco, camaradas de la mutual Verdurita, ese 1% será para comprar todas las acciones de la prensa universal a fin de prohibir que se publiquen las noticias de índole práctica.

Aplausos. Aclamaciones. Ovaciones *ab ovo*. Puesta en las nubes. Pesadas admiradoras se abalanzan sobre el campeón gritando paroxísticamente y logran arrancarle una, dos, tres, cuatro, cinco plumas, a pesar de la custodia de más de un vigilantes disfrazados de arqueros y munidos de pitos de azúcar (o sacarina), de mangueras a emisión de leve perejil que adorna un día al vencedor adolescente y cubridos de bonetes de papel picado con borlas de papel de stress, pompones y picapleitos de urutaú.

–¡Ha! –gritó Estoesvida.

–¿Es esto vida? –dijo Ehéu, por ejemplo.

Con prisa y sin pausa la poli barrió con la chicada hasta que el estadio se desmoronó.

–Amigos, o se cayan o qué sé yo.

(Protestas. Dogmas. Al verde adalid se le cae la baba, digo la papa, digo la bapata, digo la batapa, digo.)

–Dejen que diga mi perorata. (O: dejad que mi crepúsculo esté colmado de dolores.)

–¡Tienen una melancolía los pálidos jardines! –dijo J. R. todo sudado.

–¡Que se calle Platero y yo! ¡Que hable el loro universal!

–Muchas Grecias. ¿Cómo? Nada de amores con cierta bataclanita. No soy don Juan ni Trimalción. Soy, apenas, el arquitecto de mi propio desatino. ¿El qué? ¿Coja Ensimismada? No la conozco.

(Risas de Pericles. Risas de Chaliapín. Risas de Krishnamurti. Ramo de risas.)

–¡No la toques más que así es la risa! –gritó un barbudo.

–¡Háblenos de amor! ¡No nos dea la espalda! –dijo el directorio de la United Press.

–Má, ¿qué amor? Si no quieren que los enjuicie por columna, sepan que esa señorita –Volumia– no es más que mi ama de llaves. ¿Lo qué? Claro que me refiero a la Coja que limpia, fija y da esplendor a mi percha horizontal «chiche» con vista al río, canilla, comedor de diario, baño (en el baño, la lorita Kitchinette suministra papel, jabón, y toallitas higiénicas –o no– a los pibes del barrio así como material de lectura a los menesterosos).

Vítores en loor del Tigre Mira Bob, digo del Loro Bob, digo del lobo Ror (hijo del rey Bor, del rey Bro y de la reina Orb). 280 ancianas en 280 triciclos pujan por llegar a Él y besarle la patita. Cien granaderos a caballo las pisotean y las bostean.

II

Aplausos, pla, pla. Biseos. Ovaciones, beh. Vivaquerías, mú, mú. Reparto de moños y remate de un triciclo color magenta. Un gaucho baila la danza del vientre. Averroes lo mira estupefacto.

–Hay una errata –gritó una croata.

Una enturbanada saltaba como potranca mientras gritaba crepitando.

–Se trata de Cora de Babear, la castradera –explicó, entre sombrerazos, un gordo.

Probó Cora mostaza de Dijón:

–Jijón –dijo.

Agregó Cora:

–Cocora.

Y también:

–Un hijo putativo concibió, en la India, Nueva Delly cuando, de súbito coxal, se encamó con Peyreflit, a quien Coco Panel rompió el sacro creyendo –la pauv' miop'– que ese gordo era Chanel, padre de los famosos tailleurs, padre además de Marcos Sastre y de Jean-Sol Partre,* en cuyo comedor de diario la Gorriti cantó por vez primera el Himno a la Innidad de Mariquita Storni y Concha Garófalo.

(Nota de Concha: Lo de *Garo* es por los chicos de la censura. ¡Iujú! ¡Vean lo que me estoy tocando sin que se dean cuenta! ¡Iujú! ....)

La tiple Concha –quien al ver a los censores puso cara de llamarse Manuela– no vaciló en gritar *tierra* el 12 de octubre de 1492, en el momento que los hermanos Pinzón se cayeron de culo mientras bailaban *Cascanueces* y en que Colón cablegrafiaba a Isabel la Apestólica, quien empeñó los pompones de su cinturón de casticismo a fin de sobornar a la lavandera que Belgrado encanutó en la victualla de Concha Cuadrada en la cual Cisco Kid se asoció a Vito Dumas para filmar el «Buffalo Bill» de Alejandra Dumas con Rubén Damar en el «pan-muflisme» y Emma Gramática en el papel de lija.

Pericles bostezó. Diez años después de ser el mimado huésped consecutivo del Prof. Freud (19, Bergass.-Wien), donde se divirtió como tres mujiks con dos canutos, ora jugando con el gran sabio al balero, ora con la savia a las estatuas, ora al médico y al enfermo con el ornitorrinco, nuestro amigo estaba ahíto de prácticas higiénicas. Es verdad que Pedrito había descubierto algo fundamental –que callaremos por pudor– para el bien de la humanidad. Sin embargo, sus sonadísimos amores con Lou Andreas Salomé y con Marie Bonaparte dejaron a Perithanatos algo así como podrido de tanta mujer culta. Por eso expulsó de su percha a la

---

* Bien –dijo Vian.

Princesa Palatina, a Melanie Klein, a Margaret Mead, a Margueritte Yourcenar, a Anastasia y a Simone de Beauvoir, la que logró quedar preñada del playbird puesto que alumbró un niño bizco pero verde que Partre, la madrina, bautizó Jorge Guillermo Federico.

El niño medró y un siglo más tarde fue ministro de la China y del Perú y galardonado *ad chis* frente a la orgullosa madre, la bella Otero, quien al ver que Mistingoch y Josephine Baker traían cada una a la playa una máquina de escribir llena de sandwiches, sintió celos, se vio muy sola y, en consecuencia, se refugió en una isla del Pacífico donde, como se sabe, violó a Gauguin. Éste, como se sabe, se ofuscó tanto que se rebanó una oreja que envió *per jod* a Van Gogh, quien la vendió, como se sabe, al museo Salomé Ñamunculoff, de La Plata.

Como la Otero y las oscuras golondrinas, Pericles no hizo otra cosa que viajar en calidad de campeón y de galán de cinc.

En 1984, el viajero albahaca bajó del Aretino y pisó Vigo-Vigo, donde lo esperaba doña Isabel la Retreta.

–¿Su Pajestad nunca se baña? –dijo el limpito.

–¿Es Ud. de izquierda, joven? –dijo Isabelita cogiéndolo del brazo (en el caso de que hubiese tenido brazo).

–¡Ojo! –dijo nuestro primer lavabo–. No soy J. R. Jiménez para ser así cojido. ¡Mami! ¡Soltá, puta! Let me along!

La plantó con el culo al aire.

DIVERSIONES PÚBICAS

Como Jesús y Judas, qué amigos eran, iban a ver las series del brazo y tomaban helado del mismo cucurucho como Lavoisier y Lavater.

*

En Colombia un señor me dijo:
–En Colombia al loro le decimos *panchana.*
Le pregunté:
–¿Y a la *panchana?*
–Pues loro, carajo –dijo el señor.

*

Tu rosa es rosa.
Mi rosa, no sé.
GERTRUDE STEIN

*

Turbada, la enturbanada se masturbó.

*

TOTAL ESTOY = TOLSTOY

*

Felicite en fellatio.

*

Estoy satisfehaciente, mucha Grecia.

*

Hay cólera en el destino puesto que se acerca...
–Sacha, no jodás. Dejá que empiece el cuento:

*

Resulta que la mina se fue a nueva york por un día. Si algún lector preguntase: ¿y qué carajos hizo en nueva york?, nosotros le diremos, redimiéndolo y remendándolo:

Resulta que fue a la capital del cheque pues habíase metejoneado con un cregyman de pito arromadizo. Cuando la Coja Ensimismada le oyó cantar algo sobre un hormiguero de percherones en la sangre, se rió con rara risa, la que turbó a las damas por un nosé qué de ¿cómo seguir?, y sobre todo, ¿para qué?

–¿Quiere Vd.? –dijo el cregyman.

–*Te la doy* es la única locución *for me* y no hay tu tía, ¿you cojesme? –dijo Miss Cojé y dejáte de joder.

El canalla del capitán, vestido de canillita, risueño cual cigüeña, saltó como un gorrión y gritó al pasajero pajero: «el Danubio entró en erección».

Yo... mi muerte... la matadora que viene de la lejanía.

¿Y cuándo vendrá lo que esperamos? ¿Cuándo dejaremos de huir?

NO SEAS BOLUDA, SACHA

Prosternándose frente a la Ulalume pampeana, hablóla el clererguido:

–Miss Coja, que nuestros nietos –que hoy encargaremos sin falta– no digan, al ver nuestros retratos: «Estos mierdas fueron dos titubeantes que la cagaron a la hora de la sonatina. Poco le prometo; soy hombre de mucho cogollo, pero no me las doy de gallo, ¿entendés, carita de ganzúa?

Tengo miedo.

*

A pesar de todo la divina comedia continúa representándose en los bajos fondos de la vidurria. Por tanto les digo, lectores hinchas, que si me siguen leyendo tan atentamente dejo de escribir. En fin, al menos disimulen.

Prosigo. La Coja cojeó *de cujus* hasta no dejar títere con cabeza. 28 veces por día corríase al camierdote del cogyman quien

acto seguido le daba tarros de alpiste para que la cojtorra le aca-
riciase el canario percherón al susobicho.

Los amantes parecían, abrazados, una urna electoral. Por
desgracia hicieron un batuque de la maroshka y tuvieron que
sacarlos a patadas con cotorra y todo. Pero la coja no se ame-
drentó por unas pinceladas superculíferas y otras nietzsche-
dades.

¿Debo agradecer o maldecir esta circunstancia de poder sen-
tir todavía amor a pesar de tanta desdicha?

Sacha, no jodás.

                                        *

–Bueno, aprovechando el *quid pro quo* se disfrazaron de silla
papal, con lo cual andaban dinoche y nodía de cújito turral has-
ta que el otario alcanzó el pedigree de 78.

–¡78! –exclamó Pesta Chesterfield tentando con un lápiz de
carpintero la perla que sabemos.

Nadie la repudió pues nadie la reconoció, vestida como esta-
ba de mujer-sandwich (así como Bosta Eatson de hombre-pancho
y de mujer-berro).

(En Jaén, las risueñas cigüeñas saltaron en sueños como.)

Hicieron un baile de presentación de las niñas de sus ojos en
saciedad a pene ficticio de las óptimas del desartre. El vivarabi-
cho Clergy aprovechó dicha coyuntura para encajamarle una
peneliza a la culona que la dejó meando fuera del tero (como
un tarro) y gripando como el loro pando de Pandora, la dorada
Pavlova que gracias a Pavlov pudo darse una ducha en Cucha-
Cucha.

Dijo el que poluciona a cuadritos:

–¡Basta de malentendidos, pedazo de wittgenstein! Ella me la
da en Alabama de mi flauta y el canario se me malentiende (no
entiendo nada).

En cuanto a ella, dulce como una boa, digo como una cabra,
y enredada a su mishín como una cobra, parecía Catalina de Pru-
sia poniéndose Hodorono Rivadavia en las supersticiosas axilas
que comentaremos exhaustivamente el año próximo pues razo-

nes ajenas a nuestra voluntad impiden un desarrollo conspicuo y pingüe del tema.

En fin, quécarajo, le dio una biaba que arrastró con el Papa, con la pluma y con la concha de tu hermana, *hypocrite lecteur, mon semblable, mon frère...*

ASPASIA O LA PERIPECIA

Pido silencio que estoy hasta acá de loros, cojas, chúes & Cartago.

–Me cago en Cartago –dijo el hombre de cartón pidiendo un cortado.

Son las tres de la alba de dedos azules si no fueran esas uñas enlutadas como si el mundo no existiese.

–¿Viste *Los poetas tembleques*? –preguntó Gregoria Cul, la poubelle de Clignancourt.

–Ní –nefirmó Festa para terminar con los metecos tremantes.

–El culicidio por culcusida de la culbuta –dijo Gregoria.

–¡Puta mandria que me fadraga! Nadie me entiende el festilogio. ¿Hablo en catamitano? ¿Nací en Pacacuellos de Giloca?

–Dale, ché, te presto *La Culomancia*.

–Nepote –dijo, sentada en una escupidera, Festa.

–Dale, ché, te la regalo.

El culín a la regresiva se le meneó de contento. Cuando húbose posesionado del libro porno hasta decir *bosta*, dijo:

–Bosta.

–¿Y los poetas de los tembladerales?

–Creo que llevaban una especie de peto debajo de la falúa.

–Tenet fet –dijo feto.

–¿Qué se creen? ¿Que tienen corona? –dijo Coj–. El cuento de Alejandra es para todos, y si no les gusta consíganse uno especial para ustedes, que mientras estean aquí, estamos en la democracia.

–No sea guaranga, aunque lo sea –dijo Festa–. Además ¿no sabe que está prohibido entrar con animales en los cuentos?

Tal la alegoría de la justicia, Festa señaló con dedo acusador a nostro Pericles quien, de pie en su percha, cerraba fuertemente los ojos miedoso de que en ellos entrara algo de la espuma con que lo friccionaba su novia, la ducha Aspasia.

Chú el caligrafofo alojó ósculos sobre manos de culirotas a las que se les caía la baba como si hubiesen parido a Pirro.

–Pirro era medio pegalotodo –verdijo con espuma Loreal.

–¡Qué loroamor! –marechalizó Gregoria–. ¿Es comprado o hecho a mano?

–¿Cómo? ¿También toca el piano? –dijo Festa.

–Pedro, tocá *Para Elisa* para estas señoritas –dijo Cojwig van.

–No voy a tocar nada y mañana se lo cuento todo a mi analista –dijo el verde psicopatita.

–En el ludo, la casilla de la muerte es rosa –dijo el amarillo sinópata.

–¡No te metás, amarillo! –dijo, verde de rabia, Coja La Rábida.

Festa y Gregoria, acostadas como Fritz y Franz, reían como Lady Godiva.

–Como Paracelso –dijo Pericles–, nací en Parada de la Ventosa. ¡Me cago en el Parnaso!

Fue entonces cuando entró la Pardo Bazán a cuyo plumiferón debemos *El loro de Paradela de Muces* o *Morriña por Pericles*, ilustrado con esculturas de Berruguete.

No sin sonreírse al ver a la novelista obesita, agregó el raro loro:

–Quiero que me dejen partir para ir a ocultar en el fondo del mar mi tristeza sin fondo.

–¡Oh! –dijo Aspasia. Y se tiró un pedo azul.

A lo cual sonrió todo el mundo, según nos enteramos leyendo el diario íntimo de Chú:

«...do azul. A lo cual sonrió todo el mundo. Exagero. Había una cosa que no sonreía; era el mate.»

LA ESCRITA

a Nicolas Anne Edme Restif
de la Bretonne

–Mamá, me hice pipí en los calzones nuevos.

La reina Lupa, asistida por su fiel Caracalla, asió el microscopio y se consagró a estudiar el sentido oculto de la frase que, si sus sentidos no la engañaron, había oído con ésa su simpatía por las desgracias ajenas.

La cara de la reina se parecía a la de la mujer que no vende violetas a la salida del cine Lorraine cuando no se exhiben las series acerca de Josefino Ñaamunculó, de Pancho Abre o de la drema Ma. Salomón (con Mea Culpa en el rol de una tartana llena de tartamudos que Afasia Tartuffova llevó en un viaje de placer anal por el Bósforo, donde los ayos malayos de los 400 mongoloides que integraban el coro pidieron lauchas para defenderse en caso de amok; en caso de amok, llamar a.).

(Aplausos. Harry Harris dice: Hurra y otros retruécanos que el lector y el eructor me perdonarán que no consigne pero la tonsura me obligaría a seguirla y hoy quiero salir de este texto temprano para poder comprar bonetes y otras cosas que callo.)

Bosta soltó un pedo de origen nervioso al ver que Harris se quitaba los pantalones de puro enturbiasta.

–¡Chancho! –dijCo.

–Yo no fui. Fue Bostita –dijo el pedólar.

Doc Pucha se irguió como el asta de una bandera a media asta. De modo que.

–El resto de mi discorso a contraculo lo oiréis cuando os lo diga –explanó.

A lo cual creyó responder Mea Culpa haciendo con su cabeza un signo que nadie caló, si bien ella continuó bordando el ajuar de Aspasia como si nada raro pasase en Jaén, donde mis cigüeñas cambiaron de pata, tocaron el pito y, como putas, afeitaron a un pato.

Viéndolas posesas, Buffalo Bill prorrumpiensa en sollozos desde el colectivo 60. De pie y llorando parecía una pestaña. A su vera, un cura agitaba un cubilete de dedos al tiempo que predigritababá (y los 40) el gordo de novedad, lo que los llevó a hablar de la esperculanza.

Tanto sacudió el cubilete que todos salieron de sus cubiles y gritaron que la Reina no estaba en sus cabales.

El fabricante de linternas mágicas abofeteó al fabricante de andreidas por haberle este instado a cambiar de ramo.

Cosa que sirvió de coartada al coatí para demostrar que él no se coaligó con el marmitón quien, por otra parte (por la boca) permaneció tan silencioso que hubiérase podido oír la caída de una aguja –narrada por la propia aguja, si las agujas hablaran, si llevaran un hato con vituallas para la travesía, además de desodorante para las hermanas axilas y una lengua simbólica para descifrar lo que nuestra lengua de cada día no consigue expresar por más que el coatí la constriña, la coaccione, la empuje con la suya propia amén de la lengua embalsamada de un tigre; y por menos que Shiva intente reanimarla con sus ocho lenguas cual ocho hermosas guerreras muertas en la lid.

El coatí calzóse los patines del lobezno y, tras asegurarse de su higiene pernal, lanzóse por la pista de hielo dorado ritmando su carrera con unas castañuelas cuyos sonidos aspiró por error, debido a lo cual empezó a desaparecer hasta invisibilizarse como yo.

Con esto desapareció nuestro nuevo persopeje, el gran patinador Zózimo.

El búfalo se echó a llorar como quien muere de sed entre una jarra de agua y una bañadera llena de café, instalada a todo trapo en la selva virgen.

En efecto:

ella tiene que dejar que él la bañe y la seque y la encierre en un cubil donde por más que ambos jueguen con dados cargados no se cansen los dedos de tanto desentrañar el silencio de la noche de los cuerpos, cuando ella se abre como una boca y él le pone algo mejor que una tapa, esto es: algo de un color altivo, de sonidos delicados y temibles como un pífano haciendo el amor con una siringa. En fin, algo parecido a un dios que entra a los tumbos en un alma donde la noche oscura se inflama por silencio y por escalas celestes y luego, ya no hay qué contar, pues todo se convierte en el silencio de la noche.

LA SIRINGA DE LAS DAMAS FENICIAS

Pericles y Chú juntaron sus ahorros y compraron un *MANUAL PARA LLAMARSE MANUEL*. Se diplomaron por carta. Un cuarto de día después, fundieron una fundición de enseñanza de la joda.

–Esto no obsta... –dijo Chú.

–¿Qué no obsta? –preguntó una alumna llamada Bosta Watson.

–Homere d'Allaure! –dijo alphonsallechusmeante–. Con vesta, van 69 las veces, Bobsta, en que para la mierda la encomiendo por culpa de su aído verdi, su toscareja.

Arturo Periquini se desató la verde bragubta, asió la batata y se puso a dirigir. No bien los fetos musicales hubiéronse embalados, los interrumpió, de puro jádico. Tras pulverizarlos en el incinerador de residuos, preguntó a la clase:

–¿Qué?

Los alumnos tomaron nota de la pregunta. Tres días después Culififa Culiandro levantó la mano.

–Para Pedrito ese culiandrito –dijo el verde profesorete.

–Los elementos –fifó Fifa.

–Tiene un gran muy bien diez felicitado y siete cuadros de honor. Pero a ver un pollito más, ¿qué más?

–Prof, prof, Púf-púf. Déjeme contestar que estoy ahíto de contestaciones.

–Contestete o te lo rompo a preguntancia limpia –dijo el Dr. Paracelchú quien, con el correr –tacatán, tán, tán– del tiempo tornábase ora gangoso, ora anal, como el presbítero Pitts.

–Dáme un ejemplo de un sólido –mendigó Pericles tendiendo un platito que sostenía con una patita.

–¿Ejemplo de un sólido? La salida del sol.

El platito tintineó.

–Más, más. Quiero más. Máaaaaaaaaaaaaaaaaaaaaaaaaaaaaaaaaas –chirrió el cacadémico.

–SSssssssssse desbanca en un banco de arena; tañe la guitarra de Tania; come en la comarca; se acuesta en la cuesta; se le vuelve a parar el pájaro junto a la ramera paramera; se empolva a orillas del Po y Pitts se precipita sobre Pita so pretexto de echar juntos unos polvos.

–¡So golfo! ¡so albañal! –dijo a Pits la encinta Pitta.

–¡Pubis ingrato! Gracias a mí ya no sos más estrecha que Magallanes –dijo a Pía, Pitts.

Zacarías concluyó:

–Es sólido todo lo que pita y todo lo que pone.

–¿Y qué pesa? –pregunchú.

–Li POe jemplo: pesa el agua, pesan las casas, los caballos pesan.

–Soy la rada, el malecón, el príncipe de estaño en el muelle abolido –dijo Pericardo de Nerviles no sin tocarse ahí.

–¡Chancho! –dijo la Coja Ensimismada poniendo trompa marina.

–¿Qué hace el mundo? –preguntó Chú sonriendo con finura a la ranura. De modo que

A LA RANURA:

a) fina sonrisa

b) un fichú

c) oprimirle botón celeste, lo que nos hizo decir, jusmente, la palabra que hemos evitado en nuestro periplo; pero no llores, Josefina, hay que perder con belleza

d) de los ocho brazos iguales a los de Shiva de la rana ranurada salieron:

1) un color oscuro

2) un color claro

3) un azul ultramarino –no cesó de cantar la balada del antiguo marinero, carmesí igual al alma de Carmen cuando canta en el monte Caramelo. Carmen nos regala carmelos y menta a la providencia para mejor decir SI a quienes decimos:

–Vamos a casa, vamos a cama, puesto que te sabemos a arcángeles.

Ella no es solamente un culo congelado en Argel. Así, espera con paciencia de alabastro que relumbre el alumbre de la liga de los metales.

–Recapichu: ¡1!, ¡2!, y ¡3! ¡Putayayayaiaiaiaiaiaiay! *(Mutis cajas y atambores.)* Párvulos, ¿sabredes cómo se dixe esto que describió mi colega Perloro? –pregunchú Chú a Emmanuel Superyó, hijo de Tote.

–Allanamiento –responchú Mmanuchito dichoso cual súcubo de tener para sí la cónica cavidad del susodicho cubo cuya línea

oblicua configura los sinfines y los confines de las tardes del por-
venir en que Gula la brujita le tocaba no sin incuria la planta del
pie y la loca vejiga cuyo despertamiento trajo el gesto de fiesta de
pesadilla de la virgen de las rocas enamorada del padecedor del
mal de piedra.

UNA MUSIQUITA MUY CACOQUÍMICA

al abate Calemberg
y a Martha Isabel Moia

«Sólo falta el orinal del Dalai Lama.»
LICHTENBERG

Quien versifica, no verifica.
Vates de toda laya:
no versifiquen.
¡Verifiquen!
–Entre entrar y salir se nos va la vida, alumnos míos de aluminio inoxidable.
Aristóteles atravesó la escena en estado crepuscular, desnuda, con un cirio en la mano.
–No hay salida, alumnos. Salgan, aluminios de feldespato.
–¿No hay saliva? –Al Cojete.
–¡Cuándo no! –Perichiclets sacándole la lengua a la que tan sobrecogida quedó que al futurismo adhirió, vestida de marinetti y haciendo ochos en un paisaje de nieves negras como un grumete ceceoso en la guerra de cecesión.

BETY LAUCHA

Bety Laucha se echó a perder porque siempre estaba haciendo de las suyas. Pero el hecho de que Mecha la manchara lo apechugó, puesto que estaba al acecho del afrecho.

LA ENTURBANADA

Aunque turbada, la enturbanada se masturbó.
Torva caterva de mastinas pajeras, grutas agrietadas, culos pajareros, ¿sabréis piafar con un pífano?
Dame Coja alzó la manco.
–¿Por qué rutilan tus ojuelos zarcos? –dijo el Zarloro de todas

las recias a la coya de verdad, semoviente y constipada intrépida del cantar de una raza.

LA QUE SE DEJÓ POR LA NOCHE

–Vení, Démeter, que te la meto –dijo el mirón en do menor.

LA QUE POR UN CISNE

Total estoy = Tolstoy

Rió el loro al ver a Leda encamada con un cisne.
–Y vos dále que dále con el blanco paxarito. ¿Y si te deja enjinta?
–Pinto la cinta de la finca –Leda *dixit.*
–Abrí ese traste, sotreta –dijo el cisne quien, sibilino cual cerrajero de Silos, descerrajóle el ano a la enana que, mojada cual mojarrita comprando en Harrods una jarra, no reparó que el arúspice, munido de su gran ápice, le hacía ver las estrellas.

LA PAROXÍSTICA

La venusana y la venusopla llaman
a la postura 66: melónica,
a la postura 9: chíflica,
a la postura 11: please,
a la postura a: alhaja,
a la postura i: alhelí,
a la frígida: alhelada,
a la coñicorta: ranura de la ramera,
a la abadesa: cerveza,
a la cancerveza: chocón,
a la cantora: ufano pífano a la piedra o diáfana fama del bufidor.

LA BUFIDORA

Bufe el eunuco,
silbe el cuco,
encienda la hacienda,
perfore el foro,
forre el furor despilfarrado a ras de la desdentada calavera
paramera,
cale la cala la calavera,
lije el lejano lejos,
licúe el licor del delincuente,
amarretee a Maritornes,
hornee su honra,
peine sus penas,
afane su afán,
felicite en fellatio,
colacione poluciones,

matádlos	púm-púm
de nuevo	píf-páf
¡más!	tóc
¡más!	clíc
contactad	clic-tóc
contraed	langue d'oc

LA PURGADORA

Cofre lleno de mierda de Madrás y de amedrentado drenaje de
paje que traje del viaje en cuyo oleaje el miraje de verdaje. Como
quien me mete un moño –dijo esa negar Fuló al bisoño.

Big-Big, rey de Bog, llegó a Baden-Baden para mihi (para mihi,
m'hijo –pidió Seferino a Serafino quien, la verdad sea bicha, se
llamaba Josefino),

–para Josefino el probo, con dolo,

–para patitas para qué os quiero –dijo el ciempiés

–para esputar como quien imputa –dijo la computa electrona
(a la hamaca de picar carne es triste, ¡ay!).

–¡ay mi jaca en tu caja! –dijo Coja con cola de paja.

–¡ay mi caja en tu jaca! –dijo, con cola de papel de lija, la hija

de Coja, la Cojaquita alias Teresita Bulba alias Tarasita en el ta-
rantás.

Y no más.

Estoy satisfehaciente, muchas Grecias.

Estoy buey como Fortinbrás.

Estoy como reloj en muñeca ajena, en Jena, enaj-pajenada en
Jena y en Jaén.

¡Ay mi jaca vaporosa!

¡Ay mi enrelojada ahijada enmoñada!

SERVICIOS PRESBITAS

Vamos a Jaén y a Jena,
vamos a Jena y a Jaén:
porque el potente
hotentote
Eldorado
tu cuzco con testuz de bichito de luz; tu cuzco en Cuzco, mi-
nusco; prisco; risco.

El kid de la cuestión le cantó a Aristóteles vestida de va-
quero.

–Oh filosa filósofa a enchufe de chúf-chúf, meneáte que te la
juno, juneáte que te la moño (con harmonio, en armonía, con
amoníaco, qué manía, con maníes, con manatíes con mano de
manar maná).

LA ZOZOBRADORA

Con manubrio de cinabrio dibujó Cimabue a la ciclista Clío de
Mermerodes;

–merma el jabón –dijo el libertinajo en tinajas de Guanajua-
to. Culomancia de damajuanita atiborrada de congrio, de ceros,
de sus madreceldas, sin ambajes, por verde ensalmo de verdipa-
rador cabe el broquel bró-bró.

–¿Quién brobrobra en la noche? –dijo sin brío ni brea pero con
doble oblea, Galatea (subiendo con la tea de su tía Lea).

Para desatigrar a su tigresa;

para piramedar sus medos, y que se desdieden sus miedos;

para desapenar a la enana entre pinos –suspira Piria, supina Pina, faló la falúa en la falleba;

–justito, Justine: en el jusodicho, pelumoja-dorrito, reflantario, aleteante, ying-yang, ping-pong, meto-saco, sacmet, tsac,

–el tsac penetró por la falleba justito ¿mojadita? ¡plum-metsac! ¡más-metsac! y tsac y

–por ahí, sí, just, píf, páf;

–supong quel tsac tlamet laloc; más jus pong pen por yá jus, ¡yajúslaloc!, ¡alborozay!

1970

LA JUSTA DE LOS POMPONES

–Para los inversores: mi mirra; mi cimitarra –cantó Josefina.

–¿Quién canta como la estatua de Balzac por Rodin?

–Es Josefina. Se cree el «doble» de la Pavlova o de Pavlov. Se cree Concha Espina o Concepción Arenal.

–Mami, ¿qué son los inversores? –dijo un pomponcito.

–Sos chico para fundar el *Telégrafo Mercantil*. Entonces, ¿cómo ejecutarías en el stradivarius un análisis estructural de la frase de Josefina? Pues Josefina dice, como te habrán contado 32 pajaritos, que el tiempo es un pompón de oro.

–El tiempo es un bonete de papel higiénico –dijo Apuleyo apolillando como la polilla de oro de Pitágoras.

–El tiempo es un moño en el culo –dijo uno de cara de culo.

–Hay cada cara de culo que mejor me callo –dijo Caracalla.

–¡Qué lindo, mamita! El tiempo es un taponcito de oro (es decir bañado en oro, ¿verdad, mami?).

En eso pasó Josefina vestida de Cicerón.

–Mírala. Borracha como si se fuera de cónsul a Madera –dijo un pompón de madera.

Dedos señalaron a Josefina:

–Es un pompón de la calle.

–Una pompona de la vida.

–Una pomponzorra.

–Una merepompontriz.

–¿Quién habla? ¿Quién carajos habla? –dijo la decana levantando el auricular.

–Concha, esta vez te lo rompo en serio –dijo la voz del teléfono.

Concha Puti puso cara de llamarse Manuela y se rascó.

–¿Nadie vio a los inversores? –dijo Josefina mientras cuatro hombres iban y venían hablando de Miguel Ángel.

–¿Por qué te gustan tanto?

–Por su varonía.

–¿Los inversores te dieron un afrodisipompónico?

–No los nombres que se me hace la boca agua. Los amé en cuanto dijeron *cojinetes*, *rulemanes*, *cremalleras* e *hipotecas*. ¡Por ellos me jugaría la rótula, el culo y la muñeca!

–Tu vida es un viva la pepa –dijo la Pepona.

–¡Un mensajero! ¡Y me trae un pompaquetepón! ¡Y de los inversores! –gorjeó Josefina, ebria de cojinetes y largos plazos.

–Fijate con esmero y aplicación las regalías de los cosos –dijo un pompón que ya se desmenuzaba de viejo y que era, precisamente, la bisabuela de Josefina.

–¡Pompuelita! ¡Qué lindo! ¡Qué stress!

–No sé para qué te servirán estos anticonceptivos sin pies ni cabeza. ¿No será una bomba?

–Pero si es un juego de salera y pimentera en forma de viejo hábito que no hace al monje –dijo Josefina saltando como una pelota y hablando cada vez más rápido de Miguel Ángel.

EL TEXTÍCULO DE LA CUESTIÓN

a la Princesa Palatina
y a Chichita Singer-Calvino

–Se dicen intelectuales, gente de letras, cagatintaschinas, y qué sé yo, pero desconocen los avatares de los 280 aspectos de la erotología china –dijo el erotólogo, calígrafo y polígrafo chino Dr. Flor de Edicho Pú.

–Papita para 280 pedritos –dijo Pedrito 69.

Tote (esto es: el hada Aristóteles) sonrió verdemente a Joe Cefalúdico. Un temblor le bajó de la sonrisa al anca de jaca regia. Tras un abrirse la braqueta, Joe le descerrajó una vertiginosa emisión con su crinada pistola, cuyo robusto cañón infaliblemente encontraba el blanco y el negro.

–¡Cuándo no mostrando su dalequedale! –dijo Zacarías Bienvenido Cipriano–. El mío es más tremebulto y sin embargo no me quito el corset delante de todos.

La autora del Organón miró al erectísimo Lord John* con una fijeza bella como el naufragio, infrecuente como la piedra filosofal.

–¡Eso se llama mirar! –dijo Joe–. Y con lucidez candente, igual que una doctora. ¿Qué consecuencias sacás?

–¡Qué preguntas las tuyas! –dijo Urraca von Cognac acercándose a Zacarías Bienvenido Cipriano a fin de seducirlo y sustraerle el corset y viceversa.

–Con esa voz de calentapiés y esa mirada de salamandra, tiene el privilegio de preguntar lo que le apetezca –dijo Tote dejando que Joe le aguara deleitosamente la anacrónica fiesta de su honor inmaculado.

–Hada virgo, ¿no estás muerta del susto? –dijo Zoo.

–No, estoy muerta del ganas –dijo Totelita poniendo cara de nenita disfrazada de infanta vieja disfrazada de puta disfrazada de Bosta Watson disfrazada del general Giorgio Basta.

–Pedrito pide psilencio –dijo el pericón nacional–. ¡Que hable Flor Frígida! Que Flor de Perversidad nos inculque la pornogra-

---

* Cf. David Herbert Lawrence, *Lady Chatterley's Lover.*

fía por Antonio Macía. Por pirómano, por pijómano, por polipijista, por pornodidascalus, por Pisanus Fraxi, por Petronio, por Panizza y por potros, el profesor Sigmund Florchú es mereciente de nuestra verde atención, aun si su perorata perornada y paralelepípeda incluye loros, cojas, enanos, priapistas, vaginillas aristotélicas, heraclitorideanas y ecuatorianas.

Aplausos briosos y brioches. («No apalaudan, pereversos», pensó Peripartouze.) Y luego, el silencio.

Chú abrió la boca como un caballo con sombrero. Mal leeréis lo que dixo recamado con ademanes de mierdra especiosa y con un viejo vestido prestado para la ocasión por Bostadora Waterman:

–Sras:
Sres:
Sris:
Sros:
Srus:

En la China y en las islas Sandwich, nuestra educación sexual sabe perpetrarse por medio de tres vías. No hace falta que sonrían enigmáticamente por más que hayan adivinado que acabo de aludir a Príapo, a Gummo, a Zeus y a cebita.

Volguemos más cante jondo en las trimentadas vías paralelas del coñito áureo y del miembro, el que se ubica campechanamente, aunque no de una manera pragmática que, justo es decirlo, hubiera sido infalible pero también montaraz, procaz, celeste, bordada a mano, filigranada, de luz natural, soez, carente de las más elementales normas de higiene aptas para los equinoccios, para los soliloquios, bajando un poquito la misma luz natural de ese cuarto amarillo (o no) que llaman *clandestino* y en el que reina la murciélaga del lupanar. Esta dama sabe consagrarse a ciertas labores de pacífica penetración a las que ya Leibniz había aludido, y que tanto se asemejan a una manada de gansos pero mezclando los sexos que no son siempre todo lo apretados que se quisiera, en ocasiones aparecen ciertos flecos que conviene suprimir pues aluden al *ego*. Porque en el taoísmo japonés el ego es anulado en un quítame de allí esas ojotas (por no hablar, damas y caballeros, del mal de ojota).

Aplausos a más no poder. Enceguecidas por los gases lacrimógenos, se tiran al suelo, se cortan en fetas, se empaquetan, se estampillan y se encomiendan.

Él continúa como si nada (así es, en efecto):

–... a fin de conducir los de la lengua del propio ritmo hasta el cerebro.

–¿Quiénes son los *los* que dice usted que le dea al cerebro? –dijo Cojatao und Taxi-Flit.

–¿Los *los*?

–¡Cojus interruptus! A nadie se le ocurre pensar que nada le importa adónde mandás tu zurda líbido desde tu loca catrera –dijo el Peri-arengador Ut eructando según los 289 aspectos de la zoología orientista.

Cojacatrera se ruborizó por primera y última vez en mi libro. Por eso dejó que Flor de Cris-Cras tomara la palabra para dar con ella una vuelta manzana.

–Los *los*, chère Vacogina, son, en los hombres de impermeable el esperma, y en las mujeres menestrales, la monstruación y las secreciones secretas que vosotras, pícaras, consagráis a los dioses –si quedó alguno– del pubisterio de la Noche.

Tanto en la China como en el Perú, los niños, junto con una hoja de té, dados, el cubilete y las ubres completas de Mallarmé en veinte tomos, compran, también, siempre, una docena de concubinetas frescas, con las que ejecutan, ejecutan, ejecutan, ejecutan...

–¡Basta! –gritó Bosta y las cigüeñas de Jaén despertaron sobresaltadas a fin de cambiar de pata y volver a dormirse en Jaén.

–Jusmente –dijo no poco polígrafamente el dicharachinador.

–Repito: precismanchú, cara Bosta, raca Bostacara.

–¿Bostacára právda crasávitza jarashó? –dijo Gummo.

–¡Seguí, pichino! –dijo Peri Huang (and two) cerrando su kimonoloro con un certero golpe de ojota.

–I say what Chinese sex is, don't I? –qu'elle dit, la Pucelle de Shangai.

–More Perotic para Pedrito! –dijo el loro de oro encendiendo una patita de incienso. Un intienso perfumierda se alojó gratis en el ingrato recinto.

–E pur si muove –dijo Zacarías Bienvenido Cipriano– ¿no es verdad, Urra?

–¡Hurra! –dijo Urra tirando por la ventana el corset de Chispij, cuya naturaleza movió la admiración del mundo.

–¡Flor de trapijuarius! –dijo el Chumintang bailando un tang–. Bien, bienito, bienculito, ¡mm!, ¡qué milímetro!, ¡cm!, ¡qué centíme- tro!, ¡H20!, ¡qué agüita!, ¡cf.!, ¡qué parangón!, ¡ídem!, ¡quien lo mismo!, ¡op. cit.!, ¡no me opongo si te citan a troche y moche toda la noche!

–Mister Flower, tell me why the Erotic Aspects of Chinese Culture are so short? –dijo Miss Ensimismith.

–Oiga, esta china –dijo el embajador chico–. Vea que... ... ...
... ...
... ...
... ...

(aquí la chunoteca se pasea un dedo presuntamente afilado por el cuello en tanto su bocachina trombonea una pedorrea que la muerchu interruptus. Y tan real es esta Presencia que a chuno le tiembla la mao y unoch se vuelca encima el Basho).

–¡Chanchu! ¡Se mancó el esmóquin blanquo! –dijo la fantasma de la Coja.

Il professore Fiore Chuti asió el ramo de flores que una niña de moñalbo en el cabculo le entregó en nombre del miembro homólogo de la colegiata. Aunque vulgata, la ceremoñata hizo llorar a Azucena Tote, que recordó su infrancia en casa de abue- lita Fedra. Primito Hipólito metíame su hisopo en el culpólito. En cambio después. Pero no quiero precipitarme –pensó Tote mien- tras Joerecto le explicitaba, gestualmente y callando, el propósito de que su susodicho ingresara en el aula magna de la Totede- seante que tentaba con la su lengua que, rosada pavlova, rubri- caba ruborosa la cosa, ruborezándole a la cosa, rubricabalgan- do a su dulce amigo en sube y baja, en ranúnculo de hojas estremecidas como las vivas hojas de su nueva Poética que Joe Supererguido palpa delicadamente, trata de abrir, que lo abra, lo abrió, fue en el fondo del pozo del jardín, al final de Estagirita me abren la rosa, sípijoe, másjoe, todavía más, y ¡oh!:

–Joe, ¡llamame Lola!

–¡Llamame puta!

–¡Y que viva Alicia la de las maravillas!

Lola, nuestra reina *per semper* decúbito dorsal en el corazón de las alteas.

1970

LA BUCANERA DE PERNAMBUCO
O HILDA LA POLÍGRAFA

a Gabrielle D'Estrées
y a Severo Sarduy

El salteador de caminos era la imagen de la ducha en persona.

Lector, soy rigidísima en cuanto atañe a la etiqueta. Es el buen tono, precisamente, lo que me insta a la precisión de un estado de profusa vaguedad.

Estas razones, que obran a modo de palabras liminares o de introito a la vagina de Dios, tienen por finalidad abrir una brecha en mi fúlgido ceremonial. Tal como un nadador lanzándose de cabeza y de culo en una piscina –con o sin agua, poco importa esto que escribo para la mierda.

* * *

Desnudo como una musaraña, Flor de Edipo Chú reía de los consejos superfluos que nadie le daba.

De repente tuvo ganas de pasear por este texto y telefoneó a Merdon y Merdon a mí.

En caso de que el lector haya olvidado el recinto por donde Chú se pasea encinto, Merdon advierte que es el mismo de antes: la boutique de Coco Panel, quien, como va vestida (no va puesto que está sentada) parece un gordo desnudo. En cuanto al Dr. Chú, está desnudo (en verdad, va y viene hablando de Miguel Ángel). El sinólogo se arrastraba cansino porque toda la noche había cabalgado un caballito de calesita.

Chú no estaba contento, en Alabama de la negra demonia de la verdad sea dicho. Y puesto que fumaba un puro, se esfumó. Así antaño el pirata Apocalipsis Morgan se eclipsó porque Fata Morgana lo desnudó.

¡Qué damnación este oficio de escribir! Una se abandona al alazán objetivo, y nada. Una no se abandona, y también nada.

Recuerde el lector encinto que nuestro recinto es, siempre, la botica rococó de Cocó Anel.

Ahora bien: el violador del doncel de otrora, Fleur d'Oedipe Chú, fue Múmú de Pistacho. Por su parte, Cocoloba fue la secuestraria de la mujercita Puloil. Pero es en vano que busques, lector, a estos persopejes, pues ellos, los asaz nudos de ventura Jercita y Múmú, fueron asados a la parrilla por una horda integrada por dos ancianas antropófagas de 122 años, pertenecientes a la tribu Bú-bú, de Dentáfrica.

¡Qué damnación este ofidio de vivir! Una se abandona al alazán subjetivo y hete aquí –¡tate!– que es un quítame de allí esas azafatas, vos y tus petates se van penando por Dentáfrica. Pero no. Estamos en la fricativa y en damero Pampam. El malón amotinado de pigmeítos Bú-bú se arremolina al unánime grito de: ¡Viva Alicia la de las maravillas! Pero Pancho Panel no se arredra. Como buena mierdra, Pancho Panel medra. Además trae una radio a transistores oculta en una oreja de su lujosa Cangura Benz. La radio emite morfemas deleznables y siguientes:

–¡Dále Coco, dále Coco!

y

–¡Usá el derecho de pernada, tarada!

Continuó.

Cuando Coco Panel afrontó al malón con pigmón* amotinado sin tino, ella agitó sorcieramente sus aretes, heredados de un espléndido cretino –Pietro Aretino– con el propósito de deslumbrar a la pigmeada plebeyuna que chillaba como cuando en Pernambuco trabé el trabuco del oso que se comió mi ossobuco.

Lector, mirá que yo también me aburro.

40.000 mini-plegms frenaron la motocicleta Hardley-Davidson (donación de André Pieyre de Mandiargues) y se cayeron de culo volcando de paso una pecera llena de guajolotes, quetzales y ocelotes (donación de Octavio Paz), de musarañas (donación de Pabst y de Trnka), y de fotografías de famosas hetairas (donación de las enanas del circo de Circe a las que Martha Moia dio lecciones de buen tono y de heurística).

Continúo.

---

* Cf.: jamón con melón.

Un guerrerito Bú-bú da 132 pasos y avanza medio milímetro, ¿sabéis, niñitos, quién es ese señor tan chiquitito? Nada sabéis, lo sospechaba. ¡Oh, bestias!, ¡oh flores de verde prado! Deduzco que tampoco sabréis el responsorio a esta preguntancia: ¿coge Adela un ramo de asfódelos o es un ramo de asfódelos lo que coge a Adela?

El guerrerito (os lo digo, ignaros) es el emperador.

El emperador se prosternó a los sones del «Vals del emperador»; asió el micrófono; se cayó adentro; fue extraído del micrófono; se pigmeó de risa cuando el último ministro le telegrafió en pigmorse:

—Esa que cigüeñea blandiendo un arete del Aretino se parece a un minarete manchado con clarete y con lo que Vuestra Majestad imagina.

El emperador secóse los pañales y la pelerina (donación de Gogol) que se le habían mojado en la jocunda pigmeada; se echó al gaznatito un dedo de muñeca de whisky, con sabor a frambuesa y, ni gazmoño ni mojigato, pidió la palabra. Alguien le dio una cajita. Hablóle entonces a la gran sinpítoca:

—... ... ...

—¿Quién sos, ché? —dijo la monstrua desde el bolsillo manierista de su suntuosa Cangura Benz.

—Soy el Divino Mascharita de Sader, rey del Pigmorf-Histeriamocos-Motel (rarefacción central; sueño de la ducha propia; sala de pingmeo-pong-meo; biblio-teta; pelos de virgen; pasacalles; moños; pompones; cintitas en güelfo de Marta Cibellina; etceterita).

Encima del etceterita, quiero terminar. ¿Así? ¿Sin arrojar unos adjetivos a los que aprecian en el escritor las facultades descriptivas e instructivas? Aquí van:

El bello, el aciago, el dentáfrico, el postrimero *Rex Pigmarum*.

FIN

Posdata de 1969. – La supieron los discípulos de Orgasmo, autor de una adamantina chupada de medias al loquero cuyo título mis pajericultos lectores conocen.

Posdatita de 1969 y 1/2. – Nada he incorporado a esta reedición. La repetida lectura de Baffo, Aretino, Crebillon *fils*, las memorialistas anónimas (princesa rusa, cantatriz alemana), me deparó la comprensión de esa alegría. Algunos –yo, la primera– me reprochan el «realismo»: situar en Dentáfrica un cuento sobre Dentáfrica. Cierto, la verosimilitud torna mi relación intolerable. Pero ¿no habrá nunca un espíritu valiente? 28.000 anonimitos no pudieron doblegarme. La verdad me es más cara que Platonov,* quien sintió como nadie lo trágico del destino pigmeo.

1970

* Personaje de Anton Chéjov.

EL PERIPLO DE PERICLES A PAPUASIA
O
EL PREBISTERIO NO HA PERDIDO NADA DE SU ENCANTO NI EL JARDÍN DE SU ESPLENDOR

I

–¿Para quién es esta patita? –dijo la Coja Ensimismada.

–Para el doctor Bernard Shaw, mi pedicuro –dijo el famoso loro Pericles.

–No digas loradas –dijo la pavada para una infanta enjuta.

–O. K. La patita es para Patoja –dijo quien vale un Peruquito.

–¡Patoja! ¡Qué nombre! –cojió con envidia la Ensimiscoja.

–Anoche reí con un amigo reidor, el genial Buston Domecq. La risanta empezó cuando me(nos) acordé(mos) del título con que tradu(lueñe) al esp(uto) un liebrejo del inexist(eta) Apestolio France. Me(o) refier(x) a «El figón de la reina Patoja» –dijo el polígrafo calígrafo doctor Flor de Edipo Chú.

–Si por lo menos me llamara Mecq la risanta –jo con envidia la Coja.

–Pero Pérez –dijo el calígrafo.

–Para Pérez, para Pekín, para pekineses, para Pinkerton, para Pizarnik –dijo el pizarevitch Alexander Pericoff.

–El doctor Pérez se recibió de perito-traductor en la Universidad para muñecas oppi de Papuasia –dijo Chú.

–Para Papuasia –dijo el Golfo Pérsico antipedófilo con su maletita en su patita.

–Pérez tradujo *La rotisería de la reina patoja* –codijochú.

–Para Patoja con amore –dijo el pediculoso pédiculo antes de subir al pedicular.

–¡Pérez! ¡Qué nombre! –dijo con envidia la pedicoj.

–¡Pérez! ¡Flor de perito! –dijo, en Alabama, Flower.

–Para Periquito el perito –pidió, promiscuo y pedicecuo, el pendiente pediente.

–Pérez pergeñó, hace añó, una autobiografaño del Mono de Tucídedes –joñó Fleur de Gyp.*

* V. Rachilde: ma mère, une hippie.

–Tucídides: condenado por Pericles al ostracismo –dijo, tragando una ostra nuestro Pericles de verdurita, hijo de Xantipes y de Mary Sócrata.

Para más perorar, juná el Larousse, hipócrita lector, mi bolu...

Fabló la pedicela ensimismada amenazándolo con medio pie; odredes lo que ha dicho:

–¡Picosucio!

Vos, lector, pedís diálogos, no paisajes. Pero en este lago caen lamentos, palabras, nombres, yo no sé lo que he oído, sólo digo que ahí estaban los que miran con ojos de un color imposible.

Sobre la pista del *Circo Circe*, avanzaba Perióscuro por el hilo de la noche, donde un vulgo integrado por capitalistas de pista prometía alpiste de oro al que, cual niño verde, se abandonara a la cuerda floja. Y todo con el propósito dudoso de cortar la flor azul de la locura. Fabló Lorín Lorinez, odredes lo que ha dicho:

–¿Qué es esta pelusa qui parló?

–Soy yo –balbuceó la miedoja envuelta en capa roja–. Apriesa, Lorín Lorinez, pues el día es exido, la noch queríe entrar.

Hacia los cojines aléjase en su cojín la cojifea o la corifea cuyo derrotero son los confines. ¡Cuerpo a tierra! (se autodice), mientras una pandilla de imaginados la desnudan entre risas y ex-Marco Abruptos.

(Las marionetas, la memoria, lo mismo.) Pericles se entreabre el pico:

–¡Coronela cojíbara! ¡Hasta en las tetas tenés pelos, igual que Cisco Kid! ¡Orgiandera perniabierta llena de permanganato! Papusa inane: tu peripatetismo te arrastra a bailotear pericones cual perinola de Perigord. La verdad, papusa: no servís para mostrar la perlita, ni para oír a Pergolese, ni siquiera para parafrasearme a mí, que soy un pobre periquito que perora para Pizarnik y para nadie más. Porque yo no peroro para vos ni para Perséfone. ¡Pedrito se caga en Perséfone! Aunque me dean un pirulín a transistores, me cago en Perséfone.

–Tertuliano, esta vez te lo rompo en serio –dijo la Coja dejando de lado su cojera.

–No lo joda. Stern ha dicho a un loro:

–Pos me llamo Pancho Percha; pos por qué no se van en un periquete al carajo –dijo Peripancho tocado con un sombrero mexicano. En tanto su pico deterioraba una tortilla de verdurita, papita y mole, disparo –bang, bang y pum, pum– al divino cojete con un trabuco trabado en Pernambuco por un oso que le comió el ossobuco.

Pasó un hombre-sandwich quien no era otro que don Naranjo:

–¡Concurran a la fiesta de los literarios! *Fiesta Mihi Letrinas Puto.* ¡Orquesta de oriflama y orina de Alabama! Leerá *El Manco* su enguantada autora, la Coja...

–Llámeme Alfonsina, Gabriela, Delmira, qué sé yo –dijo la sucinta.

–Llámeme Barón Meón –dijo, partiendo para Persia, con monóculo aunque orinando a cuadritos, el loro Meón de Elea.

–¡Patócles, esta vez me levanto! –dijo No-Alfonsina desde una repentina canilla.

–¡Qué rica lengüita! ¡Si Rabelais te conociese, cuánto llorare! –dijo el pedante color de albahaca.

–¡Mierda en bruto!

–¡Rengaccionaria! ¡Orinera en tierra! ¡Ni siquiera sabés forrar el Periquillo Sarniento! –dijo el loro feroz a la abuela Periquita Coja.

–Por mil velas verdes, ¿qué ocurre? –espetó el Hada Aristóteles que acababa de entrar y no de salir.

–Para esa periparlapario o te periclito por pernico non grato –dijo la coja copernicana.

–Pa-para-paparapapa. ¡O le das rica papa a milorito a ella adicto, o se lo cuento a mi familia y te encierran en la Parabalada de la cárcel de Parareading! –dijo el pisaverde Lord Parafred Parouglas, hijo de La Gioconda y de eso que perdían las cañerías de su casa.

–¿Quién inició a Pericles en la literatura? –dijo el doctor Chú alarmado por la verdifusión de la cultura de papas.

–Hilda la polígrafa –dijo la paralelepipeda.

–Sos menos que una papagaya sonada por un natural de Papuasia coleccionista de patitas ortopédicas de pájaros. Pare el oído, doctor Parachú, porque voy a penetrarlo con la verdad verdadera.

–¡Pataputaplún! –dijo la coja cayéndose de culo, rompiendo de paso el mismo.

–¡Parapatitapumpum! –paradijo la parabestiola.

–No parafrasee a Chang-Genet, cojamarada, y deje que la deliciosa urgencia de confesarse que muestra Pericles haga eclosión inmediata.

–No se jacte en términos parasicolocos –dijo el ente del plumerito verde en el lugar del corazón–. Mi pareja de iniciadores fue sólo uno: Casimiro Merdon, el zooerótico.

–¿Qué te hizo Merdon? ¿Qué número de teléfono tiene? –dijo Jimmy Churry.

–Si no recuerdo mal, Merdon copulaba a diario con las especies superiores de su zooarén –dijo el Perotikón–. Pero su partequino parasolombra era el que verdemente suscribe.

–Y yo que me lo llevé al río al Pericles creyendo que era platónico –dijo el hada Aristóteles.

–Paraplatónico me alcanza lo que me enseñó el de la sortija cuando frecuentaba la calesita. *(Riendo.)* Me acuerdo del poema que me consagró Gertrude Stein y que en el fondo la consagró a ella. Así reza el poema de la gorda:

Tu rosa es rosa.
Mi rosa, no sé.

–Su Pericles es un pirópata –dijo Chú disimulando mal su admiración por el coso parlante.

–¡Vayan al Ubre y al Prado y verán mi abolengo! Inclusive Ana de Abolengo fue mi tía y la apestólica Isabel –la de Colón– fue mi madrina. Cada vez que pasaba cerca de una de sus axilas yo la llamada Reina Patufo. Hasta que la muy mierda me dio una paliza delante de Colón, de Magallanes, de Cortés y de Moctezuma. Y todo porque le pedí diez centavos motejándola cariñosamente de *escombro gratis* y de *epistolita a las pishonas* –dijo el aristócrata color pastito.

–Tan chiquito y ya maneja nombres innobles como pianos. Y los dice en un tris –dijo el Dr. Chís.

–No hay dis sin tris –dijo nuestra coja cada día.

III

TEATRO

LOS PERTURBADOS ENTRE LILAS[1]

(Pieza de teatro en un acto)

Personajes: SEGISMUNDA
                CAROL
                MACHO
                FUTERINA

Una habitación con muebles infantiles de vivos colores. Luz como una agonía, como cenizas. Pero también, a veces, como una fiesta en un libro para niños. En la pared del fondo, cubierta de espejos, hay dos ventanas verdes en forma de corazones.

A la derecha, en el proscenio, una puerta rosada. En la pared, junto a la puerta, un cuadro dado vuelta como un hombre orinando en un parque. En el proscenio, a la izquierda, dos pequeños féretros-inodoros, muy juntos, uno blanco a rayas verdes y el otro rojo con florcitas de rafia. En el centro, cubierta con una manta color patito tejida por los pigmeos y que representa parejas como de juguete practicando el acto genético, sentada en un fabuloso triciclo, está Segismunda. Inmóvil a su lado, Carol la mira mascar chicle con los ojos cerrados.

De pronto, Carol corre las cortinas. Camina vacilante, con la cabeza echada hacia atrás, como disfrazado de dama antigua. Corre la cortina de la ventana derecha, cuyo diseño representa a la Gioconda con su cara de resfriada y sonriendo demasiado, de modo que se descubre que tiene un solo diente. Corre la cortina

1. Legajo de hojas numeradas de 3 a 35, mecanografiadas y corregidas a mano por A. P., fechado en julio-agosto de 1969, y titulado *Los perturbados entre lilas*. En la antología *El deseo de la palabra*, Ocnos, Barcelona, 1972, la autora incluyó un fragmento –el último– con el título de «Los poseídos entre lilas».

de la ventana izquierda, que tiene estampada una pintura de Mondrian y, en el centro, el dibujo del cinturón de castidad para labios que inventó Goya.

De nuevo se para junto a Segismunda, le quita la manta, le saca la capa gris modelo Lord Byron o Georges Sand [sic], las pliega y las guarda en los féretros-inodoros que resultan ser armarios. Luego, nuevamente, se queda apostado junto al poderoso triciclo de Segismunda.

Segismunda trae pantalones de terciopelo rojo vivo modelo Keats, una camisa lila estilo Shelley, un cinturón anaranjado incandescente modelo Maiakovski y botas de gamuza celeste forradas en piel rosada modelo Rimbaud. De su cuello pende un falo de oro en miniatura que es un silbato para llamar a Carol. En cuanto a Carol, su traje es color de roca rala y toda su persona evoca el otoño.

En el transcurso de la obra, una monja y un payaso, en un rincón, al fondo a la izquierda, limpiarán un viejo triciclo. En el rincón opuesto, habrá un maniquí infantil. Este personaje tiene la cara celeste y las cejas y los labios dorados. A su lado estará un suntuoso caballito de cartón muy empenachado y cubierto de arneses lujosos.

SEGISMUNDA *(extrae un cigarro del bolsillo de su camisa y lo enciende cuidadosamente)*: Es verdad que renuncié a ser una persona. No obstante, vivo. ¿Por qué? No lo sé. Pero es así y sufro. ¿Acaso no he andado en busca de esos signos y no he mirado hasta casi volverme ciega? ¿Qué me pasa? Antígona, ¿no fui yo? Anna Frank, ¿acaso no fui yo? *(A Carol.)* Voy a acostarme.

CAROL: Acabo de levantarte y de ayudarte a montar en tu triciclo mecanoerótico.

SEG: ¿Y entonces qué?

CAR: No puedo levantarte y acostarte cada cinco minutos.

SEG: Todos envidian mi triciclo mecanoerótico.

CAR: Yo no.

SEG: Mientras dormía, ¿no sentiste ganas de dar en él una vuelta manzana?

CAR: Yo... No.

SEG: Es que sos virgen, tenés miedo.

CAR: No hables tan fuerte.

SEG: No te inquietes, nadie se enterará de que sos virgen. Dicen que la virginidad duele. Pero ¿por qué tenés esa cara deshojada?

CAR: Soñé que vos y yo estábamos «a un paso del adiós».

SEG: ¿Será verdad?

CAR: Si lo dice el tango.

SEG: ¿Entonces?

CAR: Me iré a otro sitio, a cualquier parte. Encontraré otra ciudad, otras calles, otras casas.

(Pausa.)

SEG: ¿Carol?

CAR: ¿Sí?

SEG: ¿No estás cansado de este ardiente afán?

CAR: Estoy harto. *(Canturreando.)*   *Mi noche, tu noche,*
                        mi llanto, tu llanto,
                        mi infierno, tu infierno.

SEG: Lindo tango. Miente como los otros.

CAR: Entonces, ¿por qué es lindo?

SEG: Porque mata al sol para instaurar el reino de la noche negra. Pero a mi noche no la mata ningún sol. Tenés cara de irte.

CAR: Quiero irme, trato de irme.

SEG: No me querés.

CAR: No se trata de eso.

SEG: Antes me querías.

CAR: Recordaré tu palidez legendaria, tu aversión al arrabal...

SEG: Qué vida fácil tenés.

CAR: ¿A esto llamás vida?

SEG: Y yo con el corazón olvidado del ritmo, con los pulmones desgarrados, yo, tratando de encontrar, sola, a solas, en soledad, encontrar, a fin de pintar, de escribir.

CAR: Pero está el mar, la gente, las estaciones, los suburbios...

SEG: No quisiera pintar ni describir una cara ni un acantilado ni casas ni jardines, sino algo más que todo eso; algo que si yo no lo hiciera visible, sería una ausencia.

CAR: Si yo fuera escritor describiría *(canturrea)* «el dramón de la pálida vecina / que nunca salió a mirar el tren». ¿No te conmueve esa renuncia al uso de los ojos?

SEG: Que se joda por coger para joderse.

CAR: Cuando entrás en el seno de la obscenidad, nunca más se te ve salir.

SEG: La obscenidad no existe. Existe la herida. El hombre presenta en sí mismo una herida que desgarra todo lo que en él vive, y que tal vez, o seguramente, le causó la misma vida.

CAR *(canturreando)*: «la vida es una herida antigua...»

SEG: Todo, hasta el tango, me da la razón. Pero ¿para qué me sirve tanta razón?

CAR *(recitando)*: Amputada de sí misma y de esa clara razón sin la cual somos apenas manequíes, apenas bestezuelas.

SEG: Qué tango paleolítico.

CAR: Lo trajeron los hermanos Pinzón, o Cabeza de Vaca, o tal vez Cabello y Mesa junto con López y Planes.

SEG: ¿Quiénes son López y Planes?

CAR: Los trillizos que hicieron el himno nacional.

SEG: Mi único país es mi memoria y no tiene himnos.

CAR *(ordena la habitación y canta)*:
Al verte los zapatos
tan aburridos
y aquel precioso traje
que fue marrón
las flores del sombrero
envejecidas
y el zorro avergonzado
de su color.

SEG: ¿Cómo está tu inconsciente?

CAR: Mal.

SEG: ¿Cómo está tu superyó?

CAR: Mal.

SEG: Pero podés cantar.

CAR: Sí.

SEG: ¡Entonces cantá una verdadera canción! Algo sin zorros inhibidos, ¿me escuchás?

CAR: No tengo otro remedio.

SEG: Si te es imposible hacer tu vida como querés, por lo menos esforzate en no envilecerla por contacto excesivo con el mundo que agita movedizas palabras. ¿Me escuchás?

CAR: Sí.

SEG: Y entonces ¿por qué no me matás?

CAR: Porque *(canturrea)* «no tengo ni rencor ni veneno ni maldad...».

(Pausa.)

SEG: ¿Qué hiciste con tu triciclo?
CAR: Nuncà he tenido triciclo.
SEG: Es imposible.
CAR: Y cómo lloré por tener uno. Me arrastré a tus pies. Me mandaste a la mierda.

(Aparece un triciclo ruinoso cabalgado por Macho, quien viste andrajos pero lleva guantes colorados de esquiador.)

CAR: Te dejo. Tengo que hacer.
SEG: Menos mal que vivimos en esta casa parecida a una plaza de gran belleza metafísica. *(Pausa.)* Andá. Esto que soy va mejor. *(Car sale.)*
MACHO: ¡La máscara! ¡Una omelette!
SEG: Maldito seas entre todos los mortales.
MACHO: ¡El antifaz! ¡Una milanesa!
SEG: Nada más peligroso que los viejos. Disfrazarse y comer, no piensan más que en eso. *(Pitada. Entra Car.)* Ayúdame a soportarlo. *(Señala a Macho.)*
MACHO: ¡La careta! ¡Niños envueltos!
SEG: Dale niños envueltos y que se calle.
CAR: No hay más.
MACHO: ¡Quiero niños envueltos y vacío al horno!
SEG: Dale un chupetín.

(Car sale y entra con un chupetín. Pone el chupetín en la mano de Macho, quien lo toma con ansiedad, lo palpa con desconfianza, lo husmea con una sonrisa.)

MACHO *(lloriqueando)*: ¡Está duro! ¡No puedo!
SEG: Encerralo en el gallinero.

(Car lleva a Macho fuera de la escena.)

CAR *(regresando)*: Si envejecer fuera útil.

SEG: Supongo que el envejecimiento del rostro y del cuerpo ha de ser una herida de espantoso cuchillo. *(Pausa.)* ¿Querés sentarte encima del manubrio?

CAR: No quiero sentarme.

SEG: Lo sé, y yo no quiero mantenerme de pie.

CAR: Así es.

SEG: Cada uno su especialidad. *(Pausa.)* Siento deseos de huir hacia un país más hospitalario y, al mismo tiempo, busco bajo mis ropas un puñal.

CAR: ¿Y si nos contamos chistes?

SEG: No tengo ganas. *(Pausa.)* Car.

CAR: Sí.

SEG: La realidad nos ha olvidado y lo malo es que uno no se muere de eso.

CAR: Ya no existe la realidad.

SEG: Sin embargo cumplimos años, perdemos la frescura, las ganas... Perdemos... Car, ¿no es eso la realidad?

CAR: Entonces la realidad no nos ha olvidado.

SEG: ¿Y por qué decís que ya no existe?

CAR: ¿Puede darse algo más triste que esta conversación?

SEG: Quizá es triste porque no hacemos nada.

CAR: No hacemos nada pero lo hacemos mal.

(Pausa.)

SEG: Creés que sos el único que sufre en este mundo porque quisiste un triciclo y no te lo dieron. Te creés muy importante, ¿verdad?

CAR: Muy.

SEG: Esto no anda. Pensé que criticarte me divertiría.

CAR: Te dejo.

SEG: ¿Tenés que hacer?

CAR: Tengo.

SEG: ¿Hacer qué?

CAR: Mirar el montón de manos de muñecas que hay en la azotea de Ángelo, el que fabrica muñecas.

SEG: ¿Y para qué mirar manos sin brazos?

CAR: Miro manos chiquitas para que se apaguen mis rumores. *(Canturrea.)* «Araca, corazón, callate un poco...»

SEG: ¿Para qué diablos querés apagar tus rumores?

CAR: Me hablás con desprecio.

SEG: Perdón. *(Pausa. Más fuerte.)* Que conste en los complejos anales de nuestra historia que dije perdón. Y vos, como si nada. No sabés cuánto desprecio a los que no se interesan por mí.

CAR: Te oigo, te oí.

(Pausa. Sinuosamente, entra de nuevo Macho en su destartalado triciclo. Con el chupetín en la mano se pone a escuchar.)

SEG: ¿Encontraste otra pata de hipopótamo?

CAR: No encontré nada.

SEG: ¿Revisaste bien la casa?

CAR: No hay nada.

SEG: Quizá la encuentres mañana, debajo de tu almohada.

CAR: No encontraré más nada.

SEG: ¿Qué sucede?

CAR: Alguien pesca lo que parecía un pescado pero es algo que no termina de pasar. Alguien o algo deja oír su impronta respiratoria. Algo fluye y jamás cesa de fluir.

SEG: Pero *jamás* no tiene sentido así como no lo tiene *siempre*.

CAR: Todo es horriblemente invisible.

SEG: Por supuesto, y ahora andate. *(Car permanece inmóvil como si alguien lo estuviera soñando.)* Creí haber dicho que te fueras.

CAR: Te oí. Dijiste que me fuera. Intento hacerlo desde que me parió mi madre. *(Sale.)*

(Pausa.)

(Seg cierra los ojos; parece dormida. Macho golpea su triciclo con el chupetín. Pausa. Vuelve a golpear más fuerte. Aparece un triciclo más desvencijado que el de Macho; las extremidades de Futerina se adhieren a él como garfios. Futerina trae un sombrero de piel de monotrema guarnecido con moños de equidna.)

FUTERINA: ¿Qué te pasa, mi hombreamor? ¿Golpeás porque no podés más de ganas?

MACHO: Y vos, que no golpeás, ¿qué estabas haciendo?

FUTERINA: Me estaba quitando el vello. *(Risita.)*

MACHO: Besame, tocame. Tocame un nocturno.

FUTERINA: No podemos con los triciclos en las entrepiernas.

MACHO: No te hagas la monja portuguesa, vení, acercate.

(Las cabezas se acercan dificultosamente. No llegan a rozarse. Se apartan.)

MACHO: Se me perdió el inodoro.

FUTERINA: ¿Cuándo?

MACHO: No sé, pero ayer estaba.

FUTERINA: ¡Ah, ayer! Ayer era el canto de una guitarra en un albergue lejano, era el horizonte salvaje en un dormitorio con trapecios y hamacas para ejecutar ciertas posiciones que *(en voz más alta)* aquí están prohibidas.

(Se miran en medio de lo irremediable.)

MACHO: ¿Me querés?

FUTERINA: Mal, gracias. ¿Y vos?

MACHO: ¿Yo qué?

FUTERINA: ¿Me querés?

MACHO: Como el culverston.

FUTERINA: No me evoques buenos recuerdos.

(Se apartan más.)

MACHO: ¿Me deseás?

FUTERINA: Sí, ¿y vos?

MACHO: También. A pesar de todo, se para bien.

FUTERINA: ¿Qué?

MACHO: El triciclo.

FUTERINA: ¿Qué más vas a decirme?

MACHO: ¿Querés saber la hora?

FUTERINA: ¿Para qué?

MACHO: Eso sí que no sé. *(Pausa.)* Recordá cuando los tres camiones embistieron nuestros triciclos. Perdimos brazos y piernas. Segismunda nos compró brazos pero no quiso comprarnos piernas, solamente estos zancos ganchudos para empujar los pedales. *(Ríen.)*

FUTERINA: Fue en Santa Carmen de Areco.

MACHO: No. Fue en Antonio de Areco. *(Ríen con menos ganas.)* ¿Tenés frío?

FUTERINA: Excepto en la pajarita, me muero de frío. ¿Te cambiaron los pañales?

MACHO: No llevamos pañales. *(Con cansancio y tristeza.)* ¿No podrías ser un poco más precisa?

FUTERINA: Los paños para lisiados, entonces. ¿Qué importancia tiene?

MACHO: Es muy importante.

FUTERINA: Yo no me quejo, pero las palabras nuevas ofenden cuando se refieren a las mismas desgracias.

MACHO *(mostrando el chupetín)*: ¿Querés un cachito?

FUTERINA: No. ¿Un cachito de qué?

MACHO: De chupetín. Te guardé más de la mitad y además el palito. *(Mira el chupetín con ternura.)* ¿No lo querés? ¿No estás bien?

SEG *(con mucho cansancio)*: No me dejan dormir. Cállense o hablen más bajo. Si pudiera dormir un minuto, un año. Si durmiera, detrás de mis ojos de dormida yo vería los mares y los laberintos y los arcos iris y las melodías y los deseos y el vuelo y la caída y los espacios de los sueños de los demás vivientes. Yo podría ver y oír sus sueños.

MACHO *(bajo)*: Oír y ver los sueños de los vecinos. *(Ríe bajito.)*

FUTERINA: Tiene sueños de espía.

MACHO: ¡No hablés tan alto!

FUTERINA *(sin bajar la voz)*: Nada más cómico que los deseos no realizados de los demás.

MACHO: ¡No tan alto!

FUTERINA: Pero si es lo más cómico que hay, y los primeros días nos reíamos como frente a títeres. Pero al final todo se vuelve lo mismo, y el asunto sigue siendo cómico pero ya no reímos.

SEG: Quizá sea una muñeca verde.

MACHO: ¿Qué dijo?

FUTERINA: Que una muñeca verde.

MACHO: Entonces no quiso decir nada. Voy a contarte lo que nos decía mi maestra de primero inferior.

FUTERINA: ¿Para qué?

MACHO: Para que te diviertas.

FUTERINA: No parece un tema gracioso.

MACHO: Escuchá. Te vas a reír hasta mearte. *(Con voz neutra de narrador imparcial.)* «Acostumbre a su niño desde un principio a adoptar la postura conveniente...»

(Futerina se muere de risa.)

MACHO: ¡Mal pensada! *(Se ríe también él.)* «... la postura conveniente, aconsejada por la higiene escolar. La necesidad de esa manera de sentarse ha impuesto, puede decirse, el culo normal...»

(Futerina ríe hasta las lágrimas.)

MACHO *(fingiendo asombro)*: ¿Por azar dije algo gracioso para que te estés riendo como el chorro del bidet?
FUTERINA: Me dio risa cuando dijiste «puede decirse».
MACHO *(con la misma voz del narrador)*: «... puede decirse, el culo normal; de aquí, entonces, que se hermanen perfectamente...».
SEG: ¡Basta!

(Macho se asusta, deja de hablar.)

FUTERINA: Me estaba contando...
SEG: ¿No han terminado? ¿No terminarán alguna vez? ¿Nunca van a terminar? *(Macho pedalea subrepticiamente a fin de alejarse. Futerina permanece inmóvil.)* ¿De qué pueden hablar ustedes? ¿De qué puede hablarse todavía? *(Toca el silbato. Entra Car.)* Tirá los triciclos y también, de paso, a estas cosas que pedalean.

(Car se dirige a los triciclos.)

MACHO: Da miedo recordar que se fue niño.
FUTERINA: Las lilas tuvieron la culpa; es por ellas que estoy condenada.

(Car los lleva fuera de la escena.)

(Pausa.)

CAR *(regresando)*: Los encerré en el fondo. Ya no hay más que sus sombras.

SEG: ¡Malditos! ¡Que no se mueran nunca! ¡Que sólo sueñen con caballos tuertos! *(Pausa.)* ¿Qué murmuraba la ramera?

CAR: Dijo que las lilas tuvieron la culpa.

SEG: ¿Y a mí qué? ¿Es esto todo?

CAR: No. Dijo que estaba condenada por las lilas.

SEG: ¿Qué dicen del sátiro los diarios?

CAR: Que murió.

SEG: Pero si me gustaba. Hasta recorté su foto. Era más fácil advertir que tenía un alma rosa tirando hacia el azul más tierno. Imagino que al mirarme hubiera dicho palabras perfectas. Por ejemplo: «Amiga del agua, amiga del color de la ceniza.»

CAR: ¿Si cambiamos de tema?

SEG: ¡Qué cosa el sexo! Nada sino psiquis. *(Pedalea.)* Voy a dar la vuelta al mundo. Apartá los obstáculos. *(Car lo hace.)* Esto sí que es vida. Pasearse en triciclo y colocarse en el centro del mundo.

CAR *(en voz baja)*: Hace tiempo que no existe el centro del mundo.

SEG: Necesito un triciclo más confortable, algo con biblioteca, frigidaire y ducha. Así podría irme a cualquier lado. A Córdoba, por ejemplo.

CAR: ¿Y por qué a Córdoba?

SEG: ¿Y por qué no a Córdoba?

CAR: No es el único lugar.

SEG: Es verdad. ¿Me querés decir qué haría yo en Córdoba?

CAR: Nada.

SEG: Tenés razón. Ya me harté de Córdoba. ¿Estoy en el centro?

CAR: Más o menos.

SEG: Siempre más o menos. Hemos comido del árbol del Más o Menos. Buscamos lo absoluto y no encontramos sino cosas.

CAR *(fingiendo alegría)*: El sátiro hizo testamento: legó un ramo de rosas a una novicia tísica.

SEG: No me interesan los sátiros. Además, no existen.

CAR: Juguemos entonces a la paciente y el médico.

SEG: ¿Y si nos aburriéramos?

CAR: Nos suicidásemos. *(Voz de criado.)* Señora, aquí viene el médico.

(Car sale y vuelve a entrar, con anteojos y un maletín.)

CAR: Es para mí un placer el que Vd. me necesite, y desearía con todo mi corazón el que todo el mundo se hallara en el mismo caso.

SEG: Agradezco a Vd. esos sentimientos.

CAR: Aseguro a Vd. que le hablo con el corazón en la mano.

SEG: Me hace Vd. demasiado honor.

CAR: De ningún modo; no encuentra uno todos los días una enferma como Vd.

SEG: Doctor, soy su servidora.

CAR: Yo voy de ciudad en ciudad y de provincia en provincia para encontrar enfermos dignos de ocuparme. Desdeño entretenerme con enfermedades ordinarias, tales como reumatismo, prurito anal, dolores de cabeza y estreñimiento. Lo que yo quiero son enfermedades de importancia, buenas calenturas con delirio, satiriosis, fulgor ulterino, hidropesía, priapismo, cabecitas de alfiler, talidomídicos, centauros, talón de Aquiles, Monte de Venus, Chacra de Júpiter, Estancia de Atenea; en fin, en eso es donde yo gozo, en eso es donde yo triunfo. Desearía, señora, que estuviese Vd. abandonada de todos los médicos, desahuciada, en la agonía, para mostrar a Vd. la excelencia de mis remedios.

SEG: Le agradezco, caballero, las bondades que tiene para mí.

CAR: Déme el pulso. Vamos, lo hallo natural. Eso no es natural. ¿Quién es su médico?

SEG: El Dr. Limbo del Hano.

CAR: Ese nombre no me gusta. ¿Y de qué dice que está Vd. enferma?

SEG: De un resfrío del bazo.

CAR: Esos médicos como su Hano son animales, por no decir otra cosa. De lo que está Vd. enferma es del pulmón.

SEG: ¿Del pulmón?

CAR: Sí. ¿Qué siente Vd.?

SEG: Entre otras cosas, desprecio a quien no se interesa por mí.

CAR: Justamente, el pulmón.

SEG: A veces, o siempre, me parece que los colores tienen halos.

CAR: El pulmón. ¿Qué más le pasa?

SEG: Un sentimiento musical. Alguien en mí considera la noche y siente que por irremediable que sea la miseria humana, ella, la noche, es perfectamente hermosa.

CAR: El pulmón.

SEG: Fue el jardín. De pie sobre la tierra húmeda, sentí alegría. Pero de súbito caí sobre la tierra. No sabía por qué la abrazaba, no comprendía por qué deseaba tanto besarla.

CAR: El pulmón. Escúcheme. ¿Qué te pasa?

SEG: Un tormento como sentirse deletreada por un semianalfabeto. Asfixia y éxtasis. De noche alguien pregunta en un jardín, pero las respuestas son equívocas y desdobladas.

CAR: Por lo menos sufrís, por lo menos sos desdichada.

SEG: Admiro tu dulzura ponzoñosa.

CAR: No me duele tu ironía. Pero si hicieras un esfuerzo por hablar. Te haría tanto bien.

SEG: ¿Querés que hable? Muy bien. *(Pausa.)* Todo está como un peine lleno de pelos; como escuchar con una esponja en los oídos; como un loco metiendo a una mujer en la máquina de picar carne pero le parece poco y mete también la alfombra, el piano y el perro. *(Cierra los ojos.)* Mirá por la ventana y decime qué hay.

CAR *(mirando por la ventana)*: No lo puedo creer.

SEG: No te pido que te hagás creyente sino que digas lo que hay.

CAR: Hay un fotógrafo de esos que sacan «mirando el pajarito». Está fotografiando a un ciego –sí, lleva bastón blanco– acompañado de su perro.

SEG: ¿Y en la ventana de enfrente?

CAR: Lo de siempre: una bombacha y un corpiño sobre una silla y una sombra que va y viene. Es la sombra de la dactilógrafa.

SEG: ¿Y el sol?

CAR: No hay sol.

SEG: ¿Entonces qué?

CAR: Está opaco.

SEG: ¿Y los espejos que brillaban tan dulcemente?

CAR: También los espejos están opacos.

SEG *(abriendo los ojos)*: Ponete al lado mío.

(Car se pone junto al triciclo.)

CAR: Mi amante es más alta que un reloj de péndulo.

SEG: Basta de farsa.

CAR: Mi amante es obscena porque se toca la hora.

SEG: Todos me dicen que tengo una larga, resplandeciente vida por vivir. Pero yo sé que sólo tengo mis propias palabras que me vuelven.

CAR: Tantos proyectos que te exaltaban.

SEG: Es tarde para hacerme una máscara.

CAR: Dijiste que querías alabar el frío, la sombra, la disolución, dijiste que mostrarías cómo todos los caminos se abren a la negra liquefacción.

SEG: Ceremonia implacable. Alguien ejecutaba un gesto perfecto que me hechizaba y me daba terror.

CAR: No te entiendo.

SEG: Mi palabra es oscura porque estoy sola.

CAR: Tal vez vos misma te dejás aprisionar en un círculo vicioso.

SEG: Alguna vez fijate lo que dice el diccionario acerca del «círculo vicioso». La definición termina así: *Abrir es lo contrario de cerrar y cerrar es lo contrario de abrir.*

CAR: Lo malo es que es cierto. *(Pausa.)* Recuerdo tu ópera en 18 actos, que duraba tres minutos.

SEG: El cuerpo de baile estaba constituido por 35 ancianos sobre 35 triciclos. Los ancianos traían tutús celestes y zapatillas rojas. La ópera se llamaba *Mecanoerótica senil* y lo único auténtico eran los movimientos de los pies.

(Las luces se desvanecen; Seg y Car también. Luz fantasma, poética. Se escucha El lago de los cisnes *(o algo parecido a la máxima velocidad). Irrumpen, pedaleando, los 35 ancianos del apocalipsis de Segismunda. De repente: imprevisto silencio seguido por una súbita oscuridad acompañada de un fuertísimo estampido. Un reloj toctaquea ruidosamente; se escuchan jadeos como si una muchedumbre fornicara o agonizara. Al encenderse las luces, Seg y Car aparecen en el mismo lugar y en la misma postura, pero como si en el lapso de la representación de la ópera hubiese estallado una bomba. La casa –la «plaza metafísica»– ha quedado en ruinas.)*

(Pausa. Largo silencio.)

SEG: ¿Quién habrá sido el bastardo de fantasmas sifilíticos?

CAR: Hay tantos.

SEG: Esa ópera hubiera podido tener un sentido, y de ese modo nosotros mismos lo hubiéramos tenido... no del todo, pero algo... en vez de nada.

CAR: ¿Por qué hablás del sentido? ¿Para qué decís cosas demasiado ciertas?

SEG: Ahora ni siquiera queda lo que yo había soñado. Tanto mejor, ya nada podrá desilusionarme.

(Pausa. Largo silencio.)

CAR *(mirando por la ventana)*: La dactilógrafa se acostó y está dando cuerda a su despertador.

SEG: Mientras imagina que hace el amor con el vicegerente encima de la mesa del subgerente y entonces llega el gerente y la descubre a Ella, por lo tanto se divorcia de su mujer (con la que concibió 18 hijos) y se casa con Ella, a pesar de que él tiene 35 años en tanto Ella frisa los 53 abriles y exhibe una sonrisa ornada por dientes y encías de plástico.

CAR *(sigue mirando por la ventana)*: Se revuelve en la cama como una cuchara.

SEG: Preguntale en dónde metió sus dedos sarnosos. *(Pausa.)* Nadie quiere vivir. Las promesas son más bellas. *(Pausa.)* Pero esos dedos. Si le ofrecieran lilas, al llegar a sus manos se volverían negras.

CAR: Y si la matamos, ¿qué?

SEG: No necesito sugerencias acerca de probables epílogos. Estoy hablando o, mejor dicho, estoy escribiendo con la voz. Es lo que tengo: la caligrafía de las sombras como herencia.

(Pausa.)

SEG *(con arrebato)*: ¡Vámonos a las islas Galápagos! ¡Compremos un barco! ¡Las aguas nos llevarán!

CAR *(con tono de augur)*: Muerte por agua.

SEG: Me embarcaré sola. Haceme un triciclo acuático.

CAR *(va hacia la puerta)*: Lo empiezo ahora mismo.

SEG: Un momento. *(Car se detiene.)* ¿Te parece que los galápagos serán mansos?

CAR: Creo que no.

SEG: Car, no hagas nada. Mejor dicho, hacé lo que quieras.

(Car va hacia la puerta.)

SEG *(en voz baja, como recitando)*: Tendía las manos con amor hacia la otra orilla. ¡Car! *(Car se detiene.)* ¿Cómo andás? ¿Cómo te sentís?

CAR: Voy y vengo.

SEG: Car, alguna vez, tal vez, encontraremos refugio allí donde comienza la realidad verdadera. Entretanto, ¿puedo decir hasta qué punto estoy en contra? Car, ellos son todos y yo soy yo.

Car, te hablo de la soledad mortal. Hay cólera en el destino puesto que se acerca, entre las arenas y las piedras, el lobo gris... ¿Y entonces, Car? Porque romperá todas las puertas, porque sacará afuera a los muertos para que devoren a los vivos, para que sólo haya muertos y los vivos desaparezcan. No tengas miedo del lobo gris. Yo lo mencioné para comprobar que existe y porque hay una voluptuosidad enorme en el hecho de comprobar. Sólo las palabras hubieran podido salvarme, pero estoy demasiado viviente. No, no quiero cantar muerte. Mi muerte... el lobo gris... la matadora que viene de la lejanía... ¿No hay un alma viva en esta ciudad? Porque ustedes están muertos. ¿Y qué esperanza nos queda si están todos muertos? ¿Y cuándo vendrá lo que esperamos? ¿Cuándo dejaremos de huir? ¿Cuándo ocurrirá todo esto?

CAR *(intenta sonreír y canturrea)*: «Afuera es noche y llueve tanto.»

SEG: Afuera es noche de cadáveres. Los jardines con sus flores obscenas. ¿No hay un alma viva en Santa María de los Buenos Aires? No pregunto esto porque no lo sepa sino porque conviene decir a menudo lo que nos puede servir de advertencia. Car, ¿por qué no te reís? Yo, yo, yo, dije *advertencia*. Car, ¿debo agradecer o maldecir esta circunstancia de poder sentir todavía amor a pesar de tanta desdicha? Hablar de amor es casi criminal y no obstante... no obstante... y no obstante... Quiero ver mi muñeca nueva.

(Pausa.)

(Car sale y entra sosteniendo una muñeca verde por una pierna.)

CAR: Aquí está la invitada.

(Entrega la muñeca a Seg, quien la sienta en sus rodillas.)

SEG: ¿Verdad que es verdad que es verde?
CAR: Parecer, parece verde.
SEG: ¿Cómo que parece verde? ¿Es verde o no es verde?
CAR: Entre el verde y el azul fui herido.
SEG *(examinando a la muñeca)*: Olvidaste el sexo.
CAR: La muñeca no está terminada pero esa medalla de la guerra de Alsacia y Lorena y esos flecos dorados y esa ramita bordada indican que empieza a despuntarle un sexo que ni la Bella Otero.
SEG: No le pusiste sombrero.
CAR: ¡Te dije que no está terminada! Una muñeca que se respeta no lleva sombrero antes de estar terminada. ¿O es que por casualidad los fetos llevan panamás?
SEG: ¿Puede pararse?
CAR: ¿En dónde? ¿Por qué? ¿Aquí mismo?
SEG: ¿Puede pararse la muñeca?
CAR: No se lo pregunté.
SEG: Tratá de pararla.

(Le da la muñeca a Car, quien la pone en el suelo. En cuclillas, Car trata de mantener a la muñeca sobre sus pies, sin lograrlo. La deja. La muñeca cae.)

SEG: Y ahora ¿qué pasó? Dámela.

(Car se la da.)

SEG: Me mira y medita. ¿Comprendés, Carl, lo que esto significa?
CAR: Sí.
SEG: Ahora es como si me pidiera que la lleve a pasear en el triciclo.
CAR: Todas las hembras a medio hacer se mueren por los triciclos.

SEG: También es como si me exigiera palabras para comer. Tiene hambre de poemas. Voy a dejarla así, implorando.

(Car se levanta.)

CAR: Te dejo.
SEG: ¿Sentís celos de Lytwin?
CAR: ¿Lytwin?
SEG: Es el nombre que le puse a mi muñeca.
CAR: Me voy.
SEG: No sos más que un pobre celoso.
CAR: ¿Y qué?
SEG: Un sentimental. Acogedor como un catre. Recurriendo a los tangos por no saber o por no poder decir las propias penas. *(Pausa.)* Es tan bella, Car, mi muñeca nueva.
CAR: Todos fuimos bellos, inclusive Sócrates. Después, al crecer, Sócrates no fue que digamos una muñeca.

(Seg empieza a pedalear suavemente e intenta familiarizar a Lytwin con Gregory, el triciclo fabuloso. Se pasean por el ámbito de la escena. Car los mira y, sin darse cuenta, sonríe y llora a la vez. Aparecen algunos músicos vestidos de cosacos-pop que ejecutan cantos flamencos cantados por un individuo envuelto en papel de diario. La muñeca, dichosa como todo ente que no acabó de nacer, intenta manifestar su agradecimiento. Aunque ignora el código social, se oye su vocecita enunciar nítidament.)

LYTWIN: ¿Quién pregunta y quién respuesta?
SEG: No te preocupés por agradecer nada a nadie.

(Lytwin sonríe y se pone a jugar con su medalla de Alsacia y Lorena.)

SEG *(en voz baja)*: Se durmió. Acostala.

(Car, en puntas de pie, se va con Lytwin.)

(Pausa.)

SEG *(se ha puesto una corona de papel plateado)*: Lytwin está bien, la quiero, está bien. Pero yo he firmado un pacto con la tragedia y un acuerdo con la desmesura. He aceptado un ciclo de servidumbres secretas y escucho, todo el día, como un sonoro desgarramiento de sombras. Estremecimiento del ser, vértigo de la pérdida, terror fascinado. *(Entra Car.)* ¿Qué te pasó? Estás hecho una estatua de lodo.

CAR: Hay ciertos triciclos que producen cierta colitis a ciertas muñecas de cierto color verde.

(Suena el timbre, abren la puerta. Entra un chino cargado de farolitos, palillos para comer arroz, sándalo, sandalias y otros artículos «made in China».)

EL CHINO: Tengo marionetas y autómatas y homúnculos y un ramo de cardos que me recuerda los días idos. *(Mira y huele a Car.)* ¿Y por qué no? Puesto que el marqués de Sade estimaba lo que a usted recubre. Inclusive *(se vuelve hacia Seg)* tengo pajitas especiales para absorberla como a un helado de chocolate, el cual hace más mal al hígado que la misma mielda.

SEG: Le compro una marioneta y váyase a la mielda.

(Le arroja un billete. El chino lo recoge, besa los pies de Seg, vomita sobre los de Car y desaparece.)

SEG: Aunque no creo que una muñeca suministre de una sola vez tanta caca, me atrevo, caro amigo, a proponer que te des un baño.

(Quedan los dos personajes mirándose quietos y en silencio.)

SEG: ¿En qué estás pensando ahora que parecés la estatua de «El burgués gentilhombre»?

CAR *(con falso aire de nonchalance):* Me pregunto en qué pensaba Genoveva de Brabante cuando se ponía en la torre de su castillo a esperar a su esposo.

SEG: ¿Por qué no pensás en vos que estás más interesante que Genoveva de Brabante?

CAR: Hablo en serio.

SEG: A primer oído, todos hablan en serio, pero andá mejor a hacer tus abluciones en honor de San Esfínter.

(Car se va. Seg se queda callada como una partida de ajedrez. De improviso, se pone frente a un espejo. Se pega un tiro en la sien con una pistola imaginaria, y se hace la muerta. Cae su corona de papel plateado. Se escucha música trágica, o alegre.)

SEG *(con los ojos cerrados)*: Vengan, muchachos, estoy muerta, me aburro.

(Abre los ojos. Fuerte iluminación. Cierra los ojos. Débil iluminación. Esto se repite muchas veces.)

SEG: El sol nace en mi mirada. Cuando cierro los ojos es de noche.

(Medita profundamente. Aparece Car notoriamente elegante. Trae ropas más alegres.)

CAR *(yendo y viniendo como un maniquí)*: Este modelo, señoras y señores, se llama «Después de mí, que se jodan». Seg, me siento hermoso.
SEG: No me interesa la percepción que podés tener de tu esquema corporal. Necesito silencio.
CAR: Pero al menos reconocé que en mí, ahora, todo es lujo, calma y «voluptad».
SEG: ¡Silencio, se está haciendo el silencio! Si no dejás que el silencio termine su gestación, te mato.
CAR: Adiós.
SEG: ¿A dónde vas?
CAR: Adonde nadie alumbra silencios como si fueran quintillizos.

(Pausa.)

SEG: Todos los que me abandonaron llevan el chaleco de fuerza o el sobretodo de madera. Me acuerdo de uno que se llamaba Allan, aunque era napolitano. Cuando se enojaba conmigo se desabrochaba la bragueta, se arrancaba un mechón de pelos y me los tiraba a la cara. ¿Sabés cómo terminó?
CAR: En Vieytes.
SEG: Clamando por su mamá. *(Pausa.)* Andá a decirle a Macho que venga que vamos a conversar.

(Car se va y aparece con Macho, quien suena muy fuerte el timbre de su triciclo.)

MACHO *(sin dejar de sonar el timbre)*: Aquí llega el Mahatma Gandhi de las rueditas, el Confucio del eterno triciclo, la Juana de Arco del autotransporte, el Napoleón de los vehículos, el Atila de los tres, el Pío XII de los pedales, el Lautréamont.

SEG: Cuidado. No te metás con el Conde. Ya es bastante si no los tiré por el incinerador de residuos, a vos y a esa libidinosa parecida a Wagner.

CAR: ¿Qué es Wagner?

SEG: ¡Silencio! Mientras tu mujer ahuyente a los tipos desnudos del amueblado de sus pesadillas, nosotros vamos a tratar de hablar. *(Pausa.)* Restos. Para nosotros quedan los huesos de los animales y de los hombres. Donde una vez un muchacho y una chica hacían el amor hay cenizas y manchas de sangre y pedacitos de uñas y rizos públicos y una vela doblegada que usaron con fines oscuros y manchas de esperma sobre el lodo y cabezas de gallo y una casa derruida dibujada en la arena y trozos de papeles perfumados que fueron cartas de amor y la rota bola de vidrio de una vidente y lilas marchitas y cabezas cortadas sobre almohadas desplumadas como almas impotentes entre los asfódelos y tablas resquebrajadas y zapatos viejos y vestidos en el fango y gatos enfermos y ojos incrustados en una mano que se desliza hacia el silencio y manos con sortijas y espuma negra que salpica a un espejo que nada refleja y una niña que durmiendo asfixia a su paloma preferida y pepitas de oro negro resonantes como un conjunto de gitanos de duelo tocando sus violines a orillas del mar Muerto y un corazón que late para engañar y una rosa que se abre para traicionar y un niño llorando frente a un cuervo que grazna *(pausa)*, y la inspiradora se enmascara para ejecutar una melodía que nadie entiende bajo una lluvia que calma mi mal. *(Pausa.)* Nadie nos oye, por eso omitimos ruegos, pero ¡miren! el gitano más joven está decapitando con sus ojos de serrucho a la niña de la paloma. Vamos a beber algo. Car, tres vasos de agua.

(Car sale y vuelve con una bandeja.)

SEG: Maldito, trajiste soda.

CAR: No, es agua.

(Macho eructa con devoción.)

SEG: Acabamos de escuchar la prueba del flagrante delito.

MACHO *(llorando)*: Estoy borracho y no tengo otro sitio adónde ir más que a la tumba. Seg, ¿a quién encontraré en el cielo?

SEG: No sé quién está allí ni me importa.

CAR: A tu salud, Seg.

SEG: A mi salud.

MACHO *(insinuante)*: Necesito soda para brindar.

SEG: Nunca te la convidarán. No recuerdo por dónde voy. Sí, lo malo de la vida es que no es lo que creemos pero tampoco lo contrario. *(Triste.)* ¿Quién es el que me quiere? *(Gestos afectuosos de Car y de Macho.)* Nada de farsa. Si viera un perro muerto me moriría de orfandad pensando en las caricias que recibió. Los perros son como la muerte: quieren huesos. Los perros comen huesos. En cuanto a la muerte, sin duda se entretiene tallándolos en forma de lapiceras, de cucharitas, de cortapapeles, de tenedores, de ceniceros. Sí, la muerte talla huesos en tanto el silencio es de oro y la palabra de plata. *(Pausa.)* Este triciclo se está moviendo sin que yo me mueva. Tendré que hacerlo ver por un mecanorinario. *(Pausa.)* Yo, la triciclista, soy una metafísica en la sombra. *(En voz muy baja.)* La sombra, ella está aquí. Día de sal volcada. Día de espejos rotos. Yo estaba por encontrar un pequeño lugar solitario, propicio para vivir. Soy una mendiga de tregua. Esta vez la sombra vino a la tarde, y no como siempre por la noche. Y yo ya no encuentro un nombre para esto. *(Sigue con la mirada el avance de una presencia invisible.)* Y ahora, ¿qué hacemos aquí? Indefinidos, desposeídos, imbéciles. Nos desmoronamos en forma anodina. Nuestra condición es tan funesta que ni siquiera puede haber duelo. *(Largo silencio. De improviso, Seg sonríe.)* ¿Sabés, Macho, que tengo una muñeca nueva? Nació verde y tiene complejos anales.

MACHO: ¡Qué adorable! ¡Qué inverosímil! ¡Qué estereofónico!

SEG: Recién le dijo a Car: «O me contás Caperucita Roja o te mato.» *(Pausa.)* Es de un verde esencialmente reconcentrado, ¿verdad, Car?

CAR: No, es de un verde lleno de traición. Pero eso que dijiste sobre las ganas y la razón de ser de la existencia...

SEG: ¿Pensaste que lo dije en serio? *(Alarmada.)* Aquí está de nuevo la sombra. *(Largo silencio. Cierra los ojos, habla lentamente.)* Y entonces, y ahora, y entonces, me alejé o llegué. Fue hace mucho, ayer. ¿Tendré tiempo de hacerme una máscara para cuando emerja de la sombra?

MACHO: ¿Y si brindásemos por vos y por la sombra?

CAR *(con voz de locutor radial)*: «Aborrezco los fantasmas», dijo, y se notaba claramente por su tono que sólo después de haber pronunciado estas palabras, comprendía su significando. *(Se levanta como quien se va.)*

SEG: ¿Qué te pasa, Car?

CAR: Me voy porque la vida que llevo aquí, mi vida, no me gusta.

SEG: ¡Iluso! Como un profesor de lógica.

MACHO: Iluso como una monja comprando velas verdes.

SEG: A mí me gustan las monjas, los pingüinos y el fantasma de la ópera. De modo que te vas de aquí.

MACHO: Si lo dije en broma. *(Ríe.)* Debo de tener un fibroma.

SEG *(a Macho)*: Andate.

(Macho se va en su destartalado y rechinante triciclo.)

SEG: La función ha terminado. *(Buscando.)* La muñeca se fue.

CAR: No es una persona verdadera, no puede irse.

SEG: Aquí no está.

(Car sale; vuelve con Lytwin.)

CAR: Dámela. *(Car se la entrega. Seg la abraza.)* Enigmático personajito tan pequeño, ¿quién sos?

LYTWIN: No soy tan pequeña; sos vos quien es demasiado grande.

SEG: Pero ¿quién sos?

LYTWIN: Soy un yo, y esto, que parece poco, es más que suficiente para una muñeca.

SEG: ¿No pensás que Lytwin es adorable y siniestra a la vez?

LYTWIN *(en actitud de contrición)*: Fui yo quien te rompió los libros para hacerme cucuruchos, barcos y sombreros de corsario que... *(Se interrumpe.)*

CAR: Se le acabó la cinta grabadora.

SEG: Ponele otra más extensa.

CAR: No puedo. Necesito silencio.

SEG: ¿En qué pensás?

CAR: Quiero ordenar lo de aquí. *(Se toca la cabeza con ambas manos.)* Hay como chicos mendigos saltando mi cerca mental, buscando aperturas, nidos, cosas para romper o robar. Quiero hacer orden.

SEG: ¡Orden! ¿Qué es esa mentira?

CAR: Aunque sea una falacia, aspiro a tener orden. Para mí, es la flor azul de Novalis, es el castillo de Kafka.

SEG: Decí mejor que es tu musa de la mala pata.

CAR: Yo sé que es idiota, pero es lo único que quiero verdaderamente. Un espacio mío, mudo, ciego, inmóvil, donde cada cosa esté en su lugar, donde haya un lugar para cada cosa. Sin voces, sin rumores, sin melodías, sin gritos de ahogados.

SEG: ¿Es eso todo lo que querés?

CAR: Quiero un poco de orden para mí, para mí solo.

SEG: ¿No andarás enfermo?

CAR: Estás profanando mi sueño. El orden es mi único deseo, por lo tanto es imposible. En consecuencia, no creo estar molestando a nadie deseando cosas imposibles.

(Va hacia la puerta.)

SEG: ¿Por qué te vas?

CAR: Si solamente algo anduviera mejor gracias a mi presencia en esta casa. Pero no. ¿Para qué sirvo?

SEG: Para hablar conmigo. Gracias a nuestras conversaciones adelanté mi libro.

CAR: ¿Cuál libro?

SEG: ¿Qué libro?

CAR: El que adelantaste.

SEG: Pero si me estoy refiriendo a mi obra teatral.

CAR: ¡Una obra teatral!

SEG: No te hagás el viajero sin equipaje. No me vengas ahora conque no te conté lo de la obra.

CAR: ¿Qué importa? Espero que hayas adelantado mucho.

SEG: Mucho no. No mucho. A veces el sol se me sube a la cabeza

y escribo como si reaprendiera la vida desde la letra *a*. Otros
días, como el de hoy, soy un agujero desintegrándose. Sin
embargo, algo he adelantado, y hasta puedo decir que ade-
lanté más que algo.

CAR: ¡Más que algo! ¡Cuánto!

SEG: No exageres.

CAR: ¿Que no exagere? Pero me decís algo tan...

SEG: Tiene tatuajes en el traste.

CAR: ¿Quién?

SEG: ¿Cómo?

CAR: ¿El protagonista?

SEG: Si lo querés llamar así. Tiene tatuados dos ojos, una nariz y,
naturalmente, una boquita de corazón. Hasta un sombrero
tiene. En fin, una típica belleza de los años veinte en pleno
traste. Además de tener tatuajes, tiene siempre razón.

CAR: ¿Es un vidente?

SEG: No, es un traidor.

CAR: ¡Qué emocionante! ¿A quién traiciona?

SEG: A él mismo. Simula vigilarse y protegerse a distancia pero en
verdad se acecha, se espía, se busca fisuras, se aguarda gestos
de fragilidad, a fin de tomar posesión de su terreno baldío y...

CAR: ¿Y qué?

SEG: Y echarse de sí mismo. Eliminarse, aunque sea arrojándose
por el inodoro.

CAR: ¿Qué hace todo el día?

SEG: Mira oscuridad.

CAR: Y de sus noches, ¿qué hace?

SEG: Lee un libro pornográfico sosteniéndolo en la mano izquier-
da. Con la derecha, Domingo se manualiza.

CAR: ¿Por qué se llama Domingo?

SEG: ¿Y por qué no se va a llamar Domingo?

CAR: Hay otros nombres. Basta mirar el calendario.

SEG: Veamos. *(Lee salmodiando.)* Santo Abstinente, Santa Frane-
la, San Pepe, San Ejecutivo, Santa Fifa... ¿No te gusta Santa
Fifa? *(Toma su falo de oro y emite un pitido. Lytwin se ríe a
carcajaditas.)*

CAR: Ya sabe reír.

SEG: Y fifar, como su risita lo indica.

CAR: Sí, señor. Ya ríe y ya fifa.

SEG: Lo de que fifa es, por ahora, una hipótesis de trabajo. Pero en el caso de ser cierta, ¿con quién fifaría mi muñeca?

LYTWIN: Con un matrimonio.

SEG: ¿Cómo?

(Se oyen estertores seguidos por un gemido largo y luego por un llanto animal.)

SEG: Andá a ver qué hacen los desechos.

(Car sale. Vuelve con rostro de máscara.)

CAR: Reventó la ramera.

SEG: ¿Y Macho?

CAR: Llora.

SEG: Entonces quiere vivir. Dame el diccionario de Caballero. *(Car sale y vuelve con el diccionario.)* Quiero saber qué dice a propósito de la ventana. *(Busca en el diccionario.)* «La abertura que se deja en las paredes de los edificios para que entre la luz, el aire, etc.» ¿A quién o qué cosa esconderá el *etc.*? No importa puesto que la frase «para que entre la luz» me suena como una ofensa personal. Creo que el hipopótamo me conviene más que la ventana. *(Busca.)* Veamos: «Anfibio paquidermo llamado vulgarmente caballo marino, que vive en los grandes ríos y relincha como el caballo.» Pero lo mejor son las palabras que le siguen al pobre hipopótamo: «hipoquerida», «hipostibito», «hipotóxoto», «hirsucia», «hirticando», «hirtípedo», «hisopifoliado», «hispiditez»... Hispiditez, parece una despedida estúpida entre hispanos y piditas.

CAR: ¿Quiénes son los *piditas*?

SEG: ¿Cómo podría saberlo si los acabo de inventar?

CAR: No entiendo por qué pasaste de la ventana al hipopótamo.

SEG: Por una analogía que se fundamenta en leyes secretas.

CAR: Te molestó la definición de *ventana*, ¿verdad?

SEG *(mirando el cielo)*: Odio las nubes cuando se combinan en formas hermosas. Qué raro es sentir la luz sobre mi cara. Me gusta, pero sería como una errata demasiado notoria que yo y la luz hiciéramos alianza. *(Pausa.)* El sol como un gran animal demasiado amarillo. *(Pausa.)* Es una suerte que nadie me ayude. No hay nada más peligroso, cuando se necesita ayuda, que recibirla. ¿Qué te pasa?

CAR: Tengo frío, tengo culpa.

SEG: Andá a buscar a Macho.

(Car sale y vuelve.)

CAR: No quiere venir.

SEG: ¿Hace algo?

CAR: Con la mano derecha remolca el triciclo de Futerina mientras con la mano izquierda conduce el suyo.

SEG: ¿Así es como piensa resucitarla?

CAR: Cada uno resucita como puede.

(Pausa.)

SEG: Traeme a Lytwin. *(Car va hacia la puerta.)* No, no vale la pena.

CAR: ¿No querés que la traiga?

SEG: No.

CAR: Entonces me voy.

SEG *(absorta)*: Por supuesto.

CAR *(va hacia una ventana; mira atentamente; canturrea)*: «Y pensar que en mi niñez tanto ambicioné…»

SEG *(absorta)*: Por supuesto. *(Car sale. Pausa.)* Voces, rumores, sombras, cantos de ahogados: no sé si son signos o una tortura. Alguien demora en el jardín el paso del tiempo. Y las criaturas del otoño abandonadas al silencio.

»Yo estaba predestinada a nombrar las cosas con nombres esenciales. Yo ya no existo y lo sé; lo que no sé es qué vive en lugar mío. Pierdo la razón si hablo, pierdo los años si callo. Un viento violento arrasó con todo. Y no haber sabido hablar por todos aquellos que olvidaron el canto… *(Toca el silbato. Entra Car, quien se detiene junto al triciclo.)* ¿No eras el ausente? ¿No anunciaste que eras el ido?

CAR: ¿Para qué hablamos si no hay ningún silencio que romper?

SEG: Muchacho literario, ¿qué vas a hacer sin mí en esta vida con dientes de tigre?

CAR: Aquí no se vive ni se sueña. Tampoco se ama.

SEG: Vivir a mi lado es una suerte de muerte, pero alejarse de mí significa morir. ¿Acaso comprendés quién sos?

CAR: Es una cuestión pueril. Yo soy yo y vos no sos yo.

SEG: ¿Y quién te garantiza que vos no sos la sombra de alguno de mis yo?

(Car da vueltas por la habitación. Por el modo de caminar o por lo que fuere, parece un autómata o un muñeco, no un ser viviente. Rumores de lluvia.)

CAR *(canturreando)*: «... el mismo amor, la misma lluvia...»

SEG: La cabeza es inútil, los brazos y los pies son inútiles, el sexo es inútil, los ojos son inútiles. *(Pausa.)* Como una loca que se comió un peine y quedó encinta, como un mono atragantado con la estopa de mi muñeca, como declarar su amor llevando un corazón de lata. ¿Y qué si lo he perdido todo? ¿Qué estás haciendo?

CAR: Voy y vengo.

(Car se acerca a una ventana y mira.)

CAR *(canturreando)*: «... nadie en ella canta nada...»

SEG: ¡Car!

CAR *(canturreando)*: «... nadie en ella canta nada...»

SEG: Aquí no hay nada que cantar.

CAR: «... nadie en ella canta nada...»

SEG *(con dulzura)*: Car, aquí no se canta.

CAR: ¿Ya no hay derecho al canto?

SEG: No.

CAR: ¿Sabés cómo va a terminar esto?

SEG: ¿Cómo puede terminar lo que no empezó?

CAR: Yo sólo quería cantar.

SEG: Se abrió la flor de la distancia. Quiero que mires por la ventana y me digas lo que veas, gestos inconclusos, objetos ilusorios, formas fracasadas... Como si te hubieses preparado desde la infancia, acercate a la ventana.

CAR: Un café lleno de sillas vacías, iluminado hasta la exasperación, la noche en forma de ausencia, el cielo como de una materia deteriorada, pasa alguien que no vi nunca, que no veré jamás...

SEG: ¿Qué hice del don de la mirada?

CAR: Una lámpara demasiado intensa, una puerta abierta, alguien fuma en la sombra, el tronco y el follaje de un árbol, un perro se arrastra, una pareja de enamorados se pasea despacio bajo la lluvia, un diario en una zanja, un niño silbando... *(Repentinamente, en tono vengativo.)* Una equilibrista enana se echa al hombro una bolsa de huesos y avanza por el alambre con los ojos cerrados.

SEG: ¡No!

CAR: Está desnuda pero lleva sombrero, tiene pelos por todas partes y es de color gris y con sus cabellos rojos parece la chimenea de la escenografía de un teatro para locos. Un gnomo desdentado la persigue mascando las lentejuelas de... *(Pausa. Con voz fatigada.)* Una mujer grita, un niño llora. Siluetas espían desde sus madrigueras. Ha pasado un transeúnte. Se ha cerrado una puerta.

(Pausa.)

SEG: ¿Qué pasó?

CAR: ¿Qué?

SEG: No pasó nada. Eso pasó. Cerrá la ventana.

(Car cierra la ventana.)

SEG: Es curioso cuánto se habla para tan sólo no llegar al fondo de la cuestión.

CAR: Estoy cansado de nuestros diálogos.

SEG: Tan nuestros no son. *(Recitando.)* Soy el silencio, el pensamiento, la lengua y el eco. Soy el mástil, el timón, el timonero, el barco y la roca donde se estrella el barco.

CAR: Estoy cansado.

SEG: Quiero a Lytwin.

CAR: No quiero.

SEG: Traela.

(Car busca a Lytwin, la golpea contra la pared y la entrega brutalmente a Seg.)

CAR: Aquí tenés a tu doble.

SEG: ¡Golpeaste a mi doble!

CAR: Ojalá pudiera matar a tu doble.

SEG: Mi todo inofensiva muñequita. *(La acaricia.)* Pensar que ella ni piensa que duerme.

CAR: No empieces el juego.

SEG: Ya veo que es tarde.

CAR: No es nada, ni siquiera tarde.

(Pausa. Se oye sonar el timbre.)

SEG: Debe de ser alguien.

CAR: ¡Alguien!

SEG: Está bien, matalo. Te ordeno matarlo. *(Car se precipita hacia la puerta.)* ¡Imbécil! ¡Como si valiera la pena!

(Car se detiene bruscamente. Abre una ventana y finge mirar.)

CAR: Dejé mi valija en depósito en la estación.

SEG: Ti trema un poco il cuore?

CAR *(emite una ininteligible imprecación)*: Si todo lo que está afuera entrara de una vez a fin de vivificar esta casa. *(Va hacia la puerta.)* Ocurrió. Ninguna salida.

SEG: Decí unas palabras de despedida, como en el teatro.

CAR: No quiero decir nada. ¿Qué voy a decir?

SEG: Hay tanto adiós en tu mirada. Car, unas pocas palabras bien escogidas.

CAR: ¿Acaso las vas a recordar?

SEG: Sí. Voy a tener una enorme cantidad de lugar dentro del más grande silencio.

(Se oye un gemido brutal; es el último estertor de Macho.)

CAR: He vivido entre sombras. Salgo del brazo de las sombras. Me voy porque las sombras me esperan. Seg, no quiero hablar: quiero vivir.

Julio-agosto de 1969

IV

ARTÍCULOS Y ENSAYOS

HUMOR Y POESÍA EN UN LIBRO DE JULIO CORTÁZAR: *HISTORIAS DE CRONOPIOS Y DE FAMAS*[1]

«Él le había puesto nombres a sus dos pantuflas.» De Lichtenberg, autor de esta frase, dijo Goethe: «Si dice un chiste es porque hay un problema oculto.» Frase que a su vez desarrolló Freud en su famoso ensayo sobre el chiste, magnífico ensayo que no nos ayuda en nada a introducirnos (si es que el humor o la poesía admiten el aprendizaje) en el humor practicado por los escritores contemporáneos, que es un humor metafísico y casi siempre indiscernible de la poesía. (Lo atestiguan las obras más importantes del teatro denominado *de vanguardia*.) Cuando Alfred Jarry afirma: «Entonces mataré a todo el mundo y me iré» aprendemos no que hay algo oculto en Jarry sino algo corrompido –hamletianamente hablando– en todas partes.

Actualmente, el humor literario es de un «realismo» que sobrecoge. Reconocido el absurdo del mundo se hablará en su mismo lenguaje: el del absurdo. O sea: realiza una incisión en la llamada *realidad* y engarza un espejo. Los espectadores se ríen de la manera con que se cuentan sus cosas las criaturas de Ionesco, pero cuando termina el espectáculo lo comentan de idéntica manera (lenguaje hecho de palabras-monedas gastadas).

Este nuevo, este maravilloso libro de Julio Cortázar alía perfectamente el humor y la poesía.

---

1. Publicado en *Revista Nacional de Cultura*, año 25, núm. 160, septiembre-octubre de 1963, Caracas. Incluido por A. P. en *El deseo de la palabra*, Ocnos, Barcelona, 1972.

¿Quiénes son los *famas*? Son la Precaución; la Mesura; el Sentido Común; la Directora de una Sociedad de Beneficencia *(para alpinistas extraviados)*; un gordo con sombrero; un viajante de comercio; una suegra; un tío; una señora gritando asustada porque le regalaron un globo; un fabricante de mangueras; alguien que consulta su reloj diciendo: el tiempo es oro... ¿Las *esperanzas*? Son unas bobas pero los *famas* les tienen miedo. En cuanto a los señores *cronopios* son los poseedores de cierto órgano en vías de extinción en el hombre actual: el órgano que permite la visión y percepción de la hermosura. Como *cronopio* es un nombre más bello y menos equívoco que *clásico*, gracias a Cortázar podremos aplicarlo a los *cronopios avant la lettre* tanto del pasado cuanto del presente. *Cronopios* serán don Quijote y Charlie Parker, Rimbaud y el Arcipreste de Hita... Y Cortázar, naturalmente.

Ahora bien: resulta que *un fama tenía un reloj de pared y todas las semanas le daba cuerda CON GRAN CUIDADO. Pasó un cronopio y al verlo se puso a reír...* Se comprende la risita *zen* del *cronopio*: ¿qué es eso de querer contar el tiempo, cortar el tiempo, clasificarlo en horas, hacer con ellas horarios? El reidor vuelve a su casa y jugando se inventa otro reloj: el *reloj-alcachofa o alcaucil*. Su manejo es simple: *cada vez que quiere saber la hora arranca una hoja*. Pero ello no es sino la primera etapa de una magnífica iniciación: llegar al corazón del reloj-alcaucil en donde *el tiempo ya no puede medirse, y en la infinita rosa violeta del centro el cronopio encuentra un gran contento, entonces se la come con aceite, vinagre y sal...* Suele decirse que el tiempo nos devora y he aquí a un frágil *cronopio* que cambia los términos. En la primera parte del libro, llamada *Manual de Instrucciones*, leemos: *No te regalan un reloj, tú eres el regalado, a ti te ofrecen para el cumpleaños del reloj*. En la segunda parte, *Ocupaciones raras*, una de las tareas de la enorme familia *rara* consiste en hacer posar un tigre como si fuera una modelo o un ramo de siemprevivas. Descrita minuciosamente (tanto que produce vértigos) la operación de este extraño posado, leemos, al final, algo que me parece que ilumina el sentido y la dirección de estos actos aparentemente absurdos: *Posar el tigre tiene algo de total encuentro, de alineación frente a un absoluto; el equilibrio depende de tan poco y lo pagamos a un precio tan alto, que los breves instantes que siguen al posado y que deciden de su perfección nos arrebatan*

como de nosotros mismos, arrasan con la tigredad y la humani-
dad en un solo movimiento inmóvil que es vértigo, pausa y arribo.
No hay tigre, no hay familia, no hay posado. Imposible saber lo
que hay: un temblor que no es de esta carne, un tiempo central, una
columna de contacto.

Pero no se vaya a creer que esta encantadora familia se pasa la vida tratando de hacer posar a un tigre; también intenta refinar el lenguaje... *bastará citar el caso de mi tía la segunda. Visible-*
mente dotada de un trasero de imponentes dimensiones, jamás nos
hubiéramos permitido ceder a la fácil tentación de los sobrenom-
bres habituales; así, en vez de darle el apodo brutal de Ánfora
Etrusca, estuvimos de acuerdo en el más decente y familiar de la
Culona. Siempre procedemos con el mismo tacto... Un día, gracias a un lejano pariente ascendido a ministro se emplean todos –grandes y chicos– en una oficina de correos cuyo ambiente triste y desalentador intentan reavivar. Por eso, junto con las estampi-llas se le obsequia al comprador un globo, un vasito de grapa, empanadas de carne; se empluman las encomiendas –de esa manera *el nombre del destinatario (...) parece que va metido de-*
bajo del ala de un cisne...

Los actos insólitos de esta familia son de un humor irresistible. Pero también, a mi ver, ella representa algo profundamente trá-gico: la irrupción de la poesía y de lo maravilloso en lo que nos dan como realidad. Esta familia, con su inocencia obcecada, de-cide concretar la imposible empresa de la poesía: encarnar, trans-formar en acción lo que por no sé qué error sólo habita en las páginas de los libros, en las canciones, en los sueños y en los deseos más lejanos. (Maravillosa es la perfección con que Cortá-zar plasma sus relatos: aun el más fantástico presenta una arqui-tectura acabada como una flor o una piedra. Se puede decir que Cortázar no deja el azar librado al azar.) Veamos otra *ocupación:*
para luchar contra el pragmatismo y la horrible tendencia a la
consecución de fines útiles, se recomienda *sacarse un buen pelo de*
la cabeza, hacerle un nudo en el medio, y dejarlo caer suavemen-
te por el agujero del lavabo. Su posible o imposible recuperación

ha de ser la meta anhelada del perdidoso. Para ello deberá sin
duda emplear varios años, se destruirán las cañerías, se compra-
rán los departamentos de los pisos inferiores para proseguir las
investigaciones, se sobornará a individuos del hampa y con su
ayuda se explorarán las cloacas de la ciudad, etc., etc. Pero tam-
bién es posible que se lo encuentre *a pocos centímetros de la boca
del lavabo...* y ello produciría una alegría tan grande que obliga
a *exigir prácticamente una tarea semejante, que todo maestro cons-
ciente debería aconsejar a sus alumnos desde la más tierna infan-
cia, en vez de secarles el alma con la regla de tres compuesta o las
tristezas de Cancha Rayada.*

El humor de Cortázar se despliega por toda la gama de los
colores. Siempre es humor metafísico, pero a veces negro, a ve-
ces rosa, azul, amarillo... Muchas veces es feroz; pero su ternu-
ra es inagotable; suele proyectarla tan lejos, que alcanza a los
animales fantásticos *(Guk, camello declarado indeseable; el oso
que anda por los caños de la casa)*, a los animales reales (tortu-
gas) y a los «animales mecánicos» (bicicletas). No pocas veces une
el humor con lo fantástico. Esto se puede ilustrar con el caso del
sabio eminente, autor de una historia romana en veintitrés tomos,
candidato seguro al premio Nobel para regocijo y satisfacción de
su patria. Pero de pronto: *súbita consternación.* Una *rata de biblio-
teca a full time* denuncia la omisión, en los veintitrés tomos, de un
nombre: *Caracalla.* El sabio se encierra en su casa; desconecta
el teléfono; no contestará al rey Gustavo de Suecia..., pero en
verdad quien lo está llamando es otro, alguien *que disca y disca
vanamente el número, maldiciendo en una lengua muerta.*

Hablé de la apasionada minuciosidad de Cortázar y de su do-
minio de la noción del azar. Ello se debe a que pocos escritores
saben, como él, «ver el infinito en un grano de arena». Esta ac-
titud –y aptitud– tan suya, se revela en todos sus libros, y él mis-
mo la define admirablemente en las *Instrucciones para matar
hormigas en Roma: ... entender a fuerza de paciencia la cifra de
cada fuente, guardar en noches de luna penetrante una vigilia
enamorada...* Por eso puede hablar con *conocimiento de causa*
y conmovernos al describir los avatares de una gota de lluvia ad-
herida al vidrio de una ventana. Por eso puede describir, con la
misma precisión alucinante, un velorio en un barrio de Buenos
Aires, un animal fantástico, un cuadro de Tiziano, una escale-

ra... Esta actitud de insobornable *vigilia enamorada* se complementa con su incesante rechazo de la vida considerada como hábito y alineación: *Negarse a que el acto delicado de girar el picaporte, ese acto por el cual todo podría transformarse, se cumpla con la fría eficacia de un reflejo cotidiano.* Nada ni nadie le cerrará los ojos. Las cosas no son solamente cosas; los sueños no son cosas; el amor no es una cosa. *Apretar una cucharita entre los dedos y sentir su latido de metal, su advertencia sospechosa.* Porque *cómo duele negar una cucharita, negar una puerta, negar todo lo que el hábito lame hasta darle suavidad satisfactoria.* De allí que hable tantas veces de la rebelión de los objetos –o que la augure–; las bicicletas, por ejemplo, ¿cuántos años más soportarán el arbitrario rótulo de *los bancos y casas de comercio de este mundo: VIETATO INTRODURRE BICICLETTE?* De manera que *¡cuidado, gerentes! También las rosas son ingenuas y dulces, pero quizás sepáis que en una guerra de dos rosas, murieron príncipes que eran como rayos negros...* También los grillos perseguidos se rebelarán, y cantarán *con tan terrible venganza, que sus relojes de péndulo se ahorcarán en sus ataúdes parados...* El título de una de estas historias es otra corroboración de lo que decimos: *PEQUEÑA HISTORIA TENDIENTE A ILUSTRAR LO PRECARIO DE LA ESTABILIDAD DENTRO DE LA CUAL CREEMOS EXISTIR, O SEA, QUE LAS LEYES PODRÍAN CEDER TERRENO A LAS EXCEPCIONES, AZARES O IMPROBABILIDADES, Y AHÍ TE QUIERO VER.*

Historias de Cronopios y de famas (Ediciones Minotauro, Buenos Aires, 1962) testimonia ejemplarmente de qué manera el humor y la poesía son subversivos, y cómo y cuánto, ante el tejido confuso que se presenta como mundo real, ambos –poesía y humor– proceden a exhibir el revés de la trama.

1961

RELACIÓN VARIA DE HECHOS, HOMBRES Y COSAS DE ESTAS INDIAS MERIDIONALES (TEXTOS DEL SIGLO XVI)[1]

Con la publicación de este hermoso libro, la Editorial Losada ha querido conmemorar sus veinticinco años de vida. Este aniversario obliga a recordar que durante todo ese lapso, Losada ha sido una de las empresas difusoras de cultura y de valores espirituales que más ha contribuido al conocimiento de los autores más diversos.

«... *un libro (de) documentos que pusieran de manifiesto la trágica grandeza de los primeros tiempos de lo que habrían de ser después estos pueblos de la América Meridional...*», dice el Sr. Gonzalo Losada en su prólogo a *Relación varia...* De la selección de esos documentos se encargaron Alberto M. Salas, autor de obras de gran importancia histórica y literaria, y Andrés Ramón Vázquez, jefe del departamento técnico de la editorial. Ambos compiladores han redactado las notas que presentan –y enriquecen– cada texto.

Numerosos son los libros que dan cuenta de los hechos de la conquista pero en *Relación varia...* aparecen narrados *por la voz de los protagonistas*, como dice el Sr. Losada. Esta *voz* resulta fascinante por la pasión y la ingenuidad que transparenta. Además, en ella se gusta el inimitable sabor de la aventura, aquel que encuentra su tono más adecuado en los testimonios de quienes las han vivido.

Relación varia... acoge veinticinco textos que, tal como lo formulan los compiladores, son representativos de *formas de vida, modos de ser, acciones y circunstancias propias de la época en que*

1. *Cuadernos*, París, 1964.

nacieron las ciudades y el país. *Una especie de inventario, descripción y enumeración de la tierra, paisajes y cosas, de hombres, sentimientos y conductas...* Es así como gracias a estos testimonios *vemos de cerca* a hombres que suelen ser sólo nombres diseminados en los manuales de historia: Pedro de Mendoza, Juan Díaz de Solís, Martín Domínguez de Irala, Álvar Núñez Cabeza de Vaca –de este último la bondad, su sentido de la justicia y su delicado y firme respeto por los indios y por su propia gente, hacen un claro en el oscuro clima de reyertas y traiciones del que es ejemplo el alevoso asesinato de Juan Osorio del que consuela, a su vez, la compasión de Juan Pacheco. Aparecen, además, hombres de los que nada sabíamos pero que, mediante alguna carta suya salvada por el azar, adquieren forma y se animan, permitiéndonos participar de sus cuitas y padecimientos. Así la carta del ballestero Bartolomé García, así la de doña Isabel de Guevara o la del bachiller Domingo Martínez, escritas sin otra inspiración que la necesidad de revocar un estado de cosas que encuentran injusto. No es esto todo: descripciones de islas con su fauna y su flora; insólitos inventarios de bienes; crónicas de expediciones en donde hasta se menciona la existencia de una tribu de Amazonas indias; el asombroso testamento de Irala; la carta de Ambrosio Eusebio dirigida nada menos que al Aretino... Estos textos, y otros que no alcanzamos a enumerar, nos permiten acceder de manera entrañable al peculiar ritmo de vida de los primeros españoles en nuestras tierras e interiorizarnos en sus miserias y grandezas.

No quisiera soslayar en esta nota la sabrosa comicidad de algunos pasajes hallados a lo largo del libro. Se trata, sin duda, de un humor involuntario por parte de sus autores, pero esa misma falta de intencionalidad acentúa la eficacia cómica de proposiciones como las que transcribo:

Éstos (los indios) *cual astutas zorras, parecía que les hacían señales de paz, pero en su interior se lisonjeaban de un buen convite; y cuando vieron de lejos a los huéspedes, comenzaron a relamerse cual rufianes.*

... tenían (los indios) *muy gran temor de los caballos y rogaban al Gobernador que les dijese a los caballos que no se enojasen...*

Un día, súbitamente, vimos en la costa del puerto a un hombre con estatura de gigante, desnudo, que bailaba, cantaba y se echa-

ba polvo sobre la cabeza. Cuenta Pigafetta que a este mismo indio el capitán le mostró un espejo: *Al verse la cara se asustó muchísimo y saltó hacia atrás, echando por tierra a tres o cuatro de nuestros hombres.* Otra observación de Pigafetta informa sobre la triste situación social de la mujer patagona: *... los hombres tomaron rápidamente sólo sus arcos, y sus mujeres, cargadas como asnos, llevaron el resto.* También deja mucho que desear la conformación anatómica de estas indias: *Cuando las vimos quedamos estupefactos. Las tetas les cuelgan hasta los codos...* Además, constata la falta de aliño de los manjares indígenas: *Comían los ratones sin pelarlos.*

La misma inocencia preside la formación de expresiones de alto valor poético que, como quien no quiere la cosa, aparecen en algunos textos:

Un caracol y en él un pedazo de coral que paresce nascer dél.

... las nueces muy encarceladas...

... todos pensábamos y hablábamos de lo cerrado que era todo alrededor de nosotros.

... y con la espada ceñida hube de bajar a ver cuán fondo era el río...

... hay en aquella tierra muy grandes pinares y son tan grandes los pinos que cuatro hombres juntos, tendidos los brazos, no pueden abrazar uno...

Y este envío al pie de página: *Ver* agua de ángeles.

Pero es sobre todo al hablar del hambre padecida que estas voces alcanzan esa intensidad que sólo proporciona el padecimiento vivido de lo que se dice. Ante ellas el lector se estremece pero también adquiere una visión inigualada de las tremendas penurias que implicó la Conquista:

... buscando yerbas y éstas de todo género, que no mirábamos si eran buenas o malas, y el que podía haber a las manos una culebra o víbora e matarla pensaba que tenía mijor de comer quel Rey...

... y como la armada llegase al puerto de Buenos Ayres con mil e quinientos hombres, y les faltase el bastimento, fue tamaña la hambre, que, a cabo de tres meses, murieron los mil; esta hambre fue tamaña, que ni la de Jerusalén se le puede igualar...

Claro que ninguna se le puede igualar pues hasta *ocurrió que un español comió a su propio hermano, que había muerto,* según cuenta Ulrico Schmidl y según canta Luis de Ramírez: *Las cosas que allí se vieron / no se han visto en escritura: / comer la propia asadura de su hermano.* Por eso acongoja leer en el inventario de los bienes de Pedro de Mendoza las menciones de su vajilla. *¿Y tantos cuchillos y tenedores, para tender qué mesas de señor? ¿Para trinchar el aire?,* preguntan los autores de la selección en la nota preliminar.

En modo alguno se han acabado las razones de continuar escribiendo sobre este magnífico libro. Pero ante la imposibilidad material de extendernos apresurémonos a recomendarlo, seguros de que los lectores agradecerán a la Editorial Losada, al Sr. Gonzalo Losada y a los Sres. Alberto M. Salas y Andrés R. Vázquez este regalo de aniversario.

PASAJES DE MICHAUX[1]

El último libro de Henri Michaux es la reedición, aumentada y corregida, de *Passages*.* Consta de veinte textos que podríamos llamar *ensayos* si bien participan de la más alta poesía. En *Passages*, Michaux convoca tantos aspectos de su persona que se podría hablar por separado del Michaux pintor, músico, enamorado, viajero, frío y paciente observador, desproporcionado exorcizador, etc., etc. Pero aun si incurriéramos en esta escisión habría que discernir con más profundidad. Un ejemplo de ello: si pensamos en el Michaux humorista (el humor es uno de sus rasgos fundamentales), descubrimos que no se trata de un humor posible de definir de una vez por todas. A veces se manifiesta dueño de un humor delicioso y sumamente directo (ejemplo de ello sería la diatriba feroz y divertida que inflige a los cisnes). Pero en otras ocasiones su risa es muy parecida a la de su compañero Lautréamont. La oímos en este libro cuando, con paciencia de entomólogo, acumula ejemplos que atestiguan el horror y el delirio propios de nuestra época y, en particular, del hombre occidental.

En cuanto a los temas de *Passages*, son tantos y tan variados que su sola enumeración puede hacer pensar en un poema surrealista: el canto de las sirenas; el caso de dos niñitas hindúes educadas por una loba; un nuevo modelo de hostia; caballos que se drogan; texto de un joven del año 4000 (de nuestra era); la crueldad del viento Mistral; la poesía y el viaje; las maldiciones;

---

1. Legajo de cinco folios papel seda mecanografiados y corregidos a mano por A. P. y otra mano no identificada. En la parte superior, anotada a mano por A. P. la indicación: *El Nacional*, Caracas, 1964.
* Gallimard, París, 1963.

el espacio y la pintura; las líneas de Paul Klee; las experiencias del propio Michaux con sus dibujos y pinturas y también sus experiencias –o experimentos– de compositor; las moscas; las hadas del Rhin; el origen de su famoso personaje «Plume»; las abejas; las tigresas; la vida prenatal; etc., etc.

El título del libro, *Passages*, podría muy bien ser el título de toda la obra de Michaux pues ella es sinónimo de buscar un *pasaje*, abrir una brecha, formar un claro en lo oscuro. ¿No se ha dicho que «el poeta es el gran terapeuta»? Michaux lo viene demostrando mejor que ninguno. Su insaciable apetito de conocimiento sólo es igual a su afán de liberación. Por eso, en el espacio del poema o del cuadro, Michaux combate, grita, persigue, es perseguido, gime, revela, ilumina... Sus poemas no son solamente testimonios de la mejor poesía de nuestro siglo sino también ejercicios de liberación y modos de conocimiento. Y lo extraordinario es que, al ser tentativas individuales del hombre Michaux para exorcizar sus propios sufrimientos y sus propias obsesiones, ayudan y consuelan más al lector que tantos otros colmados de bondadosos sentimientos de fraternidad humana.

Michaux replantea todas las cosas con mirada de recién llegado. Y es hermoso comprobar que su vastísima cultura no ha ensombrecido esa mirada de primer día de la Creación. Por eso no es razón de asombro que los numerosos temas de *Passages* sean objeto de consideraciones insospechadas, de pensamientos que no visitaron a nadie. Es que Michaux no teme «ver el infinito de un grano de arena» (su valentía, en este sentido, es equivalente a la de Rimbaud, de Dostoievski o de Artaud).

Por mi parte, he leído y releído con fervor especial los capítulos en que el poeta se refiere a la pintura, a la música y a la infancia. He de presentar, pues, un breve resumen de esas relecturas que alternaré con la mayor cantidad posible de fragmentos del propio Michaux.

La pintura

En distintos capítulos Michaux comenta su propia pintura, la pintura en general y la de Paul Klee. Al referirse a sus propias obras Michaux las presenta como «pasajes» para llegar a una suerte de centro de donde emanan los gestos (todos los gestos) y los movimientos (todos los movimientos). Es decir: quiere remontarse, a través de sus dibujos y pinturas, hacia el lugar donde fluye nuestro ser interior en su máxima pureza. Quiere, al dibujar, *mostrar la frase interior, la frase sin palabras, cuerda sinuosa que se desarrolla indefinidamente. Yo quería dibujar la conciencia de existir y el fluir del tiempo, como uno se toma el pulso.*

También la pintura –como la escritura y la música– es para Michaux un modo de liberación, de conquista de la salud primordial tanto como un camino de conocimiento (conocimiento del hombre, desde luego, pero ¿en quién se va a experimentar si no es en uno mismo? No hay nadie más a mano...): *Al emprender los primeros trazos yo sentía, con gran asombro de mi parte, que algo cerrado desde siempre se había abierto en mí, y que por esa brecha iban a pasar una cantidad de movimientos.*

De las líneas de Paul Klee dice Michaux que *en un simple y pequeño jardín lleno de hierbas*, ellas crean el *laberinto del eterno retorno.*

Y para los asustados por las revoluciones continuas de la pintura contemporánea, he aquí que Michaux las encuentra insuficientes. Aún queda por liberar, nos dice, el *espacio* del cuadro.

La música y el silencio

Los sonidos de la música pueden acabar con los duros bordes de las cosas. Gracias a ella algo empieza a fluir y el que la compone (y también el que la oye) *se vuelve capitán de un RÍO...*

El silencio es mi voz, es mi sombra, mi llave...

[El silencio] *se despliega, me bebe, me consume.*

Mi enorme sanguijuela se acuesta en mí.

Contra el silencio, las palabras. Pero Michaux desconfía demasiado de las palabras, armas melladas, instrumentos rotos. Y más aún: signos con lo hostil que acecha:

Palabras, palabras que vienen a explicar, a comentar, a revocar, a que sea justificable, razonable, real, prosa como un chacal.

Es preciso que jamás olvide: yo me asfixiaba. Yo reventaba entre las palabras.

Por eso, contra el silencio y contra la palabra: un piano. He de detenerme en lo que Henri Michaux dice del piano pues nunca nadie lo dijo de una manera tan perfecta:

Compañero que no me observa, que no me evalúa, que no toma nota, que no conserva huellas, compañero que no exije, que no me obliga a prometerle nada.

Con él, todo tan simple.

Yo me acerco. Él está listo.

Yo traigo la obsesión, la tensión, la opresión:

Él canta.

Yo traigo la situación irremediable, el vano despliegue de esfuerzos, el fracaso de todo junto con la mezquindad, las precauciones llevadas por el viento, por el fuego, por el fuego, sobre todo por el fuego:

Él canta.

Yo traigo la inundación de sangre, el rebuzno de los asnos contra la paz, los campos, el trabajo forzado, la miseria, los prisioneros de la familia, las cosas a medias, los amores a medias, los impulsos a medias y menos que a medias, las vacas flacas, los hospitales, los interrogatorios policiales, los lentos agonizantes de las aldeas perdidas, los amargos vivientes, los dañados, aquellos que derivan conmigo sobre la helada y loca ladera:

Él canta.

Yo acarreo todo en desorden, sin saber lo que traigo, de quién, para quién, quién habla en la cesta de las llagas:

Él canta.

Él canta.

Para quien sabe buscar todo se vuelve búsqueda. Acercarse al piano y dejar que cante es acercarme al piano y dejarme cantar. Pero sobre todo es transformar el encuentro con el piano en un lugar de aprendizaje: *Lo que yo quisiera es música para cuestionar, para auscultar, para acercarme al problema del ser.* Michaux no quiere componer como un compositor, en particular no como un compositor occidental: quiere hacer música de gorrión, *de gorrión no muy decidido, posado sobre una rama, de gorrión que trataría de llamar a un hombre...*

Quiere una música para pedir auxilio en el horror, en el no saber, una música para que diga de su desposesión, una música no parecida a ninguna otra sino solamente parecida a él, música para reconocerse, para decir su nombre, una música que señale su lugar, que exprese su carencia de un lugar:

Una melodía pobre, pobre como la que le sería necesaria al mendigo para decir sin palabras su miseria y toda la miseria a su alrededor y todo aquello que responde miseria a su miseria, sin escucharlo.

Como un llamado al suicidio, como un suicidio comenzado, como un retorno perpetuo al único recurso: el suicidio, una melodía.

Una melodía de recaídas, melodía para ganar tiempo, para fascinar a la serpiente, mientras que la incansable frente siempre busca, en vano, su Oriente.

Las *ondas pequeñísimas* de la música nos consuelan *del insoportable «estado sólido» del mundo, de todas las consecuencias de este estado, de sus estructuras...* El tiempo, gracias a ella, se vuelve *agradable de saborear.*

La mirada de la infancia

No le es dado al hombre conocer a sus semejantes. Tampoco, el conocimiento del niño que fue: fue niño pero lo olvidó, ha olvidado por completo *la atmósfera interior* de su infancia. Se trata, pues, de una pérdida de la memoria del *tiempo de la infancia*. Michaux habla de la mirada del niño:

Miradas de la infancia, tan particulares, ricas en no saber, ricas de extensión, de desierto, grandes por ignorancia, como un río que fluye (el adulto ha vendido la extensión por los hitos en el camino), miradas todavía no atadas, densas de todo aquello que se les escapa, plenas de lo todavía indescifrable. Miradas del extranjero...

En otra parte del libro, Michaux atribuye calidades semejantes al rostro de las muchachitas, el cual sería tan irrecuperable como nuestra antigua mirada. La belleza de estos rostros se debe a que, durante un lapso de tiempo muy breve, son rostros *sin «yo»*. Michaux los llama *rostros sin capitán*, pues nadie los habita todavía, nadie los dirije...

Meditando en esta noción de lo irrecuperable me pregunto: ¿y la memoria de Proust? ¿Y el sabor y el aroma de la infancia que Proust rescata de una manera que nos parece perfecta? Michaux niega la posibilidad de este rescate: ... *el hombre ha sido niño. Lo ha sido mucho tiempo y, según parece, lo ha sido en vano. Algo de esencial, la atmósfera interior, un yo no sé qué que ligaba todo, ha desaparecido y con ello todo el mundo de la infancia (...) el olor de la infancia está encerrado en nosotros (...) y es irrecuperable. El Tiempo del niño, ese Tiempo tan especial, Tiempo fisiológico creado por otra combustión, por otro ritmo sanguíneo y respiratorio, por otra velocidad de cicatrización, está completamente perdido para nosotros...*

Michaux ilustra esta pérdida definitiva con un magnífico ejemplo:

A los ocho años, Luis XIII hace un dibujo parecido al que hace el hijo de un caníbal de Nueva Caledonia. A los ocho años, tiene la edad de la humanidad, tiene por lo menos doscientos cincuenta mil años. Algunos años más tarde los ha perdido, no tiene más que treinta y uno, se ha vuelto un individuo, no es más que un rey de Francia, atolladero del que no saldrá nunca.

SILENCIOS EN MOVIMIENTO[1]

Los veintitrés poemas de este libro* tienen la misma estructura fragmentaria: series de frases breves proseguidas por silencios que intervienen con la frecuencia de las frases; disolución de temas –fragmentos de realidades e irrealidades que vienen y van en curvas muy rápidas. Esta fugacidad musical de los significados es la trama de cada poema: conceptos metafísicos, objetos solitarios, imágenes líricas, se intercalan, se enlazan un instante, para dar paso a un pequeño silencio que, a su vez, da paso a una nueva serie de frases o a una sola frase.

Poemas alusivos, reticentes, desconfiados, sigilosos. En ellos hay un perpetuo decir acerca de algo que parece estar diciéndose en otra parte. Esa otra parte es el invisible pero presentido interior del poema, y se diría que el poema «visible» está formado por algunas briznas recogidas de ese otro poema interior. Es como si se ejecutara, digamos al piano, una melodía de sonidos y silencios perfectamente separados que, simultáneamente, está siendo ejecutada, pero sin silencios, dentro del piano. Encuentro un ejemplo más eficaz que éste en el poema «La vida hacia todo»: *en el ciprés / nuestra mano toca / el ciprés insomne / debajo del ciprés*.

De esta forma se suceden metáforas, preguntas que nadie responde, paisajes mentales, definiciones, lamentaciones, execraciones, alabanzas, formulados por un yo que a veces es tú o nosotros. Poemas hechos de significados y silencios en movimiento; su

---

1. Revista *Sur*, Buenos Aires, núm. 294, mayo-junio de 1965.
* H. A. Murena, *El demonio de la armonía*, revista *Sur*, Buenos Aires, 1964.

ritmo evoca, alternativamente, dos gestos fundamentales: el acuerdo y la separación. Pero de esto trata, precisamente, *El demonio de la armonía.*

El poema «Trabajo central» poetiza un instante soberano, un instante privilegiado. Una suerte de energía primordial fundamenta ese instante en el que cesa toda oposición. Lo posible irrumpe como un sol y las palabras vuelven a ser las genuinas, aquellas «no perdidas en lo extraño». Del mismo modo, el doloroso límite de las cosas es anulado y, en consecuencia, la libertad del poeta se torna ilimitada. Por eso el poema finaliza así: *Que se entienda / esta dicha terrible / que es cualquier barco / hacia todo naufragio.* Estos versos dicen de la alegría más alta. Invocan a la muerte, pero aquí la muerte ya no es más lo ajeno que produce miedo, no es más lo contrario de la vida, y se comprende que su fascinación sea irresistible.

Si bien Murena expresa estas cosas con palabras justas, su tono es sigiloso como si temiera –y con razón– que las palabras petrificasen ese instante soberano que sus palabras consagran. Además, para él *cada vocablo / es oportunidad / de vida o muerte.* Luego, será preciso cuidarlo y también al silencio de donde emerge *(no lo llenes / no lo vacíes)* pues al esperarlo todo de las palabras es probable que sólo llegue la fe en el silencio: *Calla aquel / que sabe / y aquel / que no sabe / habla.* Es muy terrible que un poeta diga una cosa como ésta. ¿Y por qué la dice? La respuesta perfecta es la de Diótima a Hiperión: «Desearías un mundo, por eso lo tienes todo y no tienes nada.» (De paso, esta maravillosa frase ayuda a comprender la *dicha terrible / que es cualquier barco / hacia todo naufragio.*) También nos acerca a Hölderlin el poema «Respiración celeste», en el cual hay una referencia a un lenguaje total –el del *ciprés insomne*; el de la melodía no fragmentada– que sin duda fue nuestro en un pasado más verdadero que el que cuentan los libros de historia: *hablar con silencio, / una pérdida sagrada.* Ese lenguaje es rescatado en los instantes soberanos. Pero Murena sabe que no sólo es imposible buscar esos instantes –pues la búsqueda implica medios y fines– sino que hay enemigos que hasta impiden desearlos. No aquellos famosos enemigos del alma sino éstos: el murmullo caótico y el silencio estéril (o sea lo que en general nos constituye día tras día y que solemos denominar, abusivamente, «vida interior»). La revelación de que *todo es otra cosa* es la sola eficaz para destruir a esos enemigos. *Distinta dimensión* o revés de la trama, lo otro nos ingresa en un instante en donde ahora es siempre *(nunca hubo un antes)* y a un espacio que es sinónimo de *la fuente / que está en el centro*. Una melodía, una criatura que se ha vuelto presencia amada, un gesto de ternura o de piedad, un paisaje privilegiado: tantas cosas pueden llegar a ser los intercesores de un renacer inesperado, de un retorno a un primer día en donde nada ha de ser más simple que descubrir «el infinito en un grano de arena». Asimismo, un cuerpo amado será capaz de cambiar el mundo: *La mujer desnuda / reclinada, / con un río / de rosas / entre las piernas / la fabulosa garza / que al posarse / cambia el bosque...*

El acto del amor –y todo instante soberano– *no tienen nombre, / conservan / su canto de diamante*. Es significativo que Murena apele a una piedra para calificar la «expresión» de los instantes más altos. Con ello afirma que nunca, ninguna palabra podrá traducir ese canto. Y en verdad, ¿cómo llamar a lo que *no tiene nombre* y nos llama de un modo tan misterioso e imprevisto? En otro poema dice: *contra el negro jardín / terrenal / resplandece / el secreto último*. Descubrir –nombrándolo– ese secreto, parece ser lo propio de la poesía. Y ni siquiera descubrir ese secreto sino intentar descubrirlo. Aun si es imposible. Sobre todo si es imposible.

Consciente del magnífico fracaso que implica esta tentativa, Murena no cesa de querer nombrar al otro ciprés, ni de recordar a *la olvidada / canción del todo*. Ello se debe a la permanencia en él de *una voz natal / a través de una puerta / cerrada*. «Y la voz nos conduce a la patria en donde están nuestros orígenes», dice Heidegger en su poema «La voz del camino».

En general, Murena no aísla los instantes soberanos sino que éstos se desprenden o se liberan de un contexto de tiempo utilitario –abstracta sucesión temporal de la que emerge el presente puro, la pura presencia–. A ese muro del color de la ceniza en donde alguien a veces logra inscribir el poema de fuego, lo denomina el *entretanto*, el *afuera*, lo *extraño*. Figuras acechantes y hostiles pueblan ese espacio feroz en donde es preciso vigilar,

defenderse, resistir. *Entretanto, / ironía, mastines...* Al nombrar
el ámbito de la materia rumorosa y caótica, las palabras de Mu-
rena forman una suerte de monólogo del subsuelo: *hijo del hom-
bre, / detén lo fluyente, / cúbrete de noche, / más te valdría / no
haber nacido, / nunca germinar.* Pero en dos oportunidades le
acontece caer en la mayor disonancia. (Una voz murmuraba su
«teología negativa» mediante lamentos acompasados y, repentina-
mente, sin saber cómo ni cuándo, fue arrebatada por el demonio
de la desarmonía.) La voz se crispa y apostrofa: *¡Feto de la tinie-
bla / arrojado entre lo impar, / tú me entiendes, / edad de plomo!*
La voz grita: *¡que se aúlle! / ¡que se aúlle más!* Estos ejemplos dan
cuenta de un Murena excedido por los significados. Ha dicho lo
que quiso decir, sí, pero a costa de la poesía, sacrificándola. Nada
más lejos de estos ejemplos que aquellas hermosas frases (cita-
das más arriba) que glorificaban el bosque metamorfoseado por
obra y gracia de un cuerpo de mujer. Pero no es un azar que esos
versos ineficaces estén dedicados al *entretanto*, al lugar de *la vida
para nada* o para tan sólo acrecentar el error. Y es la noción del
error, precisamente, uno de sus aspectos principales: *La historia
es / un templo en ruinas / lleno de cadáveres / por error decapita-
dos.* Aquel *todo es otra cosa* que era el signo del ingreso en la
verdadera vida, se trueca en irónica comprobación de un mise-
rable escamoteo: *Aguardas noche / viene día, / aguardas día, /
viene noche.*

El poema «La vida hacia todo» conmemora *la plenitud / vestida
de presente.* Cada serie de versos es sostenida por la hermosa
partícula *Sí* inserta en el silencio. Los últimos versos, empero,
preguntan: *Pero quién, / quién inventó / el corazón humano.* Todo
tenía *color / de siempre* y he aquí al corazón humano, el gran
impedidor. En el «Poema naciente» hay mención de la *sucia me-
moria* y en «El libro de la tormenta» la psiquis es execrada *(y la
gesta / de la psiquis / es un garrapateo obsceno / en las paredes de
un mingitorio).* Un lector apresurado pensará en la sobreenten-
dida escisión yo-mundo (o, lo que es igual, poesía-mundo), y juz-
gará que nuestro autor aspira a morar entre los ángeles. Nada de
eso, pues también ellos son desprestigiados. En un poema se
evoca *un canto de ángeles / envejecidos* y en otro, si bien *un án-*

gel enuncia / lo justo, lo hace *en un gran reloj rojo / que marca las horas / erradas*. Se trata de ángeles envejecidos y desorientados.

Ahora bien: si la psiquis es el aposento de lo obsceno, si la memoria traiciona y el corazón es un obstáculo, si los mismos ángeles han perdido lozanía y lucidez, ¿entonces qué? Entonces queda, no obstante y a pesar de todo, *una fuerza que no cesa, / inexorable ternura*, la única que sabrá abolir ese *nadie enlutado* que separa las partes del diálogo *(pero en el medio / viene enlutado / a sentarse nadie)*. Es la posibilidad siempre abierta del amor, esto es: de perderse –de encontrarse– en lo otro. En esta comunión está cifrado, para Murena, el destino de nuestra soledad, la cual será desolada o dichosa de acuerdo con nuestro *poder para el amor*, ya que ella *significa / lo que quieras / entrañablemente*. Y más aún: esa comunión no sólo decide acerca de nuestra soledad sino que asegura la más bella permanencia: *Pero aquellos / a quienes / una vez / de verdad amamos / para siempre / están en nosotros*.

Nada más frecuente en la poesía moderna que esta oscilación –o contradicción– que Baudelaire formuló como nadie: «Horror de la vida, éxtasis de la vida.» En *El demonio de la armonía*, cuando todo parece cerrarse en silencio y en oscuridad, surge una promesa o un fragmento de promesa. Pero también acontece lo contrario: *La ocasión pasó / siempre / ha pasado*. Como un Mesías que anunciara Kafka, la ocasión no sólo ya pasó sino que además nunca tuvo lugar. Entre tristes razones vaga el hombre por lo extraño. Pero en este libro se nos dice que la poesía, entre otras cosas, *quema las razones* –ella, *qui sur le néant en sait plus que les morts*.

Cuando el lector más atento ha terminado de leer *El demonio de la armonía*; cuando ya lo ha descifrado (gran problema de casi toda la poesía moderna: ¿cómo acceder a los símbolos que cada poeta se forja en su soledad?); cuando ha recreado en sí mismo esa contienda entre acuerdo y separación; cuando, en fin, ya puede releer –pero ahora con el corazón, ahora libremente– este libro poco o nada fácil, entonces siente una emoción muy particular ante ciertos versos de forma humilde, como por ejemplo éstos: *es la tuya / mi mano...*, que de ningún modo sólo significan una declaración de amor, sino que son la perfecta fórmula de una reconciliación, o la dichosa tregua que por fin le ha sido dada a quien contendió con desesperada e ineludible necesidad.

ALBERTO GIRRI: *EL OJO*[1]

«*Where past and future are gathered...*»
T. S. ELIOT

«*... où (...) le passé et le future (...) cessent
d'être perçus contradictoirement.*»
A. BRETON

Numerosos poemas de *El ojo* aluden a la criatura humana desgarrada por la dualidad. No es un azar que un poema se titule «Res Cogitans» y otro «Res Extensa». En el primero, luego del salto de la criatura cayendo en el mundo, se dice que *no son saltos / los que marcan su frágil / y dificultoso andar / sino opciones, el íntimo, / paralelo proyectarse de disputas. / ...*

En «Sin fin, el tiempo» se describe la alternancia de los contrarios: *donde el comienzo de la contracción / perpetuamente sigue / el apogeo de la extensión /...*

De los múltiples poemas que significan contienda de opuestos, el que enfrenta la vigilia al sueño es perfectamente desesperado y hermoso: *como el (...) que tiene hambre y sueña, / y le parece que come, / y se hallará cansado sediento, / como el que tiene sed y sueña, / y le parece estar bebiendo, / ...*

En cambio, en «Res Extensa», la condena a las opciones se vuelve armoniosa percepción del ritmo binario. Cada estrofa principia con un verbo que expresa asentimiento: *Te conoces; Aceptas; Acoges.* Dócil, tal vez irónicamente, se pronuncia un *sí* al ritmo de las estaciones, al de los fenómenos naturales, al que persuade a los vivientes de que nacer es morir, morir es nacer. La reconciliación es evidente en esta imagen feliz: *la mano / que deshoja tu amor por la vida / confundiéndose con la mano / que te libera de la vida / ...*

Salvo en este poema, en los demás la reconciliación de los

---

1. *El ojo*, Losada, Buenos Aires, 1964. Publicado en la revista *Sur*, Buenos Aires, núm. 291, noviembre-diciembre de 1964.

contrarios sólo es posible *cuando la idea del yo se aleja*. Más que reconciliarse se anulan mutuamente: *Ni muerte ni no muerte*. Al ignorar *cómo decir: yo soy*, la ignorancia es abolida. *Antes hacía, ahora comprendo*. Al ignorar *cómo decir: yo soy*, el tiempo que es sinónimo de muerte desaparece, y hay un retorno al tiempo original, en donde *fuimos / uno y unidad y abrazo: un verbo / que carece de tiempos / entra en lo que llamo / mi persona*.

Será entonces cuando el ojo, purificado de los *desechos, depositario / de la antigua voz del cuervo*, el ojo verá la belleza: *... y verá la belleza / luego de que el alma / ella misma se haya tornado belleza. / ...*

Al condenar la separación característica del espíritu occidental, Girri atestigua una nostalgia que comparten los mejores poetas contemporáneos, sean éstos inspirados o extremadamente lúcidos: nostalgia de la unidad y de la abolición del tiempo.

Si bien totalmente transfigurado, aquí se formula el viejo lamento: «como las hojas, así nacen los hombres». Lo tradicional de algunos temas no hace sino acentuar la originalidad de Alberto Girri, cuya aventura poética es una de las más solitarias. Testimonio convincente de esta originalidad es el poema «Relaciones y opuestos», donde la trama es el amor, es la pareja. Este poema de gran belleza asombra al lector interiorizado en la trayectoria de la poesía occidental (no sólo asombra, sino duele, pues no deja de ser terrible hallar de súbito, transmutadas en poesía, verdades que otros poetas anteriores aún no nos han habituado a que sean materia de canto). Vale la pena detenerse a recordar que, no obstante las vertiginosas diferencias que separan la poesía actual de la poesía del pasado, el tema del amor ha sido preservado y, en cierto modo –en muchos modos–, todavía se sustenta en la concepción amorosa que fundaron los trovadores. Aun dentro de la admirable poesía erótica de los surrealistas, la amada suele ser una suerte de objeto maravilloso ante el cual se prosterna reverente el poeta. («Je suis devant ce paysage feminin / Comme un enfant devant le feu.» Éluard.) O sea, la amada es la mediadora de la trascendencia para el amante. En «Relaciones y opuestos», no hay amada-objeto ni amante-sujeto: hay dos que se aman y luego, también son dos los que traicionan por igual al amor. Tanto él como ella antes del amor estaban *ligados a lo inmodificable / a su propio cordón umbilical*. Una de las tantas cosas que suceden cuando dos se aman es la liberación: lo *inmodificable* desaparece en la *fusión*. Mas, apenas *fusión y perfección* cesan de tener vigencia para los amantes, los dos, *él y ella / perjuros*, recobran sus ataduras, regresan a su condición de criaturas aisladas, separadas, «discontinuas».

«*Toute parole étant idée...*»
RIMBAUD

Existe en Girri un «amer savoir» que lo lleva al repudio de todo sentimiento. La tensión del lenguaje de su poesía no es sino la manifestación de una incesante tensión del espíritu. Frente a sus poemas dotados del más extremado rigor estructural pueden surgir estas preguntas: ¿Detrás de tanto orden, de tanta unidad poética, no se oculta, acaso, una puja de contrarios violentamente mitigada pero que, en algún momento, podrá desviar el curso seguro e igual de los poemas? ¿Sobre qué doble fondo se sustentan sus frases? Creo que la respuesta es: no hay un detrás en estos poemas, ni tampoco un doble fondo. Y si a veces existe una puja de contrarios, existe como noción –como verdad–, que Girri hace evidente en la unidad de las imágenes en las que palabras e ideas jamás se oponen. Aquí, lo que el poema quiere decir lo dice el poema. No es lo mismo describir contrarios que escribir contradictoriamente. Además, ya se ha dicho que la descripción de los contrarios es complementada por la de los encuentros de *fusión y perfección*. En general, estamos acostumbrados a una poesía que tenga –digamos– halo, que tenga subyacencia. En cambio, en Girri hay una absorción total por la palabra. Crea una nueva manera de lectura en que la totalidad del poema queda convocada en la palabra, en una suerte de filo horizontal que no permite ningún más allá ni más acá. De este examen se desprende que Girri no sólo no es un poeta oscuro –como se ha dicho– sino que es demasiado claro, y justamente por esto puede parecer oscuro. Aun así es un deber confesar que no he comprendido dos versos de *El ojo*, dos versos obsesionantes: *en lo bajo, no en lo oscuro, / en lo bajo, que no es lo oscuro.*

Sin duda, hay una complacencia en no comprender algunos versos de un libro de poemas; alegra repetirlos pues misteriosamente nos suelen poner en contacto con lo más puro de la sonoridad del lenguaje. Además, de tanto repetirlos, su sentido acaba por estallar en el espíritu, como quería un gran oscuro, G. M. Hopkins.

> *«Chez lui, entre le regard et la parole persiste*
> *une relation nuptiale.»*
> G. MARCEL

Un viejo proverbio asegura que un poema es una pintura dotada de voz y una pintura es un poema callado. De acuerdo con ello, Girri hace hablar y pensar a los cuadros de Breughel en su poema –a mi juicio el más bello del libro– titulado «Ejercicios con Breughel».

El poeta alaba *la visionaria caridad* del pintor flamenco quien jamás interpuso su *pasión moral* entre su mirada y lo externo. Una vez más la dualidad es trascendida: en los cuadros de Breughel, dice Girri, *ninguna separación / de inocentes y culpables.* Su *visionaria caridad* le permite dar el más límpido testimonio de lo que es, de lo que existe: *jamás se le ocurriría / condenar un acto por sí, / sea el del mendigo tras su limosna, / el del soldado / arrastrando a Simón Cireneo, / la multitud que escucha al Bautista / y se pregunta / por qué es ella quien escucha / y el Bautista es el que habla; / sea el ciego guiado por ciegos, / sea el triunfo de la muerte / en el famélico perro que la canta / junto a la sequedad de las bocas, / las temblorosas manos, la densa / e intensa música del postrer segundo / con los que sin hablar / palpan en el que agoniza / su personal, idéntica sentencia.*

Lo propio y lo común de los que pueblan estos cuadros es la fidelidad a lo que son *(... nadie concibe actuar / separado de su estigma...).* Cada cual es presentado con su crimen y casi todos tienen un crimen que exhibir (de esto ni se salva la naturaleza: *crimen de la nieve, / por cubrir carros y pastos*). Tanta fidelidad permite que se aguarde con impasibilidad a la muerte. Quien es fiel es justo y / *en los justos / la muerte es simulacro.* Y si la muerte ha perdido realidad para los fieles y los justos de Breughel, ya no les será razón de tormento *la imperiosa duda de Nicodemo: / ya que morir / es desplazarse / hacia el gran vacío, / ¿cómo puede uno morir / y retornar al útero?, ¿morir / y renacer?, ¿cómo puede esto hacerse?*

No importa que la duda sea de Nicodemo. Importa *la peculiar carga del verso* de Girri, que hace posible que tres preguntas transmitan al lector cierta vibración que suele ser la única garantía de la verdadera comunicación –o mejor, comunión– poética. Así acontece con todo el libro: «relación nupcial» entre la palabra y la idea que da acceso a esa misma relación entre el lector y el poema.

Numerosas son las composiciones de *El ojo* cuya estructura es interrogativa. Girri pregunta mucho desde sus poemas. Está bien que así sea. No es cierto que la poesía responda a los enigmas. Nada responde a los enigmas. Pero formularlos desde el poema –como hace Girri– es develarlos, es revelarlos. Sólo de esta manera, el preguntar poético puede volverse respuesta, si nos arriesgamos a que la respuesta sea una pregunta.

ANTOLOGÍA POÉTICA
DE RICARDO MOLINARI[1]

Ricardo Molinari, el más celebrado poeta argentino, ha seleccionado en *Un día, el tiempo, las nubes* (Sur, 1965) poemas que escribió a lo largo de treinta y tres años: de 1927 a 1960. No es arbitrario escindir este lapso de tiempo y afirmar que los poemas escritos entre 1927 y 1945 pertenecen a un excelente poeta, mientras que los que escribió a partir de esa última fecha –poemas meramente agradables en algunos casos, mediocres en otros, y siempre innecesarios– son los de un sobreviviente de sí mismo que trata de imitarse.

La primera mitad del libro es, pues, la más hermosa. Junto con la sabia y espontánea cohesión de imágenes y conceptos, seduce el ritmo del lenguaje de Molinari –pocos como él han arrancado del idioma español una música tan sutil–. No obstante, en esos poemas se vislumbran fugazmente los peligros que acechaban –y luego vencieron– a este poeta: en primer lugar, la desatención poética; en segundo lugar, la inflación de las formas en detrimento de los significados. De 1927 es un poema a la poesía dotado de bellas imágenes de procedencia gongorina: *músico atento en el aire / y en la desventura náutica / piedra o espumosa orilla, / nunca amistad tiznada / y ni siquiera, zozobra / para el niño navegante.*

No deja de ser revelador que, ya en 1927, el poema que poetiza la poesía prescinda de los significados, o que éstos sean tan triviales que podamos prescindir de ellos.

Poco importan, empero, los rasgos negativos en aquellos poe-

1. *Zona Franca*, año 2, núm. 26, Caracas, octubre de 1965.

mas del primer Molinari llenos de luz, de color, de levedad y de gracia. En cambio, importan sobremanera cuando la seducción externa empieza a fatigar tanto al poeta como al lector.

Un poeta errante

Molinari aparece en sus poemas como un errante. En las orillas de los ríos, expuesto a los vientos, o frente a paisajes ya desolados, ya exultantes, se lo siente imposibilitado de salir de sí mismo pero más imposibilitado, aún, de entrar en sí mismo. El viento, el río, la flor, la nube, el día, se lamentan o se alegran de acuerdo con el estado de alma del errante que los mira con ojos llenos de sí, con ojos llenos de ausencia de sí. Su contacto con el mundo es muy leve, pero su sufrimiento por lo mínimo de ese contacto es grande, y de ese modo se establece, a veces, la comunicación con el lector: por la carencia; por la imposibilidad, hermosamente comunicada, de comunicarse.

Poesía sin presencia. Nadie ni nada existe. Sólo un ritmo muy grato –en sus mejores poemas, Molinari mueve el idioma como quien mueve con la mano el agua clara de un río–, sólo la música tan delicada de las frases, sólo lamentos de ausente herido por la ausencia.

Paisajes indefinidos, ilimitados. Frente a ellos el poeta, exiliado de los paisajes, abandonado por la naturaleza, abandonado por él mismo: *tal vez nadie piense, en este instante, en mí / que permanezco igual que un ángel en la naturaleza. / Límpido y absoluto como un horizonte sin cuerpos ni seres.*

Todo y todos lo reconocen extranjero. Él es aquel que no pertenece a ningún lugar: *Huésped y cuerpo lejano / me distinguen las voces y la luz / de estos jardines.*

Es el rey de un país que sólo existe en las formas que traza la nostalgia. *Un rey (...) Mañana estaré de nuevo solo...* Un rey en la inminencia siempre fallida de arribar a *ese reino admirable y árido, a imagen de la sed.* No por azar menciona varias veces su corona: *y el viento hendía la sombra densa de mi corona / sobre mis ojos.*

Si no fuera por esa sed o nostalgia, tal vez estaría muerto. Y en verdad, en Molinari hay algo muerto, algo anonadado –lo atestigua el hecho de que tantos poemas suyos, muy ricos en artificios del lenguaje, no emitan ninguna señal. Y no sólo está, de algún modo, muerto, sino que estar muerto es, precisamente, uno de sus deseos más profundos y activos. Pero su deseo, al ser activo y profundo, rescata y vivifica, a veces, la parte muerta. Y es así como su aspiración a cerrarse como un cofre, a yacer inerte como una cosa, transmite a sus poemas más valiosos una singular energía: *Quisiera guardar mi corazón como un enorme castillo, / sin ojos, sin rumor, perfume, tacto, gusto, / inútil temporada de la vida. Nada. ¡Ni el mar!*

Sed de desmemoria, sed de ser regresado y restituido al reino *admirable y árido* del que su sed le da noticias. Molinari configura el reino de la ausencia, de las sombras, de lo no venido, mediante imágenes bellas aunque desvaídas y borrosas. Ello se debe, creo, a la ambigüedad con que acoge el don de la imaginación. En mitad del camino parece asustarse y balbucea: *Mi traje vale más que su sombra, más que ese reino...* No obstante, tampoco accede a rescatar el valor del traje –de la realidad concreta–, y de esa manera oscila suspendido entre su hambre de realidad concreta y el otro reino, el de la imaginación, cuyas riquezas en parte desdeña.

Coherente en sus rechazos, Molinari aparta de sí otro modo de conocimiento: el de los sueños. Para el heroico Nerval, el sueño era *un habit tissé par les fées et d'une délicieuse odeur.* Para Molinari significa una razón más de desaliento: *te he visto en los vacíos sueños.*

De allí el sufrimiento por la inutilidad de su sufrimiento: *angustias para nadie*, dice en un poema; y de allí, también, el sentimiento de su identidad inapresable. Ni siquiera al sufrir está seguro de poder afirmar: yo sufro. *Mi piel, el gusto, la noche, / saben de mí, de la ausencia / soportada.* La piel, el gusto y la noche: formas de algo o alguien que sabe de él más que él mismo. Y el verso que sigue dice: *El tiempo es siempre mañana...* En efecto, un yo ausente no puede coincidir con el ahora, con el presente o con la presencia. El yo de estos poemas ha sido proyectado a lo irreal, a la lejanía, adonde, por otra parte, tampoco llega.

Y así nos encontramos con uno de los rostros más frecuentes de este poeta: el de un desencantado –*destinado sin alegría a un extenso y ofendido desencanto*–. Pero, ¿qué cosa buscaba? Buscaba *¡El íntimo corazón de la vida!* Ante el desencuentro no queda, pues, sino cerrarse, indeciblemente dolido: *Ya no sé ni quiero saber nada.* Y todo es tan inseguro y ajeno que ni siquiera permanece la entera certeza de ser un errante: *No sé, pero quizás me esté yendo de algo, de todo.*

Nostalgia de otro espacio

Molinari enuncia reiteradas veces su nostalgia de *otro espacio*. Se trata de un espacio inmaculado, perfecto, no visitado por el tiempo: *Inmóvil y ciego quiero cantar otro espacio: cuando el aire / se llenaba de unas flores, / y el campo era hermoso como mi rostro y pensamiento.* El *otro espacio* es el depositario de todas las fidelidades, mientras que el olvido, además de ser uno de los nombres de la infidelidad, es, sobre todo, como un emblema del mundo de aquí abajo: *Y hablamos de los seres, / de las distantes sombras: del rumor insaciable y ajeno / del olvido sobre la tierra.*

Ya se ha dicho que Molinari no logra hacer de la imaginación su lugar de aventura y de riesgos. Por lo tanto, sus vislumbres del *otro espacio* son atenuados por el temor de ir demasiado lejos o de tocar fondo. Sus sentimientos y presentimientos acerca de *lo otro*, y su descripción de los paisajes mentales que se hacen y deshacen en el espacio interior del poeta, en vez de ser textos reveladores e iluminadores son, en buena parte, pretextos para crear una atmósfera desvaída donde lo real oscila como un barco de papel en una fuente de juguete. Y es ésta la razón por la cual, independientemente de sus verdaderos valores, Molinari agrada tanto, y es un poeta laureado y celebrado con gran fervor: porque señala el *otro espacio* y permanece lejos de él; porque lo ofrece en una versión moderada, inofensiva, dulcemente triste. En verdad, Molinari no desea conocer el *otro espacio*; lo que quiere es huir de éste. De allí sus referencias continuas al cansancio. Está cansado de su soledad no aceptada, cansado de las vagas imágenes sobrellevadas en la pasividad, cansado de los sueños no interpretados. «Sueño no interpretado es como carta no abierta.» Y en verdad, hay mucho de «carta no abierta» en el mundo espiritual reflejado por los poemas de Ricardo Molinari.

Sumido en la inmanencia, el poeta declara la inutilidad de los recuerdos así como afirmó la vacuidad de los sueños: *¡Oh estériles recuerdos, nada inagotable! ¿Quién hallará mi cuerpo en medio del campo, ensordecido, lleno de voces?*

Este afán de yacer inerte es reiterado en otros poemas: *Igual que Endimión quisiera estar dormido / –la boca llena con la restallante lengua–, / a la sombra de los cedros, de las perennes hojas, / el alma fresca y no turbado el sueño por la memoria.*

La memoria –la que enlaza al *otro espacio*– es ahora un aposento ruidoso e inquietante. Contra ella, nada mejor que el sueño de la piedra dichosa. Este terror a los fantasmas interiores rige la inclinación de Molinari –año tras año más acentuada– hacia las formas vacías, hacia un barroquismo fatigado que transforma sus poemas en espacios huecos donde las palabras, dormidas o muertas, dicen sin decir nada, o no dicen nada, o dicen nada. Claro está que esa vacuidad es, también, una manera de declarar la desdicha.

En medio de un paisaje, Molinari informa acerca de su persona indicando si está inmóvil, si contempla, si está sentado, etc. Y es siempre una figura aparte: *De pie, alejado y sin beber, miro los grandes ríos...* Su negación a participar es tan desdeñosa que se transforma en una imposibilidad patológica de comulgar con *el íntimo corazón de la vida*. No obstante, en algunos momentos logra que se produzca ese fenómeno que sólo tiene lugar en el espacio del poema y que consiste en que el lector establezca una profunda relación con la imposibilidad –vuelta palabra poética– de relación del poeta. Es decir: el poeta exiliado, creyéndose el único «extraño en la tierra», transforma su herida –su exilio– en un lugar de reunión. A Molinari le es difícil ser sincero. Por eso, este encuentro privilegiado ocurre solamente con aquellos pocos poemas suyos que aciertan a expresar las casi inasibles imágenes de la nostalgia. ¿Nostalgia de qué o de quién? De un vago, presentido y perdido paraíso; de antiguos días vividos en algún sueño o en otra vida; de *otro espacio*, en suma.

¡Dónde estáis, días; sangre antigua, llama llena de flores! / (Ellos no despertarán ni volverán nunca, / ni sabrán de mí, igual que yo no sé de nadie, / y de nada, hasta la ceguedad más sola.)

Esos días y ese espacio son su paraíso siempre vuelto a perder *(Oh el Edén tropezado siempre)*, son su lugar y su tiempo de amor perfecto *(Donde nadie ha de quitarme / ya el perfume de una boca, / que llevo pegado en los labios)*, y son, por último, el terreno donde quisiera yacer inerte hasta el fin de la eternidad. Pero en mitad de esas diluidas aspiraciones –en ningún momento llegan a ser religiosas, a pesar de las menciones de Dios– surge el remordimiento de no acceder a la realidad inmediata: *Quisiera sacar de mí mismo la alegría; abrir los ojos, inmensamente, que me duelan, / y mirar, mirar el horizonte hasta detrás del vacío de la nostalgia...* Y como esto no es posible, anhela ser otro: *Yo tengo un gran deseo en la garganta / –nostalgia o viento– / clamor que se endurece: ser otro ser.* Y como tampoco esto resulta posible, vuelve a su imagen del yacer en la tierra amparadora, mirado y recordado por la naturaleza. De allí que, en un poema donde afirma ser un muerto, recuerde esperanzado la vida que alienta en los árboles, futuros custodios de su paso por este mundo: *Pero aún, todavía, están vivos los árboles / que vi debajo de los cielos altos de la planicie.* En efecto: si los árboles están vivos y él es una sombra o un muerto, ¿por qué no habrían de recordarlo los únicos sobrevivientes...? *quizás algunos sentirán mi sombra pesar sobre las hierbas / y recordarán de mí, como de una suave y larga tempestad perdida!*

A diferencia de los poetas modernos, Molinari cree en la naturaleza hasta el extremo de dotarla de sentimientos, memoria, sentido de la visión, deseos y, sobre todo, del poder de inmortalizar su imagen de errante: *Alguna vez os acordaréis de mí, campos, flores, árboles; / (...) y volveréis / a verme a orillas de los ríos, sentado, mirando entrar en el agua las bagualadas / o viendo cómo se balancean los juncos con la creciente y el viento.*

Artificios

A pesar de la constante alusión a los paisajes argentinos, Molinari no se aparta en ningún momento de la tradición lírica española –en particular de Góngora y de otros poetas barrocos escasamente conocidos. Pero Góngora es siempre exacto; nada más lejos de la distracción o del atolondramiento que su desmesura. Además, al revelar la lujosa, la insospechada cara de las cosas más simples y aun vulgares, las ennoblece–. Molinari no sólo suele ser distraído y poco exacto sino que tampoco logra realizar una mutación semejante. Sus sonetos, por ejemplo, son como espectros de poemas-objetos que, además de carecer de esa notable energía propia de las obras barrocas, en gran medida diluyen y anulan el mundo físico que intentan enaltecer. Otra cosa: a lo largo de treinta y tres años, sea cual fuere la trama de sus poemas, Molinari sólo recurre a la rosa, al pájaro, a la nube, al viento, al clavel, al cielo, al día, al río, etc. Todos estamos de acuerdo en que la poesía, entre otras cosas, es artificio, pero el atestiguarlo con exceso indica, precisamente, una falla en el conocimiento del artificio poético. Este exceso justifica el «Basta señora arpa» de Huidobro y, lo que es más grave, constituye una suerte de evasión fuera de la poesía, aun si aparentemente se creería estar en su centro más puro. Para que la palabra *poesía* siga teniendo sentido es necesario condenar esa mezcla de conformismo, complacencia e inautenticidad que implica un poema astutamente confeccionado con los lugares comunes más muertos de una determinada tradición literaria, y que está destinado –al igual que un poema político o cualquier otro poema que apele a recetas y consignas– a halagar los sentimientos más fáciles. En este caso, el clavel, el pájaro, el árbol, el viento, el corazón, la nube, etc., son, justamente, lo que toda sociedad frívola espera (mejor dicho: se digna a aceptar) del poeta. A la vez, la crítica más ridícula de Hispanoamérica suele coronar esta suerte de poemas *floridos* adjudicando invariablemente a su autor aquello que se ha dado en denominar «una fina sensibilidad poética» (*fina* porque no hace mal a nadie, porque no hace bien a nadie). Como se dijo más arriba, año tras año se vuelve más vacua la poesía de Molinari. Para disimularlo, recurre a los signos de exclamación –que pueden hacer pensar en un alma que vibra–, a las reiteraciones, a las grandes palabras abstractas. Ejemplo: *¡Dios, Dios mío! Arde el tiempo su angosta pompa vacía...* Me apresuro a citar unas líneas más vivas y más vigentes que este verso. Fueron publicadas en 1534 y su autor es Garcilaso: «Y también tengo por muy principal el beneficio que se haze á la lengua castellana en poner en ella cosas que merezcan ser leídas, porque yo no sé qué desventura ha sido siempre la nuestra, que apenas ha nadie escripto en nuestra lengua, sino lo que se pudiera muy bien escusar...»

UN EQUILIBRIO DIFÍCIL:
ZONA FRANCA[1]

Frente a los veinte primeros números de *Zona Franca* resulta posible seguir la línea interna –esa línea imponderable que permite reconocer un estilo– de esta revista que en pocos meses se ha convertido en una de las mejores de América Latina.

Publicación quincenal en formato tabloide,[2] *Zona Franca* se caracteriza por su hermoso aspecto gráfico. Cada número ofrece poemas, ensayos, notas acerca de las creaciones literarias (cabe destacar que es una de las escasísimas revistas en español donde la crítica poética sea excelente), pictóricas, teatrales, cinematográficas, etc., de Venezuela en particular, y también, con gran frecuencia, de otros países. Si bien se trata, ante todo, de una *revista de literatura e ideas*, no deja de participar –por su formato, por su asidua y puntual aparición, por determinados problemas que suele exponer, por el rico material fotográfico que exhibe– del periodismo. Me refiero, claro está, a esa suerte de periodismo –*luminoso y lleno de resonancias espirituales, que algún día habremos de rescatar de un mundo caracterizado por la penuria, la arrogancia y la malevolencia de la prensa*– descrito por Guillermo Sucre (*Zona Franca*, núm. 4).

A pesar de su entrañable venezonalidad –precisamente por ella–, los realizadores de *Zona Franca* han logrado componer una revista auténticamente latinoamericana. Desde el primer número son publicados textos de escritores jóvenes y viejos de toda América Latina. No es esto todo: cuando se es capaz de realizar una

---

1. Publicado en la revista *Sur*, núm. 297, Buenos Aires, noviembre y diciembre de 1965.
2. A partir de septiembre de 1965, *Zona Franca* apareció mensualmente y con formato de revista.

revista latinoamericana de alta calidad, se recibe el don, por añadidura, de perderle el miedo a la literatura europea. Es así como figuran en *Zona Franca* textos de escritores como Henri Michaux, Eugène Ionesco, Elémire Zolla, René Char, Roger Caillois, etc.

Aceptar las contradicciones parece ser la consigna de los hacedores de *Zona Franca*. Armados de ardiente lucidez, dotados de un saludable poder de mediación, permanecen frente a ellas cuidando de no ser arrastrados hacia la zona trágica o suicida que parece ser la vecina natural del lugar de las contradicciones. No es necesario insistir aquí acerca de la belleza de lo trágico pues los redactores de *Zona Franca* prefieren situarse en sus antípodas: el designio que los anima es precisamente mostrar la otra belleza –menos visible por menos fulgurante– de la comprensión, la construcción, la intercesión; de atestiguar, en suma, que la aventura del hacer no es menos exaltante que la del deshacer. Es significativo, al respecto, el breve texto de presentación que, en el número inicial, informa acerca de los propósitos de esta publicación. He aquí algunos fragmentos:

En un mundo amenazado por la posibilidad de su propio suicidio [...] formamos parte de quienes ponen en duda [...] esa pasión ancestral [...] dirigida a eliminar al adversario sin fórmula de juicio.

[...] Pensamos que el arte constituye una forma de liberación, que las posibilidades del espíritu están intactas [...] que es preferible la duda lúcida al ciego afán.

[...] Los propósitos de esta publicación son más bien afirmativos. Nos atraen más que la negación: el sentido creador, la propensión a construir, el esfuerzo por conciliar las motivaciones, los símbolos, las naturalezas del hombre.

Estas palabras se vuelven vivas y operantes al leer los veinte primeros números de *Zona Franca*, que ilustran y encarnan los propósitos iniciales; que anulan toda distancia entre la intención y la realización.

En suma: una revista necesaria, un lugar de encuentro de textos privilegiados. Su director es Juan Liscano. Sus jefes de redacción, Guillermo Sucre y Luis García Morales. A ellos puede destinarse una alta convicción de René Char que se encuentra en el número 7-8 de *Zona Franca*:

Pero sé que mis semejantes, en medio de innumerables contradicciones, poseen desgarradores recursos.

UNA TRADICIÓN DE LA RUPTURA[1]

*Cuadrivio** reúne cuatro ensayos sobre cuatro poetas: Rubén Darío, Ramón López Velarde, Fernando Pessoa y Luis Cernuda. Lejos de buscar azarosas semejanzas entre ellos, Octavio Paz los presenta únicos, diferentes e insustituibles, es decir, los presenta como fueron. No obstante, hay algo que es común a las obras de estos poetas: su *ruptura con la tradición inmediata* y, lo que es más, *el constituir una tradición de la ruptura* que es, precisamente, *la tradición de nuestra poesía moderna.*

Al principio de su ensayo sobre López Velarde, Paz comunica su génesis: *Yo me propuse, una vez más, interrogar a esos poemas –como quien se interroga a sí mismo–.* Ésta es su actitud crítica: un diálogo con la obra poética; un diálogo que no excluye nada, desde el tiempo histórico que da fecha a la obra hasta el silencio que alienta en ella. Octavio Paz no expone: busca, explora, interroga (no sólo al poeta con quien dialoga sino también a sí mismo que está preguntando), y sus ensayos dan cuenta de estos movimientos; ellos relatan estas aventuras apasionantes del espíritu inseparable de la existencia.

El modernismo y Rubén Darío

Octavio Paz comienza por analizar exhaustivamente la palabra *modernismo*, que, desde 1888, venían empleando sin cesar Rubén

---

1. Publicado en *La Nación*, Buenos Aires, 26 de noviembre de 1966.
* Octavio Paz, *Cuadrivio*, Joaquín Mortiz, México, 1965.

Darío y sus amigos. Con ella manifestaban su denodada voluntad de ser modernos. Es probable que esta pretensión a la modernidad parezca una ligereza. No lo es si se piensa, con Octavio Paz, que el afán de los modernistas por ser modernos era un afán de insertarse en la historia viva, en el ahora, en el presente. Este anhelo atestigua que se sentían fuera de la historia viva o del presente, pues nadie desea entrar en donde ya está. Paz observa que la distancia entre la América Latina y Europa, disminuida gracias a los adelantos técnicos, aumentó la distancia histórica. *Ir a París o a Londres no era visitar otro continente sino saltar a otro siglo.* Al respecto, se ha atribuido a los modernistas un ansia de evasión de la realidad americana. Paz afirma lo contrario. Entiende que lo que los modernistas deseaban –ellos, para quienes modernidad y cosmopolitismo eran sinónimos– era *una América contemporánea de París y de Londres.*

En muchas ocasiones se refiere Paz a la fascinación de los modernistas por la pluralidad manifestada en el tiempo y en el espacio. Los famosos versos: *y muy siglo diez y ocho / y muy moderno, / audaz, cosmopolita...* constituyen, entre otros, un ejemplo eficaz de esa atracción magnética. No deja de resultarle paradójico a Paz que la primera manifestación literaria auténticamente latinoamericana se declare, a pocos minutos de su nacimiento, cosmopolita, y se pregunta cómo se llama esa Cosmópolis. No hay duda de que se llama con el nombre de todas las ciudades, es decir con el de ninguna. Por eso afirma: *El modernismo es una pasión abstracta, aunque sus poetas se recrean en la acumulación de toda suerte de objetos raros.* Objetos que son signos –pero los signos se pueden borrar y sustituir– y no símbolos. Lo cierto es que los brillantes excesos decorativos del modernismo apenas logran disimular el horror al vacío y, sobre todo, una avidez de presencia más grande aún que su sed de presente.

No resulta extraño, en consecuencia, que califique al modernismo de *estética nihilista.* Pero, si bien se trata de un nihilismo padecido antes que afrontado, los mejores poetas del movimiento –Darío el primero– se dan cuenta de la vacuidad de su búsqueda (de su carencia de raíces, que significa carencia de un pasado y, por lo tanto, de un futuro), ya que *esa búsqueda, si es búsqueda de algo y no mera disipación, es nostalgia de un origen.*

No es un azar si, al examinar las reformas efectuadas por los modernistas, sea en la sintaxis, sea en la prosodia, sea en el vocabulario de nuestro idioma, Paz se demora con particular felicidad en la prosodia. Por cierto que *el modernismo fue una prodigiosa exploración de las posibilidades rítmicas de nuestra lengua.* Esa exploración lo lleva a reanudar la tradición de la versificación irregular, tan antigua como el idioma español. A ello agrega la resurrección del ritmo acentual y la invención de nuevos metros. Pero volviendo al ritmo: lo más notable de esta ardua y magnífica exploración, cuya finalidad era la adquisición de un lenguaje moderno y cosmopolita, es que reveló a los modernistas la auténtica tradición de la poesía española. Y es así como, indirectamente y llevados por la necesidad, estos poetas redescubrieron la tradición hispánica, la verdadera, *la central y más antigua*, la desconocida por los casticistas. «To have gathered from the air a live tradition», dice un verso de Pound. Poco saben los tradicionalistas de esta corriente universal. Se trata *del mismo principio que rige las obras de los grandes románticos y simbolistas, el ritmo como fuente de la creación poética.*

De este modo, no sólo recobran la tradición española sino que agregan a ella algo que antes no había existido. Es en este último sentido que Paz afirma que *el modernismo es un verdadero comienzo.* Un ejemplo de ello puede ser el verso de Darío: *Ama tu ritmo y ritma tus acciones*, acerca del cual observa Paz que nunca antes la poesía de lengua española se había animado a expresar palabras semejantes que reconocen en el ritmo *la vía de acceso –no a la salvación sino a la reconciliación entre el hombre y el cosmos.*

No es esto todo: hay otra idea, también ella extraña hasta entonces a la poesía de nuestra lengua, que alienta en el modernismo y que consiste en considerar a la poesía como un modo de ser sagrado, como una revelación distinta de la revelación religiosa. *Ella es la revelación original, el verdadero principio.* Esta reconstitución de lo divino por medio de la poesía es propia de la poesía moderna. De allí –señala Paz– la modernidad del modernismo.

No es inútil recordar que los exegetas y comentaristas de Darío suelen soslayar un detalle sumamente importante que Paz se apresura a destacar al comienzo de este ensayo: Rubén Darío fue el primero, fuera de Francia, en descubrir al *uruguayo y nun-*

ca francés* conde de Lautréamont en un momento en que éste era casi desconocido en la propia Francia.

Si Rubén Darío *es* el modernismo, también es cierto que, como todo gran poeta, pertenece más a la historia de la literatura que a la de un estilo determinado.**

Salvo escasas excepciones, los poetas de nuestra lengua no parecen haber padecido nunca esos enfrentamientos con la palabra humana en los cuales ella se revela como la «musicienne du silence». En el ensayo que Paz consagra a Darío se encuentran estas frases perfectas: *El lenguaje es la expresión de la conciencia de sí que es conciencia de la caída. Por la herida de la significación el ser pleno que es el poema se desangra y se vuelve prosa: descripción e interpretación del mundo.*

Importa saber si Darío tenía conciencia de estas verdades que Paz enuncia con la máxima belleza. O, dicho de otro modo: ¿tenía conciencia Darío de la ambigüedad de las palabras, de sus poderes, de sus riesgos? Así lo demuestra Paz. Por una parte, para Darío el poeta es *de la raza que vida con los números pitagóricos crea.* Según este verso, el poeta posee el don de formular las palabras que fundan el mundo –que erigen palabra por palabra *un doble mágico del cosmos*–, palabras que al recobrar su ser original vuelven a ser música. Pero Darío sabe que la palabra no es solamente música, sino también significado, y que la misma distancia que separa al hombre del mundo separa a la palabra de la cosa nombrada. Por eso también dice del poeta que es *la conciencia de nuestro humano cieno.* Darío, como casi todos los grandes poetas modernos, no dejó de oscilar entre los dos extremos de la palabra: la música y el significado.

No es esto todo: en su caso particular, la dualidad, que en sus primeros libros se manifiesta sólo estéticamente, a partir de «Cantos de vida y esperanza» *se muestra en su verdad humana: es una escisión del alma.* Nada atestigua con más validez esa dualidad que los símbolos con que el poeta se expresa. Paz discierne que

---

* La expresión, tan exacta, es de Federico García Lorca.
** Véase Octavio Paz, *El arco y la lira*, Fondo de Cultura Económica, México, 1956.

Darío recurre, inevitablemente, a símbolos que pertenecen ya al espacio aéreo, ya al acuático: *Al primero pertenecen los cielos, la luz, los astros y, por analogía o magia simpática, la mitad supersensible del universo: el reino incorruptible y sin nombre de las ideas, la música, los números. El segundo es el dominio de la sangre, el corazón, el mar, el vino, la mujer, las pasiones, y también por contacto mágico, la selva, sus animales y sus monstruos.* Dos versos del propio Octavio Paz dicen: *Entre yo soy y tú eres / la palabra* puente. La poesía es, entre otras cosas, reconciliación: puente entre la selva y los astros, unión entre los animales y la música. Así lo sintió Darío, para quien la poesía era *visión, que es asimismo fusión de la dualidad cósmica.*

Del mismo modo que en el poema, también en la mujer, para Darío, se unen y se reconcilian los opuestos. Es probable que el deslumbrante análisis de su *misticismo erótico* sea el más importante de este ensayo. Unas líneas a modo de ejemplo:

La historia de su corazón es plural en dos sentidos: por el número de mujeres amadas y por la fascinación que experimenta ante la pluralidad cósmica. Para el poeta platónico la aprehensión de la realidad es un paulatino tránsito de lo vario a lo uno; el amor consiste en la progresiva desaparición de la aparente heterogeneidad del universo. Darío siente esa heterogeneidad como la prueba o manifestación de la unidad: cada forma es un mundo completo y simultáneamente es parte de la totalidad. La unidad no es una; es un universo de universos, movido por la gravitación erótica: el instinto, la pasión. El erotismo de Darío es una visión mágica del mundo.

Y más adelante:

La imaginación de Darío tiende a manifestarse en direcciones contradictorias y complementarias, y de ahí su dinamismo. A la visión de la mujer como extensión y pasividad animal y sagrada –arcilla, ambrosía, tierra, pan– sucede otra: es la «Potente a quien las sombras temen, la reina sombría».

Esta segunda visión no deja de evocar a la *oscura señora del túmulo y la casa de los muertos.* Al mismo tiempo, es significativo que Darío denomine a la muerte Ella y que su actitud ante Ella sea ambigua y perfectamente erótica: le produce un terror absoluto y, a la vez, la espera como a una amante. Por una parte, la muerte es lo extraño que acecha desde lo oculto, y por la otra, es un objeto de deseo, capaz de proporcionar delicias desconocidas e intensísimas. *La muerte fue su medusa y su sirena. Muerte dual, como todo lo que tocó, vio y cantó. La unidad es siempre dos.*

Ramón López Velarde

En la obra de López Velarde lo cotidiano sufre una *dichosa metamorfosis*: las cosas más inmediatas, las más humildes, desde los utensilios hasta los desperdicios, son amparadas dentro del espacio del poema y, a causa de ello, redimidas. Es así como el poeta no acepta el límite de utilidad que se impone a las cosas para su uso o consumo y hace que las cosas, siendo lo que son, al mismo tiempo sean otras en el poema. Esta metamorfosis es obra de la metáfora. La metáfora *es el agente del cambio y su modo de acción es el abrazo.* Pocos poetas tuvieron, como López Velarde, una conciencia tan aguda de *nuestra falta de ser* y de que la realidad verdadera no se nos manifiesta casi nunca, excepto en los instantes privilegiados. La función de la metáfora sería, entonces, la siguiente: *ser el equivalente, es decir, el doble analógico de esos estados de excepción, y de ahí su concentración, su aparente oscuridad y sus paradojas.* En efecto, López Velarde *es un poeta difícil y proclama una estética difícil.* Busca su lenguaje en lo propio, no en lo extraño: prefiere las palabras más cercanas, las más evidentes, tan evidentes que a veces nos ciegan por su exceso de evidencia. No desea sorprender; anhela, por sobre todo, lo genuino: el lenguaje no enajenado, que él descubre en el lenguaje prosaico. Por cierto que este descubrimiento no es algo dado: es una conquista, un remontarse a la raíz de las palabras desprestigiadas por el excesivo uso con el fin de rescatar su antigua pureza.

Paz hace ver hasta qué punto la expresión, para López Velarde, es sinónimo de conocimiento interior. Y más aún: *de creación de sí mismo.* Escribir equivale a una configuración del propio ser: el poeta conoce acerca de sí a medida que se va nombrando, y hasta se informa sobre sus sentimientos más profundos cuando los expresa mediante palabras. Esas palabras tendrán que ser las más precisas, las más justas y las más fieles, puesto que en ellas el poeta se juega su identidad. Además, al nombrarse sale fuera de su yo, y en ese movimiento es y existe con una plenitud inigualada –recuérdese la lucidez de López Velarde acerca de nuestro poco ser–. Por eso Octavio Paz concluye: *Cuida los adjetivos porque cuida su alma.*

Pero lo más valioso de este ensayo es el extenso análisis de las correspondencias entre la pasión de amor de los trovadores provenzales y el sentimiento del amor tal como se transparenta en la poesía y en la vida del poeta mexicano. Extremadamente convincente es este paralelismo, del que se deduce que los dos amores de López Velarde *corresponden exactamente a la Dama de los pactos provenzales.* Esta suerte de pasión es, además y sobre todo, su drama personal, puesto que ella significa *amar al amor, a la Imagen, más que a un ser real, presente y mortal.*

A estos amores absolutos y peligrosamente ilimitados se opone la tentativa –perfectamente lograda– de López Velarde por incorporar a la poesía todo aquello que hasta entonces la poesía tradicional había menospreciado por trivial o desacreditado. De allí que, a pesar de su sentimiento tan irreal del amor, a pesar de su insólita –por lo intensa– identificación entre el amor y la muerte o la muerta, Octavio Paz pueda decir: *El vínculo que establece entre el mundo y su persona es de índole amorosa: el abrazo, la metáfora cordial.* Ese abrazo, además de ser la salud del poeta, es lo que permite que numerosos poemas de López Velarde continúen siendo presencias vivas de gran hermosura. Un ejemplo son aquellas frases citadas por Octavio Paz en las que López Velarde presiente los cuadros de Chirico, que nunca vio: *los pasos perdidos de la conciencia, el caer de un guante en un pozo metafísico...*

Fernando Pessoa

Precaria por su carencia de sucesos memorables o insólitos es la biografía de Pessoa. De su vida sentimental sólo se conocen unos amores fugaces con una muchacha a la cual escribe en la carta de ruptura que su destino *pertenece a otra Ley, cuya existencia no sospecha usted siquiera...* Estas palabras, o el imposible que revelan, no dejan de evocar a Kierkegaard y a Kafka. Pero, por honrosas que sean, es preferible no establecer comparaciones, pues el caso de Pessoa es único en la historia de la literatura.

Tampoco conviene clasificarlo por su adhesión a las ciencias ocultas, adhesión que comparte con otros grandes poetas modernos desde Nerval, Mallarmé y Rimbaud hasta Breton. En cambio, es muy exacta la definición de Paz: la historia del verdadero Pessoa *podría reducirse al tránsito entre la irrealidad de su vida cotidiana y la realidad de sus ficciones.*

También es muy cierta esta descripción:

En Fernando Pessoa, poeta portugués, reconocemos el orgullo de Hegel y de los filósofos de la naturaleza, la actitud ejemplar del pensador idealista que sabe que al espíritu humano nada le resulta imposible, ni siquiera el don de dar vida. Para este hombre poseído y milagrosamente libre (puesto que juega con aquellos que lo poseen), el acto poético se vuelve verificable en su génesis en el hueco central del ser, el cual rompe por sí mismo sus amarras para tentar la fabulosa aventura siempre recomenzada: arrancar de sí al Otro, investirlo de carne viviente y, proyectándolo en el espacio, darle sus oportunidades.*

Pessoa no sólo dio vida objetiva al Otro sino a los Otros. En 1914 irrumpen los heterónimos, nacen de Pessoa los poetas que son y no son Pessoa, a pesar de que él los ha creado. Ellos son Alberto Caeiro y sus discípulos, Álvaro de Campos y Ricardo Reis. *(No sé, por supuesto, si ellos son los que no existen o si soy yo el inexistente: en estos casos no debemos ser dogmáticos.)* En cuanto a los poemas de cada uno de ellos, escasa o ninguna relación tienen entre sí ni tampoco se asemejan a los del propio Fernando Pessoa. Cada poeta, llámese Caeiro, Campos o Reis, es dueño de un estilo propio y existe por sí mismo. Por otra parte, no sólo no se parecen a su creador, el poeta Pessoa, sino que hasta lo contradicen. En suma, Pessoa *no es un inventor de personajes-poetas sino un creador de obras-de-poetas.*

Alberto Caeiro es el maestro de Campos, de Reis y del mismo Pessoa (en una carta donde narra el origen de los heterónimos, Pessoa escribe: *Y lo que siguió fue la aparición de alguien en mí, al que inmediatamente llamé Alberto Caeiro. Perdóneme lo absurdo de la frase: en mí apareció mi maestro.)*

---

* Nora Mitrani, «Poésie Liberté d'être», *Le Surréalisme, même*, núm. 2, printemps 1957.

Caeiro es el hombre reconciliado con la naturaleza. Carece de ideas, puesto que las niega. Su función es existir; su creencia: *sólo es lo que existe*. Paz lo califica de *poeta inocente*, pues Caeiro habla desde un lugar anterior a cualquier escisión. Para él, las palabras son las cosas y, a diferencia de Pessoa, no manifiesta nostalgia de la unidad (¿y cómo va a tener nostalgia del dominio en que reside?). Si bien sus palabras son las de un sabio, Paz afirma, con razón, que *la máscara de inocencia que nos muestra Caeiro no es la sabiduría; ser sabio es resignarse a saber que no somos inocentes. Pessoa, que lo sabía, estaba más cerca de la sabiduría.*

Distinto del maestro es el futurista Álvaro de Campos. Su única semejanza estriba en que *los dos cultivan el verso libre, los dos atropellan el portugués, los dos no eluden los prosaísmos.*

Quien haya leído los manifiestos de los futuristas y también los poemas de los variados integrantes de ese movimiento, no ha dejado de comprobar el tono seguro y hasta triunfal de aquellos exaltadores de la ciudad moderna. La peculiaridad de Campos consiste en que, con la misma voz de los futuristas –y, además, con resabios, de Whitman–, canta un canto de derrota, de agonía y de impotencia. *A la dolorosa luz de las grandes lámparas eléctricas de la fábrica / Tengo fiebre y escribo. / Escribo rechinando los dientes, rabioso ante esta belleza, / Esta belleza totalmente desconocida para los antiguos.**

Ricardo Reis es un poeta muy diferente de Caeiro y de Campos. Neoclásico, escribe breves odas paganas. Pessoa no admira excesivamente su perfección formal: *Reis escribe mejor que yo pero con un purismo que considero exagerado.* Por su parte, Reis escribió notas críticas sobre Caeiro y Campos que *son un modelo de precisión verbal y de incomprensión estética.* Reis, como Pessoa, apela a metros y formas fijas. Su poesía –así como la de Pessoa– es búsqueda de la propia identidad. *Ambos se pierden en los vericuetos de su pensamiento, se alcanzan en un recodo y, al fundirse con ellos mismos, abrazan una sombra. El poema no es la expresión del ser sino la conmemoración de ese momento de fusión.*

* Fernando Pessoa, *Antología*. Selección, traducción y prólogo de Octavio Paz, Universidad Nacional Autónoma de México, México, 1962.

La obra del propio Pessoa consiste en escritos en prosa y poesías en portugués y en inglés (estas últimas son las menos importantes). A su vez, los escritores en prosa se dividen en aquellos firmados con su nombre y los que llevan los pseudónimos de Barón de Teive y de Bernardo Soares (Pessoa advierte que no hay que considerar a estos dos nombres como heterónimos pues escriben con el estilo de él).

En la obra de Pessoa *el tema de la enajenación y de la búsqueda de sí, en el bosque encantado o en la ciudad abstracta, es algo más que un tema: es la sustancia de su obra.*

Para Pessoa, el poeta *es un fingidor que finge tan completamente que llega a fingir que es dolor el dolor que de veras siente.* Tanta creencia en la irrealidad le hace decir: *¿por qué, engañado, juzgo que es mío lo que es mío?* Proposiciones como estas son algo más que paradojas imbuidas de ese humor doloroso y delicioso que hace pensar en un Lichtenberg o en un Macedonio Fernández. Ellas son, Paz lo muestra, la clave que revela la significación de los heterónimos.

Los heterónimos son lo que Pessoa quiso ser, pero también son lo que no quiso ser, un yo, una personalidad individual. De ahí que ese proceso de disgregación, padecido y asumido por Pessoa con una originalidad y una valentía pocas veces igualada, provoque una *fertilidad secreta*: el yo termina por ser corroído. Y no está mal que así sea si compartimos con Octavio Paz la convicción de que *el verdadero desierto es el yo, no sólo porque nos encierra en nosotros mismos, y así nos condena a vivir con un fantasma, sino porque marchita todo lo que toca.*

Luis Cernuda

Cernuda es el poeta del amor. Esta afirmación implica incurrir en un lugar común. Octavio Paz advierte, sin embargo, que no es conveniente olvidar que en Cernuda –tal como en André Gide– fue una rigurosa necesidad moral el no escamotear el carácter uranista de su pasión. Ninguna intención de desafío alentaba detrás de estas exigencias de sinceridad. Antes, hay que atribuirla a su amor denodado por la verdad (además de gran poeta, Cernuda fue *uno de los pocos moralistas que ha dado España*).

Considera Paz que negar la índole de su amor implicará no comprender el significado de su obra del mismo modo que se la comprendería mal si se la hiciera depender por entero de su pasión peculiar. En cuanto a esa pasión, ella lo lleva a sentirse excluido pero no maldito: *Su* verdad diferente *lo separa del mundo; y esa misma verdad, en un segundo movimiento, lo lleva a descubrir otra verdad suya y de todos.*

Cernuda es el poeta del amor. Nada más cierto, nada más complejo. Además de hablar del amor, habla también del deseo, del placer y, al mismo tiempo, de la soledad. Son estos los temas centrales de su obra. Y puesto que esa obra se llama *La realidad y el deseo*, no hay duda de que el deseo fue, para Cernuda, un tema muy principal. Paz señala que *el destino de la palabra deseo, desde Baudelaire hasta Breton, se confunde con el de la poesía.* Entonces, definir al deseo resultará tan improbable como definir a la poesía. Pero lo importante, ahora, es saber qué dicen los poemas de Cernuda acerca del deseo. Paz descubre que dicen algo muy terrible pues dicen que en tanto el deseo sea real, la realidad no lo es; pues dicen que *el deseo vuelve real lo imaginario, irreal la realidad.* ¿Y cómo es posible esto? Gracias a que el deseo se expresa en imágenes que se apresuran a habitar el mundo y a desalojar de él –sustituyéndolos– a los seres vivos. En cuanto al amor, es lo único que puede efectuar el tránsito del deseo a la realidad y hacer que el objeto erótico ascienda a criatura amada. Surge un conflicto, empero, entre el deseo y el amor: el primero *aspira a consumarse mediante la destrucción del objeto deseado; el amor descubre que ese objeto es indestructible... e insustituible.*

Otra idea de Cernuda: el amor está fuera de nosotros y se sirve de nosotros para realizarse. Este inclinarse a favor de una abstracción –aun si se llama amor y dispone de energías propias– expresa un juicio que otorga escaso valor al hombre. Así es: nuestro escaso valor reside en nuestra condición mortal que es sinónimo de cambios y de muerte. Es verdad que pocos poetas han glorificado con tanto fervor al cuerpo humano, pero lo que no aparece en los poemas de Cernuda es el rostro humano. Paz explica esta parcialidad: un cuerpo joven y hermoso es, para Cernuda, *una cifra del universo* (...), *un sistema solar, un núcleo de irradiaciones físicas y psíquicas.* Es decir, el cuerpo encarna, por un instante, una maravillosa fuerza extraña a él. A Paz no se le oculta que estas ideas significan ignorar al otro, *una contemplación de* lo amado, *no del amante*.

De una hermosa exactitud es este descubrimiento de Cernuda: *cada vez que amamos, nos perdemos: somos otros*. No es el yo de cada uno quien se cumple en el amor sino su aspiración a la otredad.

Otra cosa que dicen los poemas de Cernuda –y los de tantos poetas modernos y antiguos– es que el amor se halla en violenta contradicción con el orden social. Y no se refiere, como sería fácil de suponer, a la índole particular de su amor, sino a todo amor verdadero. Amar es transgredir.

Poeta del amor. Sí, puesto que lo exaltó como casi nadie. Y es esta, en definitiva, la verdad en que creyó: *no la verdad del hombre: la verdad del amor*.

Tampoco dejó de exaltar a la naturaleza, que se le revela como la madre de los dioses y de los mitos. Además, ella ofrece un resguardo contra nuestro incesante cambiar. Por cierto que también la naturaleza cambia, más aún dentro de sus cambios tan armoniosos permanece idéntica a sí misma. Paz describe los paisajes de Cernuda: *A veces son tiempo detenido y en ellos la luz piensa como en algunos cuadros de Turner...*

¿Nunca se reconcilió Cernuda con la condición de la criatura humana hecha de tiempo que se acaba? Paz discierne, en su poesía, tres vías de acceso al tiempo: la que Cernuda llama el *acorde* significa unión con el instante soberano (la perfección y la plenitud manifestadas, de súbito presentes, ahora y aquí, sea por la mediación de un paisaje, de un cuerpo o de una música). La segunda vía o contemplación requiere, por lo contrario, una distancia: *el hombre no se funde con la realidad exterior pero su mirada crea entre ella y su conciencia un espacio, propio a la revelación*. La tercera es la visión de las obras humanas, las de los otros y la propia. Por esta última vía, Cernuda adquiere conciencia de su participación en la historia y –lo que es muy importante en su caso– de lo que le cumple hacer al hombre: metamorfosear el tiempo ciego, el absurdo transcurrir, en tiempo vivo y significante, esto es, tiempo transmutado en obra o en acto.

Esto, y mucho más, revela al lector privilegiado que es Octavio Paz, *La realidad y el deseo*, libro que comprende todas las etapas de la vida de Cernuda, con excepción de la infancia. El secreto de la fascinación de esta obra reside, como hace ver Paz, en un doble movimiento de total entrega al poema y, simultáneamente, de reflexión acerca de lo expresado. La reflexión, en Cernuda, crea una suerte de distancia cálida y grave que es como un espacio de bellísimo silencio –el silencio que preexiste a las palabras auténticas y verdaderas, y sin el cual las palabras son mera palabrería o rumor.

Mucho reflexionó Cernuda acerca del lenguaje, hecho nada común en la tradición española. Le preocuparon, sobre todo, las relaciones entre el lenguaje escrito y el hablado. Y más aún: trató de escribir como se habla.

Son importantes, al respecto, las diferencias que establece Paz entre el lenguaje hablado y el lenguaje popular. El primero es el de la gran ciudad, y a él recurre, desde Baudelaire, la poesía moderna. En cambio, el lenguaje popular, *si es que existe realmente y no es una invención del romanticismo alemán, es una supervivencia de la era feudal. Su culto es una nostalgia.*

La *verdad diferente* de Cernuda encarna en una poesía que es, también ella, diferente. Si se pregunta por el lugar que ocupa este poeta en la poesía moderna de lengua española, la respuesta de Octavio Paz será, entonces, la siguiente: *Si se pudiese definir en una frase el sitio que ocupa Cernuda en la poesía moderna de nuestro idioma, yo diría que es el poeta que habla no para todos, sino para el cada uno que somos todos. Y nos hiere en el centro de ese cada uno que somos,* «que no se llama gloria, fortuna o ambición» *sino* la verdad de nosotros mismos.

El diálogo de Octavio Paz con las obras poéticas es imposible de transponer en una breve crónica, no sólo a causa de los nuevos sentidos con que incesantemente las enriquece, sino también a causa de su prosa fascinante que desanima todo intento de reducirla a otro lenguaje. Mucha valentía y libertad se requieren para repensar en soledad obras que ya han sido objeto de toda suerte de análisis e interpretaciones, como es el caso de la de Rubén Darío, y aun de López Velarde. Pero Octavio Paz ha dicho, en otro libro, que los grandes poetas contemporáneos son también grandes críticos. *Cuadrivio* y los demás libros de crítica del gran poeta Octavio Paz atestiguan la veracidad de aquella afirmación suya.

NOTA SOBRE UN CUENTO
DE JULIO CORTÁZAR:
EL OTRO CIELO[*1]

«Enfant, certains ciels ont affiné mont optique...»
RIMBAUD

En *El otro cielo* las discontinuidades de tiempo y espacio son afrontadas por un solo personaje. De esta suerte aparecen el tema del doble y el tema del confinado a un exilio imaginario que, al convertirse en un espacio híbrido, decidirá el ingreso definitivo del errante en un tercer exilio real.

El otro cielo consta de dos historias entreveradas cuyo personaje central es el *yo* que las va contando. La probabilidad (incluso la certidumbre) de que una de las historias consista en situaciones imaginarias del narrador-protagonista, no compromete su autonomía literaria.

El protagonista reside, alternativamente, bajo dos cielos: el uno se cierne sobre Buenos Aires, alterada por las postrimerías de la Segunda Guerra Mundial; el otro es el cielo artificial de las galerías y los pasajes del París del siglo pasado.

Desaparecidos los límites, maltratado el yo soy, resulta «simple como una frase musical» deambular de una época a otra, de uno a otro país. Cuando el traslado sobreviene a mitad de la frase, ésta adquiere la función de una escena giratoria. De ahí derivan períodos tan extensos, los que enlazan variadas y numerosas oraciones: espacios gramaticales en movimiento donde coexisten el lugar y el instante presente del narrador, sus aventuras de «viajero mental» a París o Buenos Aires, su alegría o su decepción al llegar o al volver, las descripciones de lugares, per-

---

* Incluido en *Todos los fuegos el fuego* (Sudamericana, Buenos Aires, 1966).
1. Publicado en *La vuelta a Cortázar en nueve ensayos*, Carlos Pérez, editor, Buenos Aires, 1968. Incluido en *El deseo de la palabra*, Ocnos, Barcelona, 1972.

sonas, de sus propios sentimientos y hasta de sus impresiones primarias. El esquema de la narración participa de la singular estructura del laberinto.

El otro cielo consta de dos partes regidas cada una por epígrafes originarios de *Les chants de Maldoror*. El contexto del primero alude a la despersonalización, al temor de perder la memoria o la identidad, y al doble. Cortázar transcribe la «terrible acusación» de Lautréamont a la sombra intrusa en su cuarto: *Esos ojos no te pertenecen... ¿de dónde los has tomado?*

(Lautréamont destina a la intrusa su violencia inadjetivable. Esto no lo exime de tener que reconocer en ella la más alta perfección en materia de perversidad. Nadie sino la sombra merece el máximo galardón: «la palma del mal». Lautréamont manifiesta su deseo ambiguo de besar los pies de la vencedora; mas si se prosternara lo rechazaría vapor transparente. Muy pronto comprueba que es el otro (o la sombra) quien es el irónico, y no él.

En la busca –verdadera cacería– del cuerpo de sombra, el otro simula colaborar con el poeta para mejor traicionarlo. Apenas éste le exige, mediante una señal, no moverse, la sombra imita el ademán. De ese modo descubre el secreto de la sombra y la consecuente necesidad de romper el espejo de su buhardilla. Concluye que no es la primera vez que «me sucede encontrarme frente al desconocimiento de mi propia imagen».)

Al evocar el Pasaje Güemes de su adolescencia, el narrador presenta una mixtura que alía un interés por los caramelos de menta con amores a precio fijo con diarios que anuncian *las ediciones vespertinas con crímenes a toda página*. Las correspondencias extremas que incluye en su narración no bastan para volver visibles los prestigios y el poder de hechizo que el tierno paseante atribuía a pasajes y galerías. Pienso, entonces, en virtudes más secretas: galerías y pasajes serían recintos donde encarna lo imposible. Al menos, así se le revelarían al adolescente enamorado de lugares donde sólo y siempre es de noche –noches artificiosas e ilusorias, pero que *ignoran la estupidez del día y del sol ahí afuera*. Y puesto que lo imposible es sinónimo de lo vedado, el Pasaje Güemes se manifiesta como el lugar prohibido que se desea y a la vez se teme franquear.

Años después, el misterioso adolescente alienta en el interior de un adulto que ejerce la profesión de corredor de bolsa. Intensificada su atracción por galerías y pasajes, elige como espacio predilecto a la Galérie Vivienne, pequeño mundo de hermosura inocente, que se halla en París y en el siglo pasado. Allí conoce a Josiane, una prostituta encantadora. Poco importa cómo realiza la mudanza; lo esencial es que un deseo imposible ha sido elevado a un plano absoluto en el que alguien se conduce con maravillosa soltura. En cuanto a Josiane, la probabilidad de que sea una fantasma emanada de un visionario no impide sentirla más viviente, amable y persuasiva que a Irma la real.

La doble existencia del corredor de bolsa muestra diferencias radicales e insolubles. Su deseo más profundo reclama el *allá*, en tanto aquí lo sujetan y solicitan su madre y su novia, llamada nada más que Irma. A más de esto, el conflicto se multiplica pues el soñador teme abandonarse indivisiblemente a su íntimo llamamiento. Es verdad que su llamamiento o reclamo incluye meras fantasías, pero en cambio son muy reales la soledad y el sentimiento del exilio de estas criaturas que exigen de lo imaginario aquello mismo que un poeta del lenguaje, esto es: que sea su verdadera patria. Por otro lado, el viaje al *puerto de reposo* significa padecimientos extremos. Baste mencionar el desdoblamiento de sí o la certidumbre (y el terror) de ser dos, o el miedo de perder la identidad, o el desconsuelo ulterior a la proyección de criaturas psíquicas maravillosas en el mundo real. No obstante, el soñador entra en la noche interna o, lo que es igual, sale de sí mismo, se emancipa del propio personaje, y se pierde en el encuentro.

Hay, en *la patria secreta*, alguien extraño y ajeno que se destaca por estar presente y ausente al mismo tiempo. Se trata de un asesino a quien llaman Laurent (cuando algo –incluso la nada– tiene un nombre, parece menos hostil), cuya singularidad consiste en convertir «mujeres de la vida» en mujeres de la muerte. Tan cierto es que *todo parecía ordenarse en torno al gran terror del barrio* que hasta el lenguaje finaliza empobrecido: se dicen *frases sueltas que enseguida son Laurent*. El lenguaje del terror se propaga al otro extremo de la narración y también los colegas y clientes del corredor de bolsa no hablan sino Laurent. Esta fugaz o intempestiva traición al principio de la simetría (el aquí y el allá perfectamente divididos) atestiguan un sentido del tiempo y del espacio bastante temible por lo relativo.

La *patria secreta* consiste en su partición en *maravillosa* (tiempo sin horas, tiempo con Josiane, ángeles de la pequeña galería...) y en *siniestra** (las nevadas y el frío parecen solidarizarse con el matador y el afuera se torna una alegoría de lo amenazante). El corredor de bolsa no puede no sentir gratitud por *lo siniestro*, puesto que para él significa complacerse sin límite de tiempo con la compañía de Josiane.

¿Quién es Laurent?

Un tema literario tan antiguo como fascinante vincula el teatro con la vida. *La comedia humana* o *El gran teatro del mundo* son títulos que confirman que «la vida es la farsa que todos debemos representar». Parejamente, un vetusto y hermoso argumento reitera que nadie puede escoger el papel que tendrá que interpretar. Así, el papel de la muerte le habría sido asignado a Laurent. No es una casualidad si Cortázar le atribuye el don del ocultamiento.

Desde tiempos remotos la muerte es experimentada como la oculta que oculta. En cuanto al acto de matar, incluye fusión con la muerte, y esto, a su vez, implica identificación con la ignorada asesina que siempre se esconde. Como ella, Laurent actúa desde lo oculto, y nadie sabe ni comprende por qué ni cómo ni para qué irrumpe, actúa inexplicablemente, y desaparece. Como los muertos acerca de la muerte, únicamente las víctimas de Laurent sabrían de su presencia total.

¿Cómo llegó Laurent al *otro cielo*? Conviene acordarse de unos viejos rumores que disonaban en el Pasaje Güemes: *se voceaban las ediciones vespertinas con crímenes a toda página*. Así, una suerte de materia binaria compuesta por Eros y la muerte informa el barro primero con que moldearon a Laurent.

Este golem jamás visto posee un rasgo exclusivo e invariable: ultimar prostitutas –rasgo que se halla en conexión cordial con el epígrafe de Lautréamont y, sobre todo, con su contexto. De donde se deduce que Laurent es el dueño de sus ojos azules por

---

* Enrique Pichon Rivière: «Lo maravilloso y lo siniestro en la obra del conde de Lautréamont», *Revista de Psicoanálisis*, Buenos Aires, mayo de 1945.

haberlos sustraído de alguna asesinada por sus manos de sombra sombría. Pero acá se recuerda que Lautréamont querellaba con una sombra que resulta ser su sombra, de modo que Laurent es él, Lautréamont. Luego una coincidencia: la primera sílaba del nombre inventado Laurent es la misma que la primera sílaba del pseudónimo Lautréamont. Y a propósito: la figura central del *barrio de las galerías* es un adolescente sudamericano fácilmente identificable como Isidore Ducasse, conde de Lautréamont.

Lautréamont frecuenta el café predilecto de los amantes felices del cuento. En ese recinto se produce la escena más tensa e intensa, aunque tan simple que resulta extraño tener que destinarle términos estremecidos y solemnes.

Se trata de la situación siguiente: una noche, el narrador concurre al café predilecto. Poco después aparece el sudamericano. *Yo* resuelve acercársele y hablar con él. Algo se opone, sin embargo, e interviene en la brevísima duración correspondiente al tránsito del deseo a su realización, y *ahora no soy más que uno de los muchos que se preguntan por qué en algún momento no hicieron lo que habían pensado hacer.* Declara haberse olvidado *lo que sentí al renunciar a mi impulso*, si bien recuerda que su olvidado sentimiento se parecía a la transgresión y al ingreso en un *territorio inseguro*.

Por cierto que tamaño terror frente al emisario o depositario de lo vedado se revela luminoso y compartible. Pero tal vez convenga replantear el conflicto nunca resuelto: el corredor de bolsa logra eximirse de las más temibles confrontaciones con la locura y con la muerte; sin embargo, entiende que con ello dejó la ocasión de salvarse de no sabe qué cosa.

Y sin embargo creo que hice mal, que estuve al borde de un acto que hubiera podido salvarme.

Creo que en los bajos fondos de su espíritu comprende que su encuentro con el otro lo hubiera libertado. Entre otras cosas, hubiese logrado sobrepasar esa suerte de curso de introducción a la poesía que vendría a ser su escena giratoria que, si lo traslada al *otro cielo*, también lo vuelve a Buenos Aires, y esto significa perdurar indefinidamente en la ambigüedad.

El protagonista afirma que no se atrevió a dar el paso definitivo. A lo cual agrego una conjetura propia: no importa si no se animó a dar el paso definitivo porque alguien lo ha dado en su lugar. Ese alguien es su doble: un poeta que se extravió en la busca de cosas que nos conciernen fundamentalmente.

De esta suerte, el montevideano suscita un *döppelganger*, muchos años después de su muerte, aunque muy cerca de su país natal. Queda Laurent y sus aventuras de doble a la segunda potencia –suerte de «tercero» emanado de dos personajes que son uno.

En la segunda parte del relato, la *patria secreta* se halla privada de su antiguo poder de encantar y proteger. Convertida en tierra de elección del crimen y de la guerra («pseudónimos de la realidad»), *yo* intenta hacerse cargo de tamaña pérdida. No tener más un *lugar de reposo*, siquiera ilusorio. Exilio en estado de pureza intolerable. Es posible morir de cosas así: *on meurt à moins.*

No lejos del segundo epígrafe, el conde de Lautréamont formula una pregunta muy adecuada para nuestro desolado viajero: *¿Por qué no considera mejor como un hecho anormal la posibilidad que ha tenido hasta ahora de sentirse exento de inquietud, y, por así decir, feliz?*

En su último viaje al *otro cielo* le informan que Laurent fue apresado; también le hacen saber la muerte del sudamericano. La doble nueva la inspira este paralelismo: *las dos muertes (...) se me antojaban simétricas, la del sudamericano y la de Laurent.* Se trata de un simétrico y definitivo atentado a su felicidad. Para corroborarlo, se casa con su novia.

El marido de Irma refuta la sola idea de no volver más *allá*, pero su firme rechazo de esta probabilidad solamente la confirma. Más rica en significaciones se muestra su convicción de haber sufrido la más irremediable pérdida por culpa del sudamericano, *como si él nos hubiera matado a* Laurent y a mí con su propia muerte. El final de esta frase me recuerda un detalle de *Nadja*: André Breton alude a la muerte del genial montevideano eludiendo el verbo *morir*, tan fácil, tan intransitivo. En cambio, hace referencia a su *desaparición total*. Y más aún: *il reste pour moi quelque chose de surnaturel dans les circonstances d'un éffacement humain aussi complet.*

Muerto Lautréamont, el corredor de bolsa no vuelve (nunca volverá) al *otro cielo*, de acuerdo con este adagio: *Murió el hombre, murió su sombra.*

En *El otro cielo*, Julio Cortázar ha configurado, deliberada y fatalmente, una querella simétrica a la que sostiene Maldoror con su propia sombra. Pero *El otro cielo* es, antes que nada, un lugar de encuentro con la «belleza convulsiva» y con una perfección no poco terrible. Resulta alentador saber que nunca descubriremos quién es *el otro* que acosa al pronombre personal y secreto que cuenta un cuento donde lo más real es el drama filosófico.

1967

DOMINIOS ILÍCITOS[1]

La extrema concentración de estos cuentos –algunos de una página y media– manifiesta el designio de abolir radicalmente las partes serviles del relato. Excluidos los intercesores de sentido nulo, todo aparece en primer lugar o, más precisamente, *es* el primer lugar.

La insumisión a los esquemas del relato ya clasificados, pareciera originar en la autora de *El pecado mortal** la sensatez que distingue a los niños de su cuento «La raza inextinguible». Ellos no aceptan las ciudades imperfectas de *esa gente*, los adultos; en consecuencia, construyen otra, *pequeña y perfecta*. No de otro modo es la estructura de estas narraciones: pequeña y perfecta; acabada como una flor o como una piedra.

La reserva delicada y el don de la alusión son rasgos de una escritura «simple» y estricta que no logra disimular su perfección. Aquí es «todo más claro», y a la vez, todo más peligroso. El peligro consiste en que los textos dicen incesantemente algo más, otra cosa, que no dicen. También el mundo trivial permanece reconocible, aunque extraño y transfigurado: de súbito se abre y es *otro*, o revela *lo otro*, pero el pasaje de la frontera es enteramente imperceptible. La ambigüedad de Silvina Ocampo se acuerda con su facultad de transponer un hecho apacible y común en otro que sigue siendo el mismo, sólo que inquietante. Es decir: se traslada al plano de la realidad sin haberlo dejado nun-

1. Revista *Sur*, Buenos Aires, núm. 311, marzo-abril de 1968. Incluido en *El deseo de la palabra*, Ocnos, Barcelona, 1972.
* Silvina Ocampo, *El pecado mortal*, Eudeba, serie de los contemporáneos, Buenos Aires, 1966.

ca. Asimismo, se traslada al plano de la irrealidad sin haberlo dejado nunca. Claro es que términos como *realidad* e *irrealidad* resultan perfectamente inadecuados. Pero para sugerir con más propiedad ciertos gestos y cierta mudanza, habría que remitirse, en este caso, a las danzas japonesas, a su tenue grafía corporal. Entretanto, vale la pena recordar a Sterne: *Hay miradas de una sutileza tan compleja...*

El modo de hacer visibles las pasiones infantiles configura el centro magnético de la presente antología. Cierto, esta crónica demasiado apresurada no podría conducir al «dominio sagrado e ilícito» de la infancia. A la vez, resulta improbable soslayar a los pequeños seres que allí se encuentran.

En el cuento *El pecado mortal* hay una niña fascinante en su urgencia por expresar las formas del desenfreno y por intervenir en fiestas elementales donde los juegos de la sensualidad riman en consonancia con los demás juegos. A falta de esto, le corresponde ser la oficiante y la víctima sacrificial de sus propias misas negras en las que descuella su candoroso amante: una roja flor.

También la criatura de *Autobiografía de Irene* traba amistad con un personaje de igual procedencia que la flor: *Jazmín*, un perro imaginario. A más de esto, las dos niñas comparten *el deseo ardiente de ser una santa* o, acaso, el de anegarse en las aguas suavísimas de un sueño sin culpa.

Pero la Muñeca, a diferencia de Irene, es una figura adorable a causa de sus ojos abiertos. Ella sabe que la flor roja y el *blanco libro de misa* que ha investido de virtudes afrodisíacas, resultan fascinadores y aterrantes porque son signos de lo prohibido. El deseo irrefrenable y el terror a transgredir confieren un prestigio desesperado y deslumbrador a esos actos sencillos que ejecutan con idéntica maestría un minúsculo salvaje y cualquier pequeño hijo de rey.

En la más bella escena, la flor es reemplazada por el Chango, *el primer sirviente, el hombre de confianza de la casa.* Para configurar un ritual de violencia exquisita, concurren el hombre de cara de serpiente, la niña lujosamente ataviada e inseparable de su muñeca, y los ritos de la muerte. Callada e inexpresiva, la Muñeca consiente en tornarse una muñeca con la que juega un afantasmado personaje viscoso. Simultáneamente, en la zona adulta de la casa, celebran un velorio. *Alguien murió, no recuer-*

do quién. La presencia de la muerte, suavemente sugerida, es decisiva. Por un lado, las convenciones la circundan; también ella pertenece a lo prohibido. Por el otro, el desorden que origina siempre la muerte ordena el horror y la incertidumbre de las ceremonias anteriores al día vedado en que una niña encuentra un nombre para su culpa inexistente. La escena es designada: *arcana representación*. Tal vez pueda agregarse, también, que la *representación* convoca las Danzas macabras, acaso porque derivan de un tema incesante: Muerte y Lujuria.

De la *arcana representación* emerge el detalle siguiente: la Muñeca inseparable de su muñeca, testigo –acaso partícipe– de prácticas sensuales asaz fieles a *l'école du voyeurisme*. Y cuando *el hombre de confianza de la casa* le pregunta si vio y si le gustó, la Muñeca arranca la cabellera de su muñeca, lo cual es una respuesta. (*L'homme fait rire sa poupée*. Fargue.) El espléndido y erótico simulacro que llamamos *muñeca* aparece, aquí, como el *döppelganger* de la Muñeca que representa un espléndido simulacro erótico.

Según el prologuista, *Icera* y *La raza inextinguible* ilustran un tópico de la narrativa fantástica que consistiría en *la alteración del tiempo, sobre todo el desconocimiento de su característica de irreversibilidad...*

En efecto: tanto en *Icera* como en *La raza inextinguible* es notoria la alteración del espacio (la idea del espacio implica, por supuesto, la del propio cuerpo). El tiempo, en los dos cuentos, toma la forma del espacio o, lo que es igual, el tiempo es transformado en espacio. En el primer relato, Icera, niña diminuta, decide nunca crecer. Su elección es anterior a la de Oskar Matzerath *(El tambor de hojalata)*, circunstancia histórica que se menciona por estar prefigurada, de algún modo, en otro cuento: *La pluma mágica.*

Con el fin de permanecer tal como está, Icera se entrega a la ascesis espiritual. Le ayuda su fe y, sobre todo, su desconocimiento de la expresión «en la medida de lo posible», característica de los adultos. A la vez, la diminuta precavida martiriza su cuerpo diminuto con vestidos y zapatos diminutos, con lo cual inventa, de paso, un cinturón de crecimiento o un cinturón de niñez. El experimento obtiene éxito físico, metafísico y moral.

La raza inextinguible habita una ciudad en miniatura donde *todo es perfecto y pequeño: las casas, los muebles, los útiles de tra-bajo, las tiendas, los jardines.* A pesar de estos espacios delicio-sos, la opacidad se cierne sobre el cuento. Acaso porque los ni-ños, con su responsabilidad habitual, se han hecho cargo de la clase adulta u ociosa, y se los ve abrumados. Pero los adultos se sienten incomprendidos e insatisfechos; luego, no tienen otro remedio que portarse mal.

La metamorfosis del espacio más perfecta acontece en *La es-calera.* Este cuento en forma de imágenes d'Epinal prueba que setenta años de vida pueden transmutarse en veinticinco escalo-nes. En el último escalón, espacio y tiempo se anulan mutuamen-te: es el fin de la escalera; es la muerte de una anciana.

Icera y *La raza inextinguible* atestiguan la refutación del espa-cio adulto. En el otro extremo se encuentran Fernando *(Voz en el teléfono)*, la Muñeca *(El pecado mortal)* y Lucio *(Las invitadas)*, confinados a casas demasiado grandes para ojos demasiado re-cientes. Es verdad que esas casas guardan una hermosura secreta y amenazante que los niños admiran con alegría y crueldad cuan-do la descubren en los libros para niños. Pero si una casa es aque-llo que protege, es manifiesto que estos niños habitan casas ilu-sorias.

El juego de la ilusión teatral se multiplica por la presencia del «tercero». A este personaje, miembro de la servidumbre, *los pa-dres y las madres* le asignan el rol siguiente: el de interponerse entre ellos y los niños. También actúa junto a los niños pobres, con la diferencia de que éstos lo buscan por sí solos. Así se for-man triángulos equívocos; y no es casual que los «terceros» ten-gan rasgos femeninos y maternales (se ha visto un ejemplo: el Chango). La excepción a la regla parece ser Ireneo *(El moro)* puesto que la confirma con exceso.

La dialéctica del desamparo y del humor es inherente a todos los cuentos. En consecuencia, la infancia mutilada halla su com-plementario en la *vendetta* de la infancia. La palabra temida con-voca inmediatamente a Fernando *(Voz en el teléfono)*, auto de la *vendetta* más memorable. Claro es que la ejecuta en una de las fiestas de cumpleaños que Silvina Ocampo organiza minuciosa-mente en honor de sus «invitados». Después de leer este libro, sabemos que el calendario es un instrumento que registra cuánto «le» falta para ser un cumpleaños.

Además de *nouveau riche* de sus cuatro años, Fernando es adorador de fósforos, gracias al «tercero» y a su madre, la que no cesa de plantearle un problema sobre la causalidad: *Fernando, si juegas con fósforos, vas a quemar la casa.* Y Fernando, como los niños chicos y los científicos grandes, necesita verificar la dosis de verdad que puede encerrar un problema. Así, la fiesta de cumpleaños se vuelve apoteósica o, más modestamente, traumática: Fernando juega con fósforos y quema la casa. En cuanto a *las madres*, mueren por fuego, naturalmente.

El minúsculo pirómano no es el único parricida. Antes, no hay niño, en *El pecado mortal*, que no lo sea. *Autobiografía de Irene* testimonia un parricidio imaginario. En el día de su primera comunión, la Muñeca entra en la iglesia *con dolor de parricida.* Una excepción sería Luis *(El moro)*: lo único que hace es abandonar a su madre por un caballo.

Como todos los niños, pero un poco más, los de este libro miran y oyen lo que no se debe, lo que no se puede. Pero aquí no se trata solamente de los clásicos robos lujuriosos de escenas y de sonidos sino de algo más grave: averiguar su «pecado mortal», esto es: aquello por lo cual *esa gente* los entregó a las furias de la *soledad pánica*.

En los cuentos de Silvina Ocampo las desgracias reciben «la visita de los chistes» sin que por eso queden reducidos ni el humor ni la aflicción.

Dos ejemplos eficaces: *El vestido de terciopelo* y *Las fotografías*. El primero es un boceto donde se ve a una modista probando un vestido a una señora. La prueba se interrumpe porque la clienta muere dentro de su vestido vuelto prisión. Esto es todo, y no es risible, ni siquiera sorprendente esa callada traición de un vestido. Pero Silvina Ocampo confió la conducción del relato a una amiga de la modista: la enanita regocijada, hilarante, responsable de que un hecho de los bajos fondos del mundo trivial se cubra con la máscara prestigiosa de los rituales bárbaros. El humor, y un ligero horror, derivan de la jocundia inexplicable de la «observadora».

Como puede comprobarse, la autora no intenta poner en tela de juicio la noción de realidad. Pero, por las dudas, prefiere que los hechos más normales sean transmitidos por «puntos de vista» de la estirpe de la enanita muerta de risa.

En *Las fotografías*, la inesperada muerte se desoculta entre risas y festejos. De ahí el escándalo, puesto que la más mínima decencia exige cierta discontinuidad en el tiempo y en el espacio entre un grupo munido de copas de sidra y la muerte repentina de una niña.

La conjunción entre la fiesta, la muerte, el erotismo y la infancia procede de una misma perspectiva fulgurante, posible de discernir, distintamente, en todos los relatos.

Acaso no sea imposible, ahora, deducir un rasgo general. (*Sí, si lo queremos así, esto conduce inmediatamente a lo cósmico.* Lichtenberg.) El rasgo principal de *El pecado mortal* consistiría en ciertas uniones o alianzas o enlaces: la risa no se opone al sufrimiento; ni el amor al odio; ni la fiesta a la muerte.

Tantos enlaces obligan a referirse a *Celestina*. Este cuento sobre una honesta sirvienta remite, creo, a *La Celestina*, es decir a la extraordinaria *voyeuse* (y «*oyeuse*») cuyo oficio mercenario sería el pretexto de una pasión absoluta. La criatura de Fernando de Rojas logra enlazarse al placer por la alegría visual y auditiva. *Celestina*, de Silvina Ocampo, desfallece de goce al escuchar (o al leer) desgracias y muertes ajenas. La dueña medieval pacta con el erotismo; la criada moderna, con la muerte. Día tras día, Celestina reclama alimentos negros como el humor del cuento *Celestina*. Al término de su retrato enlutado, suministran a Celestina noticias fieles al arco iris; de esta suerte la matan. Crimen perfecto o multiplicación del humor por sadismo al cuadrado.

Rhadamantos se le parece por su figura central: siniestra, furtiva, mezquina sin apelación. Cuento para contemplar como a una caricatura, por ejemplo, la de este bellísimo título: Envidia «constante más allá de la muerte».

Autobiografía de Irene proporciona un ejemplo de humor sospechoso de ingenuo, pero conviene desconfiar. Vecina de su muerte, Irene piensa en las cosas que anheló ver, que nunca verá. De la profusión del universo escoge las esenciales (para ella), entre las cuales aparece *el teatro Colón con sus palcos y sus artistas desesperados cantando con una mano sobre el pecho*. La que va a morir de su culpa (del pánico de su culpa) se entristece porque no habrá visto una tarjeta postal muy cursi.

En los cuentos de Silvina Ocampo, el humor es obligado a nacer, casi siempre, del pie de la letra o, lo que es igual, del simulacro de la asímbolia o, lo que es igual: basta olvidar que el lenguaje está hecho de símbolos, para que el mundo se vuelva una representación de El Gran Hospicio del Mundo.

«... y dibujaban muchas cosas. Todo lo que empieza con M.

–¿Y por qué con M? –inquirió Alicia.

–¿Y por qué no? –dijo la Liebre Loca.»

Los veinte cuentos que reúne *El pecado mortal* proceden de diversos libros de Silvina Ocampo. La cuidadosa selección de textos estuvo a cargo de José Bianco. No es esto todo, y es una lástima. Hay, también, una especie de prefacio por nadie firmado, en el que alguien repite *realidad*; *irrealidad*; *fantástico*. Mediante la repetición de estos términos, el innominado transcribe los tópicos fantasmas que caracterizarían la narrativa fantástica. A su vez, los tópicos inaveriguables se hacen acompañar por definiciones cómplices. Decir, por ejemplo, que *la presente selección de sus cuentos destaca la voluntad irrealizadora de su estilo*, es decir poco, e incluso ese poco no es cierto.

Tal vez resulte oportuno transcribir unas líneas luminosas de Jorge Luis Borges:

(...) creo que no deberíamos hablar de literatura fantástica. Y una de las razones (...): ya que toda literatura está hecha de símbolos, empezando por las letras y por las palabras, es indiferente que esos símbolos estén tomados de la calle o de la imaginación. Es decir, creo que esencialmente Macbeth (...) no es un personaje menos real que Rodion Raskolnikov...*

1967

---

* Alejandra Pizarnik e Ivonne A. Bordelois: «Entrevista con Jorge Luis Borges», *Zona Franca*, núm. 2, Caracas, 1964.

SABIOS Y POETAS[1]

... El humor, una de las notas permanentes de *El gato de Cheshire*, será más que adecuado para desgastar *las monedas de cobre de la realidad*. A este don del humor, Anderson Imbert lo multiplica mediante una singular reticencia que suele acompañarse de un intelectualismo extremo. No bien destaca algún aspecto de la realidad (ya absurdo, ya aciago), el autor se complace en urdir sabias especulaciones que tienen por finalidad aparente la justificación tanto de la parte absurda como de la adversa. Método riguroso y delicado del que emanan conclusiones vertiginosas. Y está bien que así sea pues lo propio del humor es corroer el mundo o, más precisamente, abolir sus estructuras rígidas, su estabilidad, su pesantez.

Expresado por los más altos escritores, el humor moderno es, siempre, metafísico y poético. Acaso, sin proponérselo, admite que le confíen una misión no menos penosa que privilegiada: determinar la distancia que nos separa de la realidad. En este sentido, pero nada más que en este, es realista, ya que ahonda, y hasta las últimas consecuencias, la noción de lo absurdo.

A pesar de este atributo melancólico, se trata del humor más eficaz que registra la historia de la literatura. Ahora bien: puede suceder –y no deja de suceder– que el humorismo se vuelva en contra del humorista; y la risa, en contra del lector o del espectador. De ahí cierto silencio que nos arrebata, silencio ulterior a la risa, y que es notoriamente similar al silencio que continúa (o

1. «Sabios y poetas» (acerca de *El Gato de Cheshire*, de E. Anderson Imbert), revista *Sur*, Buenos Aires, núm. 306, mayo-junio de 1967. Esta versión fue incluida por A. P. en *El deseo de la palabra*, Ocnos, Barcelona, 1972.

prolonga) los momentos de crisis de la tragedia antigua. Pero no sería extraño que lo trágico fuera una suerte de doble fondo de la risa.

Conviene agregar que solamente desde la visión peculiar del humor metafísico y poético será posible una justa apreciación de situaciones como la siguiente:

Conversaban en la sala, muy animadamente.

–No lo creo –interrumpió Estela, que hasta entonces había callado por no haber nacido todavía.

Un procedimiento eficaz para determinar efectos cómicos consiste en afectar olvido de la ambigüedad del lenguaje a fin de mantenerse, inexorable, al pie de la letra. Un ejemplo válido suministra aquel señor, a quien se le ha confiado un secreto, que asegura: *Seré como una tumba.* Se anima el lugar común como si fuera un lugar embrujado; se modifica progresivamente el que lo formuló; se transforma, al final, en una tumba. (...)

... El *humor negro* sirve a Anderson Imbert para atestiguar el horror latente detrás del mundo prosaico: Una anciana es atropellada por un automóvil, muere, se levanta, camina unos pasos, es atropellada de nuevo, muere, se levanta, camina unos pasos, es atropellada de nuevo, y siempre así. Pero no es esto lo más lamentable sino la indiferencia ruin que ponen de manifiesto paseantes, transeúntes y automovilistas. Acuciados por la prisa, ninguno de ellos se detiene a contemplar la prodigiosa serie de resurrecciones.

El humor poético puede intervenir airosamente en la representación de un paisaje:

Me hubiera sido posible (...) ver nítidamente a nadie en el fondo del paisaje...

Si se halla el humor negro, si el poético, si el metafísico, no resultará extraña la presencia del «azar objetivo»:

Encontró en su bolsillo una tarjeta postal. Nunca la había visto. No estaba dirigida a él. Alguien, al pasar, lo había confundido con un buzón. ¿O es que él era un buzón?

Pregunta que se aproxima al trascendente problema que la pequeña Alice se plantea a sí misma para saber si ella, Alice, es Alice, o si ella, Alice, es su amiguita Mable. La misma sabiduría campea en el minúsculo relato que acaba de citarse, del cual se podría inferir la alusión a una verdad siempre inquietante: aquella que nos persuade de que basta muy poco, casi nada, para que el yo sea privado de su apariencia embaucadora de entidad definitiva, inalterable e inamovible como un buzón. Por otra parte, nadie ha demostrado que el buzón se halla situado en una esquina hasta el último día de todo. Incluso resulta lícito preguntar (después de la lectura del cuento de Anderson Imbert) si se trata, realmente, de un buzón: bien podría ser un yo, no un buzón.

Por el don del humor que le es consustancial y, también, por su conocimiento de los más diversos y sutiles procedimientos que permiten expresarlo, Enrique Anderson Imbert logra hacer efectivo el codiciable cambio de las monedas de cobre por una sola de oro. Reseñar uno a uno sus procedimientos sería una improbable tarea.

Concluyo, pues, con el tema del humor, no sin transcribir, antes, esta situación desaforada:

Desde los bancos sólo veíamos la cabeza del predicador, encima del alto atril: al sonreírse, el tajo de la sonrisa le había corrido por los costados y por atrás y se la cercenó. La cabeza entonces dijo...

(...)

La variedad vertiginosa de los temas de *El gato de Cheshire* incluye cuentos de hadas y de humor «rosa». Acaso los más atractivos sean aquellos cuya trama es lo maravilloso. Lo maravilloso es (o sería) la irrupción enteramente inesperada de alguien –de algo– que suprime la distancia que separa el deseo y la realidad.

1967

RELECTURA DE *NADJA*, DE ANDRÉ BRETON[1]

«J'ai délaissé sans remords d'adorables suppliantes.»
ANDRÉ BRETON, Le Surréalisme et la peinture

I

Una niñita lautreamontiana atraviesa una página de *Nadja* y desaparece *con esta idea de sacar siempre los ojos de las muñecas para ver qué hay detrás.*

Las actividades silenciosas de la minúscula mutiladora equivalen a una pregunta de Breton: *¿Qué puede haber de extraordinario en esos ojos?*

Ojos como algunos términos –*hanter*, por ejemplo– *que dicen más de lo que dicen.*

Nantes (...), donde ciertas miradas arden con demasiado fuego (comprobé esto todavía el año pasado, al tiempo de atravesar Nantes en automóvil y ver a una mujer, una obrera, creo, que acompañaba a un hombre, y que levantó los ojos: hubiera tenido que detenerme)...

Luego vendrán los ojos de una bella perturbada:

Ojos espléndidos en los que hay languidez, desesperación, fineza, crueldad.

También a la dueña de estos ojos espléndidamente crueles destinará palabras inalterables: *hubiera tenido que acercarme a ella...*

Los ojos que ceden su hechizo a Solange se cierran con los que alumbraron Nantes apenas se abren los ojos de Nadja:

He visto sus ojos de helecho abrirse por las mañanas ante un

---

1. *Testigo*, Buenos Aires, núm. 5, enero-marzo de 1970. Publicado previamente con el título de «La muchacha del bosque» en *Imagen*, Caracas, núm. 32, 1968.

mundo donde el batir de las alas de la esperanza inmensa se distingue apenas de los otros ruidos, que son los del terror, y en ese mundo yo sólo había visto cerrarse ojos.

Como la efigie de la encantadora Gradiva, ella avanza, levísima. Su estilo de andar con la cabeza más erguida que nadie es el secreto de las reinas en el exilio. Pero más sorprendente sería la musical disonancia entre los rubios cabellos de Nadja y la pintura negra, excesiva, de sus ojos *(Nunca había visto unos ojos como aquellos).* Ojos transgresores en la calle y no en el espacio ilusorio, si bien Solange (Blanche Derval) no había recurrido al maquillaje. (Ojos de Solange, transgresores en un escenario, no en la calle.)

Como sus antecesoras, la paseante inviste la apariencia de una maravillosa heroína aureolada por un aire de lejanía. Asimismo, Nadja hace patente *ese no sé qué «declassé» que nos gusta tanto.* Cabe recordar también una señal exquisita que Breton distingue en la imagen de Caroline de Günderode: *... la conmovedora expresión de noche de verano prometida,* pues acaso fue ella, la suicidada del Rhin, quien inició la orden de las damas nocturnas y absortas.

Sombras talladas por un relámpago negro, estas bellas extraviadas no hallan en la noche la casita de Hansel y Gretel, sino a otra viajera más sombría y dotada del poder de ocultar. Con ella se abrazan y en ella desaparecen como quien entra en una gruta encantada *(... tú no tendrás en esta vida otros placeres que aquellos que se prometen los niños mediante la idea de grutas encantadas y fuentes profundas).*

Igual que la ardiente canonesa de ojos azules, o que Solange, Nadja es un signo incandescente entre dos oscuridades. Ella es la noche; es el poema que sólo se atiene a la muerte.

Bastó una aventura fortuita para que Nadja abandonara a *mi propia aparecida condenada a mi forma de este mundo;* para que Nadja emigrara de sí misma: *Y yo salí de mí siendo yo y siendo ajena lo mismo que las sombras.*

La tempestad la arrebata y la encierra en una casa más negra que la contemplada por un príncipe y poeta desde *la berlina detenida en la noche.*

II

«Et c'est toujours la seule...»
NERVAL

Al comienzo y al final de *Nadja*, Breton hace referencia a su deseo de alternar el texto con fotografías de los lugares, los seres y las cosas que más activamente participaron en él.

Una resistencia obstinada y misteriosa parece anidar en esas imágenes centrales, como si las animara la decisión de oponerse al cumplimiento de este proyecto. Más sorprendente es que Breton deplore, muy en particular, la imposibilidad de procurarse la fotografía de una figura que no sólo no ha intervenido decisivamente en su libro, sino que jamás fue mencionada:

... y, sobre todo, porque me interesaba esencialmente, aunque no se hable de ella en este libro, la imposibilidad de obtener la autorización de fotografiar la adorable añagaza que es, en el museo Grévin, esa mujer que finge apartarse en la sombra para abrocharse su liga, y que, en su posición inmutable, es la única estatua que conozco que tenga ojos, los ojos de la provocación.

Acaso haya otra estatua dotada de ojos: una estatua onírica y de piedra que su creador, Baudelaire, denominó *La beauté*. Breton, precisamente, la rechaza en aquel pasaje de *Nadja* en que define de un modo extraordinario su visión de la belleza. Pero no es un azar si poco antes de este repudio encuentra a la mujer verdadera, no una maga, no una esfinge como un *rêve de pierre*, ni, tampoco, una vertiginosa y fascinante *détraquée*. Simplemente la amada.

Evocar otra estatua no explica el extraño designio de insertar en *Nadja* la imagen de una desconocida. Puesto que la función de las fotografías consistiría en complementar el texto ¿por qué la afanosa busca de la imagen de una dama de cera levemente impúdica?

Puedo responder con una conjetura (más valdría decir: una certidumbre).

Lejos de ser una desconocida, la dama inmutable habría sido objeto, desde el comienzo de *Nadja*, de múltiples alusiones. Y más: ella sería la suma de las figuras femeninas que atraviesan este libro, figuras del presentimiento de la mujer verdadera, la insustituible que aparece al final.

Una prueba de lo que se ha dicho es lo indiferenciado de la exaltación del poeta ante la dueña de los ojos que vislumbró en Nantes; ante la inquietante presencia, en el escenario, de Solange; ante *la magicienne* de los ojos abiertos, es decir Nadja; y, por último, ante la fantasmada criatura de corazón de cera.

Otra prueba: la simétrica repetición de algunos detalles. No, por cierto, detalles tan evidentes como la fascinación del poeta por los ojos de las damas de su libro. Me refiero a detalles privilegiados como *la adorable añagaza que es, en el museo Grévin, esa mujer que finge apartarse en la sombra para abrocharse su liga...* Mucho antes, había sido precedido por un gesto semejante que Solange ejecuta en la escena, y dotado de las mismas virtudes provocativas: *... poniendo al descubierto un muslo maravilloso, allí, un poco arriba de la liga oscura...*

Luego, hay otra escena fugaz, de belleza fulgurante como *el grito, el inolvidable grito* con que finaliza la pieza de teatro protagonizada por Blance Derval (Solange), o como *el grito, siempre patético*, del poeta preguntando: *¿Quién vive?* Escena perfecta: cercana el alba, Solange avanza callada e inexpresiva como una muñeca. ¿Es ella, en realidad? *¿Eres tú, Nadja?* No hay motivo para que no sea el fantasma real de la irreal Solange, o el reflejo de Nadja o de la figura del museo Grévin, en algún oculto espejo.

Solange atraviesa la escena (...): camina en línea recta, como una autómata.

III

La anotación, fechada el 11 de octubre, de un breve deambular con Nadja, da cuenta del malestar que selló, para Breton, ese día infuso del sentimiento de las horas perdidas que van pasando para nada. A más de esto, Nadja *llegó con retraso y no espero de ella nada excepcional.*

La que descifra los mensajes que emite el tiempo: El tiempo es quisquilloso. El tiempo es quisquilloso porque es necesario que todo llegue a su hora. Deseosa de proporcionar a su frase un sentido límite, Nadja la reitera minuciosamente.

Su sentencia acerca del tiempo no es excepcional ni singularmente memorable, pero sí ofrece un interés muy grande porque se trata de una de las claves de la aventura laberíntica vivida por Breton y Nadja...

El tiempo es quisquilloso. El tiempo es quisquilloso porque es necesario que todo llegue a su hora.

¿Qué cosa no llegó (o no sucedió) a la hora en que debía llegar (o suceder)?

El encuentro entre Nadja y Breton. Encuentro que no tuvo lugar a causa de que Nadja llegó demasiado tarde. *Nadja llegó con retraso...,* no el día en que Breton lo anota sino cuando, deslumbrado por sus *ojos de helecho,* se acercó a ella y se reconocieron (ella había sonreído como alguien que *sabe*).

No llegó cuando su llegada era necesaria sino mucho más tarde. Así, en vez de un encuentro excepcional, se produjo un reencuentro tardío.

Antes de la aparición de Nadja en su vida y en su libro, Breton declara, dentro de la bella e inquietante serie de observaciones, un deseo suyo, el más profundo y el más inseparable de ardiente espera de su consumación. Tan alto deseo ha perdido vigencia para quien lo transcribe. Ya no es más que una sombra, ni amable ni hostil: el recuerdo de un deseo.

Siempre he deseado increíblemente encontrar de noche, en un bosque, a una hermosa mujer desnuda, o mejor dicho no significando ya nada tal deseo una vez expresado, lamento increíblemente no haberla encontrado. Suponer un encuentro así, después de todo, es algo que no puede tacharse de extravío: podría suceder. Me parece que si todo se hubiese detenido en seco, ¡ah! no me vería en el caso de escribir lo que escribo. Adoro esta situación, que es entre todas, aquella en que es probable que me hubiese faltado presencia de espíritu. Creo que ni siquiera hubiera tenido la de huir. (Los que se rían de esta última frase son unos cerdos.)

Es verdad que un encuentro así hubiera podido (y debido) realizarse. También es verdad lo contrario: «Sueña en ella; no busques más respuesta.»

Si una noche, por la gracia de un azar maravilloso, hubiese encontrado a la bella desnuda del bosque (si se hubiese efectuado el tránsito del deseo a la realidad), Breton no se hallaría escribiendo *Nadja.*

Es probable que la condición de poeta lleve, entre otras cosas, a adoptar el rol de fantasma (a ello hace referencia Breton al preludiar su relato). Uno de los *trabajos forzados* de este fantasma podría consistir en girar incesantemente en torno de un bosque en el que no logra introducirse, como si el bosque fuera un lugar vedado.

Al final de la segunda cuarteta, sus ojos se humedecen y se llenan con la visión de un bosque. Ve al poeta pasar junto a ese bosque y se diría que puede seguirlo a distancia.

–No, da vueltas en torno al bosque. No puede entrar, no entra.

Nadja, sentada a una mesa de café en compañía de Breton, lee con la máxima atención un poema de Alfred Jarry acerca de alguien (un poeta) que no hace sino dar vueltas en derredor de un bosque. Repentinamente, la hechizada cierra el libro:

–¡Oh! ¡Eso es la muerte!

Es posible que quien se halla frente a Breton sea la que vaga desnuda en el bosque de su antiguo deseo. Nadja parece saber que la noche del bosque es el lugar de la cita. Sabe, asimismo, que ya no sería posible, entre ellos, un entendimiento diáfano, quiero decir fundado exclusivamente en el amor. Otro vínculo los reuniría, hermoso sin duda, aunque inferior a cualquier deseo «increíble». Sería, tal vez, un vínculo hecho de juegos de alternancias: un movimiento luminoso e ilícito como todo amor verdadero, y otro, contrario, que obligaría a un salto hacia la muerte. *¿No ves lo que pasaba en los árboles? El azul y el viento, el viento azul. (…) Había también una voz que decía: «Morirás, morirás». Yo no quería morir, pero experimentaba tal vértigo…*

Ahora es demasiado tarde. Por más que el poeta logre entrar en el bosque y descubrir a la anhelada de antes, no perdería su presencia de espíritu e incluso le resultaría posible huir. Pero ¿qué otra cosa sino huir hace Breton en este libro? Huye de Nadja, por supuesto; y para ello le sobran motivos, comenzando por el primero, la locura de Nadja.

El retraso de Nadja significa, entonces, una ofrenda demasiado preciosa al ministerio de *trop tard.*

Una noche, los amigos toman el tren; cuando el poeta, de improviso, propone descender *en Vésinet*, Nadja acepta y sugiere *pasear un poco por el bosque.*

–No, da vueltas en torno al bosque. No puede entrar, no entra.

Todo se vuelve señal de que llegaron a desatiempo. Es demasiado tarde. *En Vésinet, cuyas luces están todas apagadas, es imposible hacerse abrir ninguna puerta. La idea de vagar por el bosque no resulta muy atractiva.*

El sugerimiento de Nadja ha sido anulado con luces negras, con puertas cerradas, con el término imposible. Conjunción del azar y de un reclamo irremediable por parte del desastre. Para los dos paseantes nocturnos del Vésinet, subsiste una sola posibilidad intacta e irónica: retornar de ninguna parte a fin de arribar a ninguna parte.

Al término de esta alianza maravillosa e imposible, Breton se pregunta por la verdadera Nadja. No olvida a la que narraba penosas historias de amores muertos y mercenarios, pero sí destina su entera devoción a la otra Nadja, perfecta contraria de *la que caía, a veces...*

El comentario de Breton acerca de *su* Nadja restituye a la joven sus prestigios deslumbradores y su máxima dignidad. Ella es la mediadora, la intercesora, la *criatura siempre inspirada e inspiradora*; es un instrumento superior de visión y, simultáneamente, la pasante de los violentos que eligió las calles como espacio de aprendizaje y modo de conocimiento.

Y es esta Nadja quien había relatado a Breton un paseo sencillo aunque conmovedor. La narración de Nadja atestigua, una vez más, su pertenencia a una finísima especie humana que no tiene cabida en este mundo. Más que un paseo, se trata de un puro errar, *aunque es de noche*, por el bosque de Fontainebleau, en compañía de un exaltado arqueólogo, *a la búsqueda de no sé qué vestigios de piedras.*

La piedra y sus implacables representaciones, la palabra *vestigio*, la participación, en fin, del arqueólogo, componen una desventurada ceremonia cuyo centro es el reiterado *trop tard*, especie de *never more* de índole superior, adagio eficaz por el canto del bosque destinado a la muchacha de ojos abiertos.

EL VERBO ENCARNADO[1]

«Moi je reproche aux hommes de ce temps, de m'avoir fait naître
par les plus ignobles manœuvres magiques dans un monde dont
je ne voulais pas, et de vouloir par des manœuvres magiques
similaires m'empêcher d'y faire un trou pour le quitter. J'ai besoin
de poésie pour vivre, et je veux en avoir autour de moi.
Et je n'admets pas que le poète que je suis ait été enfermé dans un
asile d'aliénés parce qu'il voulait réaliser au naturel sa poésie.»

ANTONIN ARTAUD, Lettres de Rodez

Aquella afirmación de Hölderlin, de que «la poesía es un juego
peligroso», tiene su equivalente real en algunos sacrificios céle-
bres: el sufrimiento de Baudelaire, el suicidio de Nerval, el pre-
coz silencio de Rimbaud, la misteriosa y fugaz presencia de Lau-
tréamont, la vida y la obra de Artaud...

Estos poetas, y unos pocos más, tienen en común el haber
anulado –o querido anular– la distancia que la sociedad obliga a
establecer entre la poesía y la vida.

Artaud no ha entrado aún en la normalidad de los exámenes
universitarios, como es el caso de Baudelaire. De modo que es
conveniente, en esta precaria nota, apelar a un mediador de la
calidad de André Gide, cuyo testimonio da buena cuenta del ge-
nio convulsivo de Artaud y de su obra. Gide escribió ese texto
después de la tan memorable velada del 13 de enero de 1947 en
el Vieux Colombier, en donde Artaud –recientemente salido del
hospicio de Rodez– quiso explicarse con –pero no pudo ser «con»
sino «ante»– los demás. Este es el testimonio de André Gide:

«Había allí, hacia el fondo de la sala –de esa querida, vieja sala
del Vieux Colombier que podía contener alrededor de 300 perso-
nas– una media docena de graciosos llegados a esa sesión con la
esperanza de bromear. ¡Oh! Ya lo creo que hubiesen recogido los
insultos de los amigos fervientes de Artaud distribuidos por toda
la sala. Pero no: después de una muy tímida tentativa de alboro-
to ya no hubo que intervenir... Asistíamos a ese espectáculo pro-

---

1. Publicado la primera vez en la revista *Sur*, Buenos Aires, núm. 294, mayo-ju-
nio de 1965, y recogido como prólogo a *Textos de Antonin Artaud*, Acuario, Bue-
nos Aires, 1972.

digioso: Artaud triunfaba; mantenía a distancia la burla, la necesidad insolente; dominaba...

»Hacía mucho que yo conocía a Artaud, y también su desamparo y su genio. Nunca hasta entonces me había parecido más admirable. De su ser material nada subsistía sino lo expresivo. Su alta silueta desgarbada, su rostro consumido por la llama interior, sus manos de quien se ahoga, ya tendidas hacia un inasible socorro, ya retorciéndose en la angustia, ya, sobre todo, cubriendo estrechamente su cara, ocultándola y mostrándola alternativamente, todo en él narraba la abominable miseria humana, una especie de condenación inapelable, sin otra escapatoria posible que un lirismo arrebatado del que llegaban al público sólo fulgores obscenos, imprecatorios y blasfemos. Y ciertamente, aquí se reencontraba al actor maravilloso en el cual podía convertirse este artista: pero era su propio personaje lo que ofrecía al público, en una suerte de farsa desvergonzada donde se transparentaba una autenticidad total. La razón retrocedía derrotada; no sólo la suya sino la de toda la concurrencia, de nosotros todos, espectadores de ese drama atroz, reducidos a papeles de comparsas malévolas, de b... y de palurdos. ¡Oh! No, ya nadie, entre los asistentes, tenía ganas de reír; y además, Artaud nos había sacado las ganas de reír por mucho tiempo. Nos había constreñido a su juego trágico de rebelión contra todo aquello que, admitido por nosotros, permanecía inadmisible para él, más puro:

> Aún no hemos nacido.
> Aún no estamos en el mundo.
> Aún no hay mundo.
> Aún las cosas no están hechas.
> La razón de ser no ha sido encontrada...

»Al terminar esta memorable sesión, el público callaba. ¿Qué se hubiera podido decir? Se acababa de ver a un hombre miserable, atrozmente sacudido por un dios, como en el umbral de una gruta profunda, antro secreto de la sibila donde no se tolera nada profano, o bien, como sobre un Carmelo poético, a un vate expuesto, ofrecido a las tormentas, a los murciélagos devorantes, sacerdote y víctima a la vez... Uno se sentía avergonzado de retomar el lugar en un mundo en donde la comodidad está hecha de compromisos.»

Un escritor que firma L'Alchimiste, luego de trazar un convincente paralelo entre Arthur Rimbaud y Antonin Artaud, discierne en sus obras *un período blanco y un período negro*, separados en Rimbaud por la «Lettre du Voyanat» y en Artaud por «Les Nouvelles Révélations de l'Être» (1937).

Lo que más asombra del *período blanco* de Artaud es su extraordinaria necesidad de encarnación, mientras que en el *período negro* hay una perfecta cristalización de esa necesidad.

Todos los escritos del *período blanco*, sean literarios, cinematográficos o teatrales, atestiguan esa prodigiosa sed de liberar y de que se vuelva cuerpo vivo aquello que permanece prisionero en las palabras.

He entrado en la literatura escribiendo libros para decir que no podía escribir absolutamente nada; cuando tenía algo que decir o escribir, mi pensamiento era lo que más se me negaba. Nunca tenía ideas, y dos o tres pequeños libros de sesenta páginas cada uno, giran sobre esta ausencia profunda, inveterada, endémica, de toda idea. Son L'Ombilic des Limbes *y* Le Pése-Nerfs.

Es particularmente en *Le Pése-Nerfs* donde Artaud describe el estado (y resulta una ironía dolorosa el no poder dejar de admirar la magnífica «poesía» de este libro) de desconcierto estupefaciente de su lengua en sus relaciones con el pensamiento. Su herida central es la inmovilidad interna y las atroces privaciones que se derivan: imposibilidad de sentir el ritmo del propio pensamiento (en su lugar yace algo trizado desde siempre) e imposibilidad de sentir vivo el lenguaje humano: *Todos los términos que elijo para pensar son para mí TÉRMINOS en el sentido propio de la palabra, verdaderas terminaciones...*

Hay una palabra que Artaud reitera a lo largo de sus escritos: *eficacia.* Ella se relaciona estrechamente con su necesidad de *metafísica en actividad,* y usada por Artaud quiere decir que el arte –o la cultura en general– ha de ser eficaz en la misma manera en que nos es eficaz el aparato respiratorio: *No me parece que lo más urgente sea defender una cultura cuya existencia nunca ha liberado a un hombre de la preocupación de vivir mejor y de tener hambre sino extraer de aquello que se llama cultura ideas cuya fuerza viviente es idéntica a la del hambre.* Y si se pregunta en qué consiste, en el plano de la poesía, esa eficacia que Artaud deseó como nadie y encontró más que nadie, puede ser una respuesta propicia esta afirmación que encuentro en Marcel Granet *(La pensée chinoise): Savoir le nom, dire le mot, c'est posséder l'être ou créer la chose. Toute bête est domptée par qui sait la nommer... J'ai pour soldats des tigres si je les appelle: «tigres!».*

Las principales obras del *período negro* son: *Au Pays des Tarahumaras, Van Gogh, le suicidé de la société, Lettres de Rodez, Artaud le Momo, Ci-git précéde de la Culture Indienne* y *Pour en finir avec le jugement de dieu.*

Son obras indefinibles. Pero explicar por qué algo es indefinible puede ser una manera –tal vez la más noble– de definirlo. Así procede Arthur Adamov en un excelente artículo en el que enuncia las imposibilidades –que aquí resumo– de definir la obra de Artaud:

La poesía de Artaud no tiene casi nada en común con la poesía clasificada y definida.

La vida y la muerte de Artaud son inseparables de su obra *en un grado único en la historia de la literatura.*

Los poemas de su último período son una *suerte de milagro fonético que se renueva sin cesar.*

No puede estudiar el pensamiento de Artaud como si se tratara de pensamiento pues no es pensando que se forjó Artaud.

Numerosos poetas se rebelaron contra la razón para sustituirla por un discurso poético que pertenece exclusivamente a la Poesía. Pero Artaud está lejos de ellos. Su lenguaje no tiene nada de poético si bien no existe otro más eficaz.

Puesto que su obra rechaza los juicios estéticos y los dialécticos, *la única llave* para abrir una referencia a ella son los efectos que produce. Pero esto es casi indecible, pues esos efectos equivalen a un golpe físico. (Si se pregunta de dónde proviene tanta fuerza, se responderá que del más grande sufrimiento físico y moral. El drama de Artaud es el de todos nosotros, pero su rebeldía y su sufrimiento son de una intensidad sin paralelo.)

Leer en traducción al último Artaud es igual que mirar reproducciones de cuadros de Van Gogh. Y ello, entre otras muchas causas, por lo corporal del lenguaje, por la impronta respiratoria del poeta, por su carencia absoluta de ambigüedad.

Sí, el Verbo se hizo carne. Y también, y sobre todo en Artaud, el cuerpo se hizo verbo. ¿En dónde, ahora, su viejo lamento de separado de las palabras? Así como Van Gogh restituye a la naturaleza su olvidado prestigio y su máxima dignidad a las cosas hechas por el hombre, gracias a esos soles giratorios, esos zapatos viejos, esa silla, esos cuervos... así, con idéntica pureza e idéntica intensidad, el verbo de Artaud, es decir Artaud, rescata, encarnándola «la abominable miseria humana». Artaud, como Van Gogh, como unos pocos más, dejan obras cuya primera dificultad estriba en el lugar –inaccesible para casi todos– desde donde las hicieron. Toda aproximación a ellos sólo es real si implica los temibles caminos de la pureza, de la lucidez, del sufrimiento, de la paciencia...

... regagner Antonin Artaud sur ses dix ans de souffrances, pour commencer a entrevoir ce qu'il voulait dire, ce que veut dire ce signe jeté parmi nous, le dernier peut-être qui vaille d'être déchiffré...

ANDRÉ PIEYRE DE MANDIARGUES:
LA MOTOCICLETA[1]

El argumento de *La Motocicleta* puede contarse brevemente: una mañana, Rébecca Nul tuvo un sueño que la instó a cabalgar su poderosa motocicleta a fin de apurar el camino que va de su marido a su amante. Horas después, Rébecca encuentra la muerte investida de apariencias dionisíacas. De ese modo, la muerte y su amante se confunden en una única imagen final.

La Motocicleta reúne ceremonias eróticas que son, también, escenas pictóricas y teatrales que hacen patente una «poesía espacial capaz de crear imágenes materiales». Sin embargo, estas ceremonias con sus rituales rigurosos constituyen una novela y, además, una novela donde es visible la plenitud de la perfección.

También dentro de la tensión del teatro emergen los escasos diálogos que suministran sentidos plurales y que se aparecen sustentados sobre un doble fondo. Por eso no hay, en *La Motocicleta*, personajes dotados de una impronta temperamental que los haría equivalentes a los «caracteres» de cierto teatro, de intriga lineal, llamado «psicológico».

La estructura de *La Motocicleta* permite que la acción progrese por obra de una voz que no cesa de alternar los tiempos verbales en forma de evocaciones, de impresiones presentes o de fantasías futuras. Es un contrapunto sabiamente orquestado que testimonia la presencia de una visión ordenadora, la que ha despojado los ensueños eróticos de una muchacha de la escoria que acarrean los derivados del flujo verbal de Molly Bloom. El lector

1. Publicado en la revista *Sur*, Buenos Aires, núm. 320, septiembre-octubre de 1969, *La Motocicleta*, Seix Barral, Barcelona, 1968.

de *La Motocicleta* lee un libro acerca de un viaje fatal e irreme-
diable. En cambio, el personaje central que emprende ese viaje
ignora que participa de un drama y que hay un drama.

Inseparable de los pormenores triviales que la convocan, la
noción de fatalidad de la tragedia griega es sustancial en este li-
bro. No es exagerado, aunque pueda parecerlo, apelar a una
noción trágica tan prestigiosa. Justamente, en esta novela, la fa-
talidad es atraída por un objeto que remite a una imagen prosai-
ca: la motocicleta (una envidiable Hardley Davidson).

La alegría, constante en este libro de sexo y muerte, nace del
tema central, que es el deseo sexual realizado (e inseparable de
la tragedia y de la muerte). Otra causa de exultación se origina
en la incesante visión de la muerte. Por ella, el tiempo vivido
sustituye al tiempo medido, condición necesaria para ingresar en
los instantes privilegiados. La aspiración a vivir en poesía es,
como se sabe, inherente a toda la obra de André Pieyre de Man-
diargues.

En *La Motocicleta* todo se corresponde. Pero no se trata, por
cierto, de contar cuántas veces se manifiestan algunas ideas gra-
ves y luminosas, como por ejemplo la primitiva identidad entre
muerte y lujuria. Más importante resulta destacar que en esta
novela que narra un viaje, Mandiargues no otorga –ni se permi-
te– tregua alguna, salvo la de su humor tan delicado como feroz.

Una difícil cohesión rige este libro cuyo ritmo mide el avan-
ce de la motocicleta, ritmo alternado por los cuadros eróticos
evocados por la protagonista. Pero en verdad, el ritmo de esta
novela es una pura alusión al movimiento ciego del acto sexual.
Basta pensar en esa suerte de –digamos– «mecanoerotismo» que
se ha creado entre la motocicleta y su *toro negro* o *esclavo negro*,
la Hardley Davidson; basta examinar, también, la plenitud y el
extravío de las escenas sexuales hechas y deshechas por Rébec-
ca y Daniel, hasta contemplar la escena final, el momento en
que la muchacha, al morir brutalmente, siente que es su amante,
y no la muerte, quien se expande dentro de ella.

No hay nada ni nadie que no sea, en este libro, una figura o
una postura erótica. Tanto es así que no vale la pena destacarlo,
pues se trata de algo perfectamente visible. Quiero subrayar,
empero, el hecho perturbador de que la vestimenta de Rébecca
–que obliga a que la confundan con un efebo– es enteramente de

cuero negro. Este detalle, que no es detalle sino emblema, es sumamente claro, fuera de toda especialización en el fetichismo de la vestimenta: el cuero negro alude a las relaciones sexuales regidas por la dominación y la sumisión o, más exactamente, a la dialéctica amo-esclavo o sádico-masoquista. Nada de esto importaría si no existiera la sumisión real y absoluta de Rébecca a su amante y que resulta escandalosa por ser una sumisión elegida y afrontada con la máxima alegría, tal como la de *Madame d'O*, heroína del tan bello libro de la improbable Pauline Réage.

Alejadas de lo psicológico, las ideas, en Mandiargues, son elementos en gran parte estéticos, formales. Despreocupado de las motivaciones, hace referencia continua a un solo motivo que es más que motivo: el deseo. En ningún momento alude a sentimientos de otra índole, ni siquiera al amor. Sólo el deseo.

La escritura de André Pieyre de Mandiargues es de una densidad luminosa, inseparable de la noción de poesía. Asimismo, esta sabia, hermosísima criatura y esta sintaxis como una danza ritual, ayudan a la imaginación, la *transportan* en el sentido literal del término. No es asombroso que así ocurra, pues, como ha escrito Octavio Paz, *el universo de Mandiargues es un espacio mágico, hecho de oposiciones y correspondencias*.

Mandiargues es siempre concreto, si bien lo es doblemente cuando menciona situaciones originarias de las sombras interiores. Su tono, distante y entrañable, no oculta un desdén admirable destinado a los falsos valores.

Narrada por una tenue tercera persona del singular, *La Motocicleta* expone múltiples simetrías y vínculos sutiles que permiten la coexistencia inocente, sobre un mismo plano, de los tres tiempos verbales, así como la desaparición de las fronteras que habitualmente los separan.

En este libro, donde la confianza en el azar es absoluta, nada queda librado al azar. La trama es tan delimitada que puede parecer un delirio algebraico.

Estos detalles, y tantos otros que no señalo, designan la pasión de la exactitud de André Pieyre de Mandiargues, quien ejecuta el tránsito de las imágenes de la sombra interior a las presencias fulgurantes con una precisión que no admite el desorden ni el azar. Antes que una ligera interpretación psicológica, histórica, sociológica, etc., prefiere la paciente descripción que garantiza la autenticidad de las visiones y de los hechos legítimamente inventados. Tanto aplomo en la conducción de la fuerza visionaria atestigua una intensa necesidad de verdad poética. En efecto: la perfección, en Mandiargues, sólo puede coincidir con la libertad.

La noción del orden se hace visible hasta en las irrefrenables evocaciones eróticas de Rébecca. Ésta, sumida en una situación límite (toda ella es deseo), se exige un estado de lucidez superior y se vigila sin cesar a fin de no ser una marioneta en manos del azar. En la tregua de vida que le concede la aurora, sin duda la última para ella, intenta sobrepasar los numerosos emblemas de la muerte que va encontrando en el camino. No sólo no se abandona a pensar en la impensable muerte, sino que se dedica a contemplar, en orden, las figuras de sus exaltadas escenas mentales. Posturas, escenas y cuadros eróticos donde hay dos figurantes: Daniel y ella. Al respecto, pocas páginas son tan memorables como ese instante privilegiado, en el *Baño de rosas*, cuya descripción es un admirable poema. Pero la descripción de los instantes soberanos puede tener, también, como punto de partida un hecho trivial. Así, por ejemplo, Rébecca, a mitad del camino, bebe unas copas de kirsch y de improviso el aroma del kirsch la arrebata, misterioso intercesor que le aporta el canto de lo que fue desmemoria. Entre la motociclista y la memoria recobrada se produce una intensa comunión que vivifica un mundo que poco antes había sido una profusión de seres y cosas de significación nula. Esos instantes, esas imágenes y esos gestos evocados, son la derivación de una compleja elaboración del lenguaje. De esta suerte, creo que se justifica la notoria frecuencia con que apelo al verbo *ordenar*, que en Mandiargues no significa, evidentemente, el acto banal de poner las cosas en el lugar que les corresponde, sino que remite al drama mental del artista por organizar el pensamiento vivo. Cabe reiterar, por otra parte, que algunas posturas, cuadros y figuras eróticas parecerían responder al reclamo de Antonin Artaud de una *poesía espacial capaz de crear imágenes materiales*. En su duración alucinada, imposible de medir, esas figuras y esos cuadros, cuyo ritmo recuerda la sonoridad de la lluvia contra la tierra, suspenden el fluir de la narración. Y es así como el máximo poder de alusión del lenguaje puede resumirse, por ejemplo, en un «cuadro» donde figura una bella muchacha que muere.

Ya se ha dicho que quien narra *La Motocicleta* es una borrosa tercera persona del singular que se esfuma adrede, así como el director de una pieza teatral, en el lapso de la representación.

No es arbitraria la mención del teatro: el señorío que ejerce lo ya previsto por la fatalidad o por el azar es uno de los temas capitales de este libro. Por él, la protagonista se traslada al plano trágico. En el vértigo de la velocidad, la amazona de la motocicleta se convierte, a medida que se acerca a su muerte, en una criatura exultante. Rébecca cree estar conduciendo su destino. Pero su carrera se relaciona con el teatro, donde cada gesto ya está previsto por la visión ordenadora del creador. Justamente, el principio básico de *La Motocicleta* sería la imposible refutación del azar o la tentativa de abolirlo o, por lo contrario, como en el teatro, la posibilidad de gobernarlo. En este sentido, Mandiargues muestra una doble preocupación: por una parte ha hecho suya, activamente, la maravillosa idea (inseparable de las ceremonias del vivir) del *azar objetivo*. Pero también, por otra parte, identifica el azar con la muerte. Claro es que esta segunda acepción es menos simple que como aquí se alude.

En *La Motocicleta*, la muerte (imprevisto y azaroso ocultamiento) ilustra el significado absoluto del erotismo. Esta novela se funda en la muerte y en la lujuria. Mandiargues conduce su libro con objetividad extremada. Al destacar con minuciosa serenidad los aspectos hechizantes del deseo amoroso junto con la amenaza de la muerte, crea un ceremonial implacable.

HUMOR DE BORGES
Y BIOY CASARES[1]

«Primero describiré absurdamente la casa; después,
intentaré sin éxito un débil y grosero retrato de las personas.»
H. Bustos Domecq, *Seis problemas para don Isidro Parodi*

H. Bustos Domecq (pseudónimo de Jorge Luis Borges y Adolfo
Bioy Casares) publicó en 1942 un libro de relatos policiales que
pertenece al género humorístico: *Seis problemas para don Isidro
Parodi.** Si bien la primera edición inicial no había logrado mu-
cha repercusión, hace unos pocos meses la Editorial Sur reeditó
este libro sin paralelo en la literatura hispanoamericana. Es pro-
bable que la razón del escaso éxito de los *Seis problemas...* haya
sido su humor tan refinado y sutil, perfectamente capaz de dejar
estupefactos a los lectores que no lo poseen en el mismo grado.
No es esto todo: para gozar de este libro no se puede ser indife-
rente a los problemas y a los misterios del lenguaje. Porque se
trata, en definitiva, de un humor exclusivamente verbal produci-
do por dos enamorados de las palabras. Acertadamente, Néstor
Ibarra califica a los *Seis problemas...* de «discurso sobre el estilo».

La trama de los relatos es interesante, pero no vale la pena
demorarse en ella, sobre todo en una breve nota. El prefacio del
libro está escrito por uno de los personajes principales, que tie-
ne la misma falta de importancia que los demás, ya que ningu-
no «existe», en ninguno alienta nada que nos permita pensar en
criaturas vivientes. Todo lo contrario: son criaturas verbales. De
allí que este libro produzca el mismo efecto que, por ejemplo, los
de Raymond Queneau: es imposible referirlo a nada fuera de él;
los personajes y los actos están y acontecen sólo por obra y gra-
cia del lenguaje que los sustenta.

---

1. Legajo de siete hojas papel seda mecanografiadas y sin fecha.
* Editorial Sur, 1971.

He aquí los personajes: dos compadritos, un hombre de letras *vieux jeu*, un poeta de vanguardia y su discípulo, un hispanista, un diplomático chino, dos damas del gran mundo y un detective que habita en la cárcel por el mero hecho de que está preso. Como afirma Gervasio Montenegro en el prólogo: *cabe a don Isidro el honor de ser el primer detective encarcelado.* Borges ha estudiado el valor satírico de estas invenciones en su «Arte de injuriar»: *Una de las tradiciones satíricas (no despreciadas ni por Macedonio Fernández ni por Quevedo ni por George Bernard Shaw) es la inversión incondicional de los términos. Según esa receta famosa, el médico es inevitablemente acusado de profesar la contaminación y la muerte, el escribano, de robar; el verdugo, de fomentar la longevidad; los libros de invención, de adormecer o petrificar al lector...*

A la primera lectura, creemos que Borges y Bioy Casares han imitado el lenguaje de diversos grupos sociales y culturales de Argentina. Una atenta relectura demuestra que, en verdad, los autores han utilizado esos diversos estilos orales y escritos exagerándolos en una diversidad de estilos orales y escritos que nadie emplea en la denominada *vida real*. Es decir, los elementos del habla y de la escritura privativos de cada figura de este libro han sido transmutados en materia literaria autónoma. Se dirá que esto es un aspecto obvio del oficio de escritor. Sí, pero en este caso hay que destacarlo a causa del extraordinario don de Borges y Bioy Casares para «contemplar» el lenguaje de una manera virginal. Numerosos giros, usos y expresiones a que apelamos al hablar o escribir, resultan sumamente risibles o dotados de valor poético si los consideramos con ojos –o con oídos– nuevos. Y éste es el milagro del humor verbal de Borges y Bioy Casares: presentarnos algunos elementos familiares del lenguaje dentro de un contexto que los vuelve desconocidos; deshabituarnos bruscamente del lenguaje familiar que de pronto se vuelve *otro*, está enfrente y es grotesco o delicioso o absurdo. Nos hace reír, claro está. Pero también nos permite descubrirlo.

La incomunicación entre los personajes es total. Nadie comprende nada de nadie. De aquí surgen los equívocos: al no entender el sentido de los actos ajenos ni de los propios, cada uno los va narrando –las narraciones ocurren siempre en la celda de don Isidro, el único que las comprende– como si no tuvieran ningún sentido. Esta separación entre las causas y sus efectos es otra razón de risa. Su contrapartida viene a ser la complicidad que los autores establecen con el lector. Un ejemplo:

No sé dónde queda Nápoles, pero si alguien no le arregla este asunto, a usted se le va a armar un Vesubio que no le digo nada.

El alto humorismo no sólo corroe la realidad que nombra sino también al propio humorista. De allí que entre tantos estilos alegremente distorsionados uno de ellos sea el del propio Borges. Es que detrás de tantas circunstancias graciosas narradas por estas voces desaforadas existe el eterno doble fondo de la risa: lo trágico. *Seis problemas para don Isidro Parodi* es un libro poblado de fantoches que nos divierten. ¿Es esto todo? No, esos mismos fantoches son, a la vez, eficaces instrumentos de denuncia, de ataque, de defensa. Es sabido que la letra, con risa, entra. Y hasta vale preguntarse si Cristo no se habrá reído con la imagen de un camello pasando por el ojo de una aguja.

LA CONDESA SANGRIENTA[1]

> «El criminal no hace la belleza;
> él mismo es la auténtica belleza.»
> J. P. Sartre

Valentine Penrose ha recopilado documentos y relaciones acerca de un personaje real e insólito: la condesa Báthory, asesina de 650 muchachas.*

Excelente poeta (su primer libro lleva un fervoroso prefacio de Paul Éluard), no ha separado su don poético de su minuciosa erudición. Sin alterar los datos reales penosamente obtenidos, los ha refundido en una suerte de vasto y hermoso poema en prosa.

La perversión sexual y la demencia de la condesa Báthory son tan evidentes que Valentine Penrose se desentiende de ellas para concentrarse exclusivamente en la belleza convulsiva del personaje.

No es fácil mostrar esta suerte de belleza. Valentine Penrose, sin embargo, lo ha logrado, pues juega admirablemente con los valores estéticos de esta tenebrosa historia. Inscribe el *reino subterráneo* de Erzébet Báthory en la sala de torturas de su castillo medieval: allí, la siniestra hermosura de las criaturas nocturnas se resume en una silenciosa de palidez legendaria, de ojos dementes, de cabellos del color suntuoso de los cuervos.

Un conocido filósofo incluye los gritos en la categoría del silencio. Gritos, jadeos, imprecaciones, forman una «sustancia silenciosa». La de este subsuelo es maléfica. Sentada en su trono,

---

1. Publicado por primera vez en la revista *Testigo*, año 1, núm. 1, Buenos Aires, enero-marzo de 1966. En forma de libro, por la editorial Aquarius, Buenos Aires, 1971. Incluido en *El deseo de la palabra*, Ocnos, Barcelona, 1972, con el título «Acerca de la condesa sangrienta». La presente versión es la del libro de 1971.
* V. Penrose, «Erzébet Báthory, la comtesse sanglante», *Mercure de France*, París, 1963.

la condesa mira torturar y oye gritar. Sus viejas y horribles sirvientas son figuras silenciosas que traen fuego, cuchillos, agujas, atizadores; que torturan muchachas, que luego las entierran. Como el atizador o los cuchillos, esas viejas son instrumentos de una posesión. Esta sombría ceremonia tiene una sola espectadora silenciosa.

LA VIRGEN DE HIERRO

> *«... parmi les rires rouges des lèvres luisantes*
> *et les gestes monstrueux des femmes mécaniques.»*
> R. DAUMAL

Había en Nuremberg un famoso autómata llamado «la Virgen de hierro». La condesa Báthory adquirió una réplica para la sala de torturas de su castillo de Csejthe. Esta dama metálica era del tamaño y del color de la criatura humana. Desnuda, maquillada, enjoyada, con rubios cabellos que llegaban al suelo, un mecanismo permitía que sus labios se abrieran en una sonrisa, que los ojos se movieran.

La condesa, sentada en su trono, contempla.

Para que la «Virgen» entre en acción es preciso tocar algunas piedras preciosas de su collar. Responde inmediatamente con horribles sonidos mecánicos y muy lentamente alza los blancos brazos para que se cierren en perfecto abrazo sobre lo que esté cerca de ella –en este caso una muchacha–. La autómata la abraza y ya nadie podrá desanudar el cuerpo vivo del cuerpo de hierro, ambos iguales en belleza. De pronto, los senos maquillados de la dama de hierro se abren y aparecen cinco puñales que atraviesan a su viviente compañera de largos cabellos sueltos como los suyos.

Ya consumado el sacrificio, se toca otra piedra del collar: los brazos caen, la sonrisa se cierra así como los ojos, y la asesina vuelve a ser la «Virgen» inmóvil en su féretro.

MUERTE POR AGUA

«Está parado. Y está parado de modo tan absoluto
y definitivo como si estuviese sentado.»
W. GOMBROWICZ

El camino está nevado, y la sombría dama arrebujada en sus pieles dentro de la carroza se hastía. De repente formula el nombre de alguna muchacha de su séquito. Traen a la nombrada: la condesa la muerde frenética y le clava agujas. Poco después el cortejo abandona en la nieve a una joven herida y continúa viaje. Pero como vuelve a detenerse, la niña herida huye, es perseguida, apresada y reintroducida en la carroza, que prosigue andando aun cuando vuelve a detenerse pues la condesa acaba de pedir agua helada. Ahora la muchacha está desnuda y parada en la nieve. Es de noche. La rodea un círculo de antorchas sostenidas por lacayos impasibles. Vierten el agua sobre su cuerpo y el agua se vuelve hielo. (La condesa contempla desde el interior de la carroza.) Hay un leve gesto final de la muchacha por acercarse más a las antorchas, de donde emana el único calor. Le arrojan más agua y ya se queda, para siempre de pie, erguida, muerta.

LA JAULA MORTAL

«... *des blessures écarlates et noires
éclatent dans les chairs superbes.*»
RIMBAUD

Tapizada con cuchillos y adornada con filosas puntas de acero, su tamaño admite un cuerpo humano; se la iza mediante una polea. La ceremonia de la jaula se despliega así:

La sirvienta Dorkó arrastra por los cabellos a una joven desnuda; la encierra en la jaula; alza la jaula. Aparece la «dama de estas ruinas», la sonámbula vestida de blanco. Lenta y silenciosa se sienta en un escabel situado debajo de la jaula.

Rojo atizador en mano, Dorkó azuza a la prisionera quien, al retroceder –y he aquí la gracia de la jaula–, se clava por sí misma los filosos aceros mientras su sangre mana sobre la mujer pálida que la recibe impasible con los ojos puestos en ningún lado. Cuando se repone de su trance se aleja lentamente. Ha habido dos metamorfosis: su vestido blanco ahora es rojo y donde hubo una muchacha hay un cadáver.

TORTURAS CLÁSICAS

«Fruits purs de tout outrage et vierges de gerçures,
Dont la chair lisse et ferme appelait les morsures!»
BAUDELAIRE

Salvo algunas interferencias barrocas –tales como «la Virgen de hierro», la muerte por agua o la jaula– la condesa adhería a un estilo de torturar monótonamente clásico que se podría resumir así:

Se escogían varias muchachas altas, bellas y resistentes –su edad oscilaba entre los 12 y los 18 años– y se las arrastraba a la sala de torturas en donde esperaba, vestida de blanco en su trono, la condesa. Una vez maniatadas, las sirvientas las flagelaban hasta que la piel del cuerpo se desgarraba y las muchachas se transformaban en *llagas tumefactas*; les aplicaban los atizadores enrojecidos al fuego; les cortaban los dedos con tijeras o cizallas; les punzaban las llagas; les practicaban incisiones con navajas (si la condesa se fatigaba de oír gritos les cosían la boca; si alguna joven se desvanecía demasiado pronto se la auxiliaba haciendo arder entre sus piernas papel embebido en aceite). La sangre manaba como un géiser y el vestido blanco de la dama nocturna se volvía rojo. Y tanto, que debía ir a su aposento y cambiarlo por otro (¿en qué pensaría durante esa breve interrupción?). También los muros y el techo se teñían de rojo.

No siempre la dama permanecía ociosa en tanto los demás se afanaban y trabajaban en torno de ella. A veces colaboraba, y entonces, con gran ímpetu, arrancaba la carne –en los lugares más sensibles– mediante pequeñas pinzas de plata, hundía agujas, cortaba la piel de entre los dedos, aplicaba a las plantas de los pies cucharas y planchas enrojecidas al fuego, fustigaba (en el curso de un viaje ordenó que mantuvieran de pie a una muchacha que acababa de morir y continuó fustigándola aunque estaba muerta); también hizo morir a varias con agua helada (un invento de su hechicera Darvulia consistía en sumergir a una muchacha en agua fría y dejarla en remojo toda la noche). En fin, cuando se enfermaba las hacía traer a su lecho y las mordía.

Durante sus crisis eróticas, escapaban de sus labios palabras procaces destinadas a las supliciadas. Imprecaciones soeces y gritos de loba eran sus formas expresivas mientras recorría, enardecida, el tenebroso recinto. Pero nada era más espantoso que su risa. (Resumo: el castillo medieval; la sala de torturas; las tiernas muchachas; las viejas y horrendas sirvientas; la hermosa alucinada riendo desde su maldito éxtasis provocado por el sufrimiento ajeno.)

... sus últimas palabras, antes de deslizarse en el desfallecimiento concluyente, eran: «¡Más, todavía más, más fuerte!»

No siempre el día era inocente, la noche culpable. Sucedía que jóvenes costureras aportaban, durante las horas diurnas, vestidos para la condesa, y esto era ocasión de numerosas escenas de crueldad. Infaliblemente, Dorkó hallaba defectos en la confección de las prendas y seleccionaba dos o tres culpables (en ese momento los ojos lóbregos de la condesa se ponían a relucir). Los castigos a las costureritas –y a las jóvenes sirvientas en general– admitían variantes. Si la condesa estaba en uno de sus excepcionales días de bondad, Dorkó se limitaba a desnudar a las culpables que continuaban trabajando desnudas, bajo la mirada de la condesa, en los aposentos llenos de gatos negros. Las muchachas sobrellevaban con penoso asombro esta condena indolora pues nunca hubieran creído en su posibilidad real. Oscuramente, debían de sentirse terriblemente humilladas pues su desnudez las ingresaba en una suerte de tiempo animal realzado por la presencia «humana» de la condesa perfectamente vestida que las contemplaba. Esta escena me llevó a pensar en la Muerte –la de las viejas alegorías; la protagonista de la Danza de la Muerte–. Desnudar es propio de la Muerte. También lo es la incesante contemplación de las criaturas por ella desposeídas. Pero hay más: el desfallecimiento sexual nos obliga a gestos y expresiones del morir (jadeos y estertores como de agonía; lamentos y quejidos arrancados por el paroxismo). Si el acto sexual implica una suerte de muerte, Erzébet Báthory necesitaba de la muerte visible, elemental, grosera, para poder, a su vez, morir de esa muerte figurada que viene a ser el orgasmo. Pero ¿quién es la Muerte? Es la Dama que asola y agosta cómo y dónde quiere. Sí, y además es una definición posible de la condesa Báthory. Nunca nadie no quiso de tal modo envejecer, esto es: morir. Por eso, tal vez, representaba y encarnaba a la Muerte. Porque, ¿cómo ha de morir la Muerte?

Volvemos a las costureritas y a las sirvientas. Si Erzébet amanecía irascible, no se conformaba con cuadros vivos sino que:

A la que había robado una moneda le pagaba con la misma moneda... enrojecida al fuego, que la niña debía apretar dentro de su mano.

A la que había conversado mucho en horas de trabajo, la misma condesa le cosía la boca o, contrariamente, le abría la boca y tiraba hasta que los labios se desgarraban.

También empleaba el atizador, con el que quemaba, al azar, mejillas, senos, lenguas...

Cuando los castigos eran ejecutados en el aposento de Erzébet, se hacía necesario, por la noche, esparcir, grandes cantidades de ceniza en derredor del lecho para que la noble dama atravesara sin dificultad las vastas charcas de sangre.

LA FUERZA DE UN NOMBRE

> *«Et la folie et la froideur erraient sans but dans la maison.»*
> MILOSZ

El nombre Báthory –en cuya fuerza Erzébet creía como en la de un extraordinario talismán– fue ilustre desde los comienzos de Hungría. No es casual que el escudo familiar ostentara los dientes del lobo, pues los Báthory eran crueles, temerarios y lujuriosos. Los numerosos casamientos entre parientes cercanos colaboraron, tal vez, en la aparición de enfermedades e inclinaciones hereditarias: epilepsia, gota, lujuria. Es probable que Erzébet fuera epiléptica ya que le sobrevenían crisis de posesión tan imprevistas como sus terribles dolores de ojos y sus jaquecas (que conjuraba posándose una paloma herida pero viva sobre la frente).

Los parientes de la condesa no desmerecían la fama de su linaje. Su tío Istvan, por ejemplo, estaba tan loco que confundía el verano con el invierno, haciéndose arrastrar en trineo por las ardientes arenas que para él eran caminos nevados; o su primo Gábor, cuya pasión incestuosa fue correspondida por su hermana. Pero la más simpática es la célebre tía Klara. Tuvo cuatro maridos (los dos primeros fueron asesinados por ella) y murió de su propia muerte folletinesca: un bajá la capturó en compañía de su amante de turno: el infortunado fue luego asado en una parrilla. En cuanto a ella, fue violada –si se puede emplear este verbo a su respecto– por toda la guarnición turca. Pero no murió por ello, al contrario, sino porque sus secuestradores –tal vez exhaustos de violarla– la apuñalaron. Solía recoger a sus amantes por los caminos de Hungría y no le disgustaba arrojarse sobre algún lecho en donde, precisamente, acababa de derribar a una de sus doncellas.

Cuando la condesa llegó a la cuarentena, los Báthory se habían ido apagando y consumiendo por obra de la locura y de las numerosas muertes sucesivas. Se volvieron casi sensatos, perdiendo por ello el interés que suscitaban en Erzébet. Cabe advertir que, al volverse la suerte contra ella, los Báthory, si bien no la ayudaron, tampoco le reprocharon nada.

UN MARIDO GUERRERO

> «Cuando el hombre guerrero me encerraba
> en sus brazos era un placer para mí...»
> Elegía anglosajona (s. VIII)

En 1575, a los 15 años de edad, Erzébet se casó con Ferencz Nadasdy, guerrero de extraordinario valor. Este *coeur simple* nunca se enteró de que la dama que despertaba en él un cierto amor mezclado de temor era un monstruo. Se le allegaba durante las treguas bélicas impregnado del olor de los caballos y de la sangre derramada –aún no habían arraigado las normas de higiene–, lo cual emocionaría activamente a la delicada Erzébet, siempre vestida con ricas telas y perfumada con lujosas esencias.

Un día en que paseaban por los jardines del castillo, Nadasdy vio a una niña desnuda amarrada a un árbol; untada con miel, moscas y hormigas la recorrían y ella sollozaba. La condesa le explicó que la niña estaba expiando el robo de un fruto. Nadasdy rió candorosamente, como si se le hubiera contado una broma.

El guerrero no admitía ser importunado con historias que relacionaban a su mujer con mordeduras, agujas, etc. Grave error: ya de recién casada, durante esas crisis cuya fórmula era el secreto de los Báthory, Erzébet pinchaba a sus sirvientas con largas agujas; y cuando, vencida por sus terribles jaquecas, debía quedarse en cama, les mordía los hombros y masticaba los trozos de carne que había podido extraer. Mágicamente, los alaridos de las muchachas le calmaban los dolores.

Pero éstos son juegos de niños –o de niñas. Lo cierto es que en vida de su esposo no llegó al crimen.

EL ESPEJO DE LA MELANCOLÍA

> «¡Todo es espejo!»
> OCTAVIO PAZ

... vivía delante de su gran espejo sombrío, el famoso espejo cuyo modelo había diseñado ella misma... Tan confortable era que presentaba unos salientes en donde apoyar los brazos de manera de permanecer muchas horas frente a él sin fatigarse. Podemos conjeturar que habiendo creído diseñar un espejo, Erzébet trazó los planos de su morada. Y ahora comprendemos por qué sólo la música más arrebatadoramente triste de su orquesta de gitanos o las riesgosas partidas de caza o el violento perfume de las hierbas mágicas en la cabaña de la hechicera o –sobre todo– los subsue-

los anegados de sangre humana, pudieron alumbrar en los ojos de su perfecta cara algo a modo de mirada viviente. Porque nadie tiene más sed de tierra, de sangre y de sexualidad feroz que estas criaturas que habitan los fríos espejos. Y a propósito de espejos: nunca pudieron aclararse los rumores acerca de la homosexualidad de la condesa, ignorándose si se trataba de una tendencia inconsciente o si, por lo contrario, la aceptó con naturalidad, como un derecho más que le correspondía. En lo esencial, vivió sumida en un ámbito exclusivamente femenino. No hubo sino mujeres en sus noches de crímenes. Luego, algunos detalles son obviamente reveladores: por ejemplo, en la sala de torturas, en los momentos de máxima tensión, solía introducir ella misma un cirio ardiente en el sexo de la víctima. También hay testimonios que dicen de una lujuria menos solitaria. Una sirvienta aseguró en el proceso que una aristocrática y misteriosa dama vestida de mancebo visitaba a la condesa. En una ocasión las descubrió juntas, torturando a una muchacha. Pero se ignora si compartían otros placeres que los sádicos.

Continuó con el tema del espejo. Si bien no se trata de *explicar* a esta siniestra figura, es preciso detenerse en el hecho de que padecía el mal del siglo XVI: la melancolía.

Un color invariable rige al melancólico: su interior es un espacio de color de luto; nada pasa allí, nadie pasa. Es una escena sin decorados donde el yo inerte es asistido por el yo que sufre por esa inercia. Éste quisiera liberar al prisionero, pero cualquier tentativa fracasa como hubiera fracasado Teseo si, además de ser él mismo, hubiese sido, también, el Minotauro; matarlo, entonces, habría exigido matarse. Pero hay remedios fugitivos: los placeres sexuales, por ejemplo, por un breve tiempo pueden borrar la silenciosa galería de ecos y de espejos que es el alma melancólica. Y más aún: hasta pueden iluminar ese recinto enlutado y transformarlo en una suerte de cajita de música con figuras de vivos y alegres colores que danzan y cantan deliciosamente. Luego, cuando se acabe la cuerda, habrá que retornar a la inmovilidad y al silencio. La cajita de música no es un medio de comparación gratuito. Creo que la melancolía es, en suma, un problema musical: una disonancia, un ritmo trastornado. Mientras *afuera* todo sucede con un ritmo vertiginoso de cascada, *adentro* hay una lentitud exhausta de gota de agua cayendo de tanto en tanto. De allí que ese *afuera* contemplado desde el *adentro* melancólico resulte absurdo e irreal y constituya «la farsa que todos tenemos que representar». Pero por un instante –sea por una música salvaje, o alguna droga, o el acto sexual en su máxima violencia–, el ritmo lentísimo del melancólico no sólo llega a acordarse con el del mundo externo, sino que lo sobrepasa con una desmesura indeciblemente dichosa; y el yo vibra animado por energías delirantes.

Al melancólico el tiempo se le manifiesta como suspensión del transcurrir –en verdad, hay un transcurrir, pero su lentitud evoca el crecimiento de las uñas de los muertos– que precede y continúa a la violencia fatalmente efímera. Entre dos silencios o dos muertes, la prodigiosa y fugaz velocidad, revestida de variadas formas que van de la inocente ebriedad a las perversiones sexuales y aun al crimen. Y pienso en Erzébet Báthory y en sus noches cuyo ritmo medían los gritos de las adolescentes. El libro que comento en estas notas lleva un retrato de la condesa: la sombría y hermosa dama se parece a la alegoría de la melancolía que muestran los viejos grabados. Quiero recordar, además, que en su época una melancólica significaba una poseída por el demonio.

MAGIA NEGRA

«Et qui tue le soleil pour installer le royaume de la nuit noire.»
ARTAUD

La mayor obsesión de Erzébet había sido siempre alejar a cualquier precio la vejez. Su total adhesión a la magia negra tenía que dar por resultado la intacta y perpetua conservación de su «divino tesoro». Las hierbas mágicas, los ensalmos, los amuletos, y aun los baños de sangre, poseían, para la condesa, una función medicinal: inmovilizar su belleza para que fuera eternamente *comme un rêve de pierre*. Siempre vivió rodeada de talismanes. En sus años de crimen se resolvió por un talismán único que contenía un viejo y sucio pergamino en donde estaba escrita, con tinta especial, una plegaria destinada a su uso particular. Lo llevaba junto a su corazón, bajo sus lujosos vestidos, y en medio de alguna fiesta lo tocaba subrepticiamente. Traduzco la plegaria:

Isten, ayúdame; y tú también, nube que todo lo puede. Protégeme a mí, Erzébet, y dame una larga vida. Oh, nube, estoy en peligro. Envíame noventa gatos, pues tú eres la suprema soberana de los gatos. Ordénales que se reúnan viniendo de todos los lugares donde moran, de las montañas, de las aguas, de los ríos, del agua de los techos y del agua de los océanos. Diles que vengan rápido a morder el corazón de... y también el corazón de... y el de... Que desgarren y muerdan, también, el corazón de Megyery el Rojo. Y guarda a Erzébet de todo mal.

Los espacios eran para inscribir los nombres de los corazones que habrían de ser mordidos.

Fue en 1604 que Erzébet quedó viuda y que conoció a Darvulia. Este personaje era, exactamente, *la hechicera del bosque*, la que nos asustaba desde los libros para niños. Viejísima, colérica, siempre rodeada de gatos negros, Darvulia correspondió a la fascinación que ejercía en Erzébet pues en los ojos de la bella encontraba una nueva versión de los poderes maléficos encerrados en los venenos de la selva y la nefasta *insensibilidad de la luna*. La magia negra de Darvulia se inscribió en el negro silencio de la condesa: *la inició en los juegos más crueles; le enseñó a mirar morir y el sentido de mirar morir*; la animó a buscar la muerte y la sangre en un sentido literal, esto es: a quererlas por sí mismas, sin temor.

BAÑOS DE SANGRE

> «Si te vas a bañar, Juanilla, dime a cuáles baños vas.»
> Cancionero de Upsala

Corría este rumor: desde la llegada de Darvulia, la condesa, para preservar su lozanía, tomaba baños de sangre humana. En efecto, Darvulia, como buena hechicera, creía en los poderes reconstitutivos del «fluido humano». Ponderó las excelencias de la sangre de muchachas –en lo posible vírgenes– para someter al demonio de la decrepitud y la condesa aceptó este remedio como si se tratara de baños de asiento. De este modo, en la sala de torturas, Dorkó se aplicaba a cortar venas y arterias; la sangre era recogida en vasijas y, cuando las dadoras ya estaban exangües, Dorkó vertía el rojo y tibio líquido sobre el cuerpo de la condesa que esperaba tan tranquila, tan blanca, tan erguida, tan silenciosa.

A pesar de su invariable belleza, el tiempo infligió a Erzébet algunos de los signos vulgares de su transcurrir. Hacia 1610, Darvulia había desaparecido misteriosamente, y Erzébet, que frisaba la cincuentena, se lamentó ante su nueva hechicera de la ineficacia de los baños de sangre. En verdad, más que lamentarse amenazó con matarla si no detenía inmediatamente la propagación de las execradas señales de la vejez. La hechicera dedujo que esa ineficacia era causada por la utilización de sangre plebeya. Aseguró –o auguró– que, trocando la tonalidad, empleando sangre azul en vez de roja, la vejez se alejaría corrida y avergonzada. Así se inició la caza de hijas de gentilhombres. Para atraerlas, las secuaces de Erzébet argumentaban que la Dama de Csejthe, sola en su desolado castillo, no se resignaba a su soledad. ¿Y cómo abolir la soledad? Llenando los sombríos recintos con niñas de buenas familias a las que, en pago de su alegre compañía, les daría lecciones de buen tono, les enseñaría cómo comportarse exquisitamente en sociedad. Dos semanas después, de las veinticinco «alumnas» que corrieron a aristocratizarse no quedaban sino dos: una murió poco después, exangüe; la otra logró suicidarse.

CASTILLO DE CSEJTHE

> *«Le chemin de rocs est semé de cris sombres.»*
> P. J. JOUVE

Castillo de piedras grises, escasas ventanas, torres cuadradas, laberintos subterráneos, castillo emplazado en la colina de rocas, de hierbas ralas y secas, de bosques con fieras blancas en invierno y oscuras en verano, castillo que Erzébet Báthory amaba por su funesta soledad de muros que ahogaban todo grito.

El aposento de la condesa, frío y mal alumbrado por una lámpara de aceite de jazmín, olía a sangre así como el subsuelo a cadáver. De haberlo querido, hubiera podido realizar su «gran obra» a la luz del día y diezmar muchachas al sol, pero le fascinaban las tinieblas del laberinto que tan bien se acordaban a su *terrible erotismo de piedra, de nieve y de murallas.* Amaba el laberinto, que significa el lugar típico donde tenemos miedo; el viscoso, el inseguro espacio de la desprotección y del extraviarse.

¿Qué hacía de sus días y de sus noches en la soledad de Csejthe? Sabemos algo de sus noches. En cuanto a sus días, la bellísima condesa no se separaba de dos viejas sirvientas, dos escapadas de alguna obra de Goya: las sucias, malolientes, increíblemente feas y perversas Dorkó y Jó Ilona. Éstas intentaban divertirla hasta con historias domésticas que ella no atendía, si bien necesitaba de ese continuo y deleznable rumor. Otra manera de matar el tiempo consistía en contemplar sus joyas, mirarse en su famoso espejo y cambiarse quince trajes por día. Dueña de un gran sentido práctico, se preocupaba de que las prisiones del subsuelo estuvieran siempre bien abastecidas; pensaba en el porvenir de sus hijos –que siempre residieron lejos de ella; administraba sus bienes con inteligencia y se ocupaba, en fin, de todos los pequeños detalles que rigen el orden profano de los días.

MEDIDAS SEVERAS

> «... la loi, froide par elle-même,
> ne saurait être accessible aux passions
> qui peuvent légitimer la cruelle action du meurtre.»
> SADE

Durante seis años la condesa asesinó impunemente. En el transcurso de esos años, no habían cesado de correr los más tristes rumores a su respecto. Pero el nombre Báthory, no sólo ilustre sino activamente protegido por los Habsburgo, atemorizaba a los probables denunciadores.

Hacia 1610 el rey tenía los más siniestros informes –acompañados de pruebas– acerca de la condesa. Después de largas vacilaciones decidió tomar severas medidas. Encargó al poderoso palatino Thurzó que indagara los luctuosos hechos de Csejthe y castigase a la culpable.

En compañía de sus hombres armados, Thurzó llegó al castillo sin anunciarse. En el subsuelo, desordenado por la sangrienta ceremonia de la noche anterior, encontró un bello cadáver mutilado y dos niñas en agonía. No es esto todo. Aspiró el olor a cadáver; miró los muros ensangrentados; vio «la Virgen de hierro», la jaula, los instrumentos de tortura, las vasijas con sangre reseca, las celdas –y en una de ellas a un grupo de muchachas que aguardaban su turno para morir y que le dijeron que después de muchos días de ayuno les habían servido una cierta carne asada que había pertenecido a los hermosos cuerpos de sus compañeras muertas...

La condesa, sin negar las acusaciones de Thurzó, declaró que *todo aquello era su derecho de mujer noble y de alto rango*. A lo que respondió el palatino: ... *te condeno a prisión perpetua dentro de tu castillo*.

Desde su corazón, Thurzó se diría que había que decapitar a la condesa, pero un castigo tan ejemplar hubiese podido suscitar la reprobación no sólo respecto a los Báthory sino a los nobles en general. Mientras tanto, en el aposento de la condesa fue hallado un cuadernillo cubierto por su letra con los nombres y las señas particulares de sus víctimas que allí sumaban 610... En cuanto a los secuaces de Erzébet, se los procesó, confesaron hechos increíbles, y murieron en la hoguera.

La prisión subía en torno suyo. Se muraron las puertas y las ventanas de su aposento. En una pared fue practicada una ínfima ventanilla por donde poder pasarle los alimentos. *Y cuando todo estuvo terminado erigieron cuatro patíbulos en los ángulos del castillo para señalar que allí vivía una condenada a muerte.*

Así vivió más de tres años, casi muerta de frío y de hambre. Nunca demostró arrepentimiento. Nunca comprendió por qué la condenaron. El 21 de agosto de 1614, un cronista de la época escribía: *Murió hacia el anochecer, abandonada de todos.*

Ella no sintió miedo, no tembló nunca. Entonces, ninguna compasión ni emoción ni admiración por ella. Sólo un quedar en suspenso en el exceso del horror, una fascinación por un vestido blanco que se vuelve rojo, por la idea de un absoluto desgarramiento, por la evocación de un silencio constelado de gritos en donde todo es la imagen de una belleza inaceptable.

Como Sade en sus escritos, como Gilles de Rais en sus crímenes, la condesa Báthory alcanzó, más allá de todo límite, el último fondo del desenfreno. Ella es una prueba más de que la libertad absoluta de la criatura humana es horrible.

V

PRÓLOGOS Y REPORTAJES

PRÓLOGOS
A LA ANTOLOGÍA CONSULTADA
DE LA JOVEN POESÍA ARGENTINA[1]

(1968)

El poeta y su poema

> «Un poema es una pintura dotada de voz
> y una pintura es un poema callado.»
> Proverbio oriental

La poesía es el lugar donde todo sucede. A semejanza del amor, del humor, del suicidio y de todo acto profundamente subversivo, la poesía se desentiende de lo que no es su libertad o su verdad. Decir *libertad* o *verdad* y referir estas palabras al mundo en que vivimos o no vivimos es decir una mentira. No lo es cuando se las atribuye a la poesía: lugar donde todo es posible.

(...)

En oposición al sentimiento del exilio, al de una espera perpetua está el poema –tierra prometida–. Cada día son más breves mis poemas: pequeños fuegos para quien anduvo perdida en lo extraño. Dentro de unos pocos versos suelen esperarme los ojos de quien yo sé; las cosas reconciliadas, las hostiles, las que no cesa de aportar lo desconocido; y mi sed de siempre, mi hambre, mi horror. Desde allí la invocación, la evocación, la conjuración. En cuanto a la inspiración, creo en ella ortodoxamente, lo que no me impide, sino todo lo contrario, concentrarme mucho tiempo en un solo poema. Y lo hago de una manera que recuerda, tal vez, el gesto de los artistas plásticos: adhiero la hoja de papel a un

---

1. Publicado en *Quince poetas*, selección y prólogo de César Magrini, Ediciones Centurión, Buenos Aires, 1968.

muro y la *contemplo*; cambio palabras, suprimo versos. A veces, al suprimir una palabra, imagino otra en su lugar, pero sin saber aún su nombre. Entonces, a la espera de la deseada, hago en su vacío un dibujo que la alude. Y este dibujo es como un llamado ritual. (Agrego que mi afición al silencio me lleva a unir en espíritu la poesía con la pintura; de allí que donde otros dirían instante privilegiado yo hable de espacio privilegiado.)

(...)

Nos vienen previniendo, desde tiempos inmemoriales, que la poesía es un misterio. No obstante la reconocemos: sabemos dónde está. Creo que la pregunta *¿qué es para usted la poesía?* merece una u otra de estas dos respuestas: el silencio o un libro que relate una aventura no poco terrible: la de alguien que parte a cuestionar el poema, la poesía, lo poético; a abrazar el cuerpo del poema; a verificar su poder encantatorio, exaltante, revolucionario, consolador. Algunos ya nos han contado este viaje maravilloso. En cuanto a mí, por ahora *es un estudio*.

París, diciembre de 1962

El poema y su lector

Si me preguntan *para quién escribo* me preguntan por el destinatario de mis poemas. La pregunta garantiza, tácitamente, la existencia del personaje.

De modo que somos tres: yo; el poema; el destinatario. Este triángulo en acusativo precisa un pequeño examen.

Cuando termino un poema, no lo he terminado. En verdad lo abandono, y el poema ya no es mío o, más exactamente, el poema existe apenas.

A partir de ese momento, el triángulo ideal depende del destinatario o lector. Únicamente el lector puede terminar el poema inacabado, rescatar sus múltiples sentidos, agregarle otros nuevos. *Terminar* equivale, aquí, a dar vida nuevamente, a re-crear.

Cuando escribo, jamás evoco a un lector. Tampoco se me ocurre pensar en el destino de lo que estoy escribiendo. Nunca he buscado al lector, ni antes, ni durante, ni después del poema. Es por esto, creo, que he tenido encuentros imprevistos con verdaderos lectores inesperados, los que me dieron la alegría, la emoción, de saberme comprendida en profundidad. A lo que agrego una frase propicia de Gaston Bachelard:

El poeta debe crear su lector y de ninguna manera expresar ideas comunes.

Buenos Aires, 1967

INTENTO DE PRÓLOGO AL ESTILO
DE ELLOS, NO DEL MÍO

Nada en suma. Absolutamente nada. Nada que no salga del carril cotidiano. La vida no fluye ni incesable ni uniforme: no duermo, no trabajo, no paseo, no hojeo al azar algún libro nuevo, escribo bien o mal –seguramente mal–, con impulso y con desmayo. De rato en rato me tumbo en un diván para no mirar el cielo, añil o ceniza. ¿Y por qué no habrá de surgir de improviso lo impensado, quiero decir el poema? Trabajo noche tras noche. Lo que cae fuera de mi trabajo son dádivas de oro, las únicas estimables. Pluma en mano, pluma en las cuartillas, escribo para no suicidarme. ¿Dónde nuestro sueño de absoluto? Diluido en el afán diario. O acaso, a través de la obra, hacemos esa disolución más delicada.

El tiempo transcurre. O, más exactamente, nosotros transcurrimos. En la lejanía, cada vez más próxima, la idea de un trabajo siniestro que he de cumplir: la corrección de mis antiguos poemas. Fijar la atención en ellos equivale a volver a lo mal andado, cuando ya estoy caminando hacia otra parte, no mejor pero sí distinta. En un libro informe quiero detenerme. No sé si ese libro mío realmente me pertenece. Forzada a leer sus páginas, me parece que leo algo escrito por mí sin darme cuenta que era otra. ¿Podría escribir hoy del mismo modo? Me descontenta, siempre, leer una antigua página mía. La sensación que experimento no podría definirla con exactitud. ¡Quince años escribiendo! Desde los quince años con la pluma en la mano. Fervor, pasión, fidelidad, devoción, seguridad de que allí está la vía de salvación (¿de qué cosa?). Los años pesan sobre mis hombros. No podría yo escribir así al presente. ¿Había en esa poesía la asombrada y silenciosa desesperación de ahora? Poco importa. Todo lo que quiero es volver a reunirme con las que fui; el resto lo dejo a la ventura.

Cantidad de imágenes de muerte y de nacimiento han desaparecido. El destino de estas prosas es curioso: nacidas de la desgracia, sirven, ahora, para que otros se entretengan (o no) y se conmuevan (o no). Acaso, después de leerlas, alguien que yo sé me querrá un poquito más. Y esto sería bastante, es decir muchísimo.

[Sin fecha]

APUNTES PARA UN REPORTAJE[1]

c) Para qué sirve la poesía en el mundo de hoy.

Núm. 1
Necesitamos un lugar donde lo imposible se vuelva posible.
Es en el poema, particularmente, donde el límite de lo posible es
transgredido de buena ley, arriesgándose.

*

Núm. 2
El poeta trae nuevas de la otra orilla. Es el emisario o depo-
sitario de lo vedado puesto que induce a ciertas confrontaciones
con las maravillas del mundo pero también con la locura y la
muerte.
Fuera de la minúscula sociedad secreta de enamorados de
poemas, todos temen comprender que un encuentro con el poe-
ma los hubiese libertado. ¿Libertado de qué? Pero también esto
lo saben todos.

*

12 de diciembre
Una escritura densa y llena de peligros a causa de su diafani-
dad excesiva; concreta al máximo; desmesuradamente materia-

1. Cuatro hojas mecanografiadas y corregidas a mano por A. P., parte de un le-
gajo de cinco folios, probables respuestas por escrito a un reportaje de 1964.

lista en la medida en que revela imágenes originarias de las sombras interiores más lejanas y desconocidas e insospechadas [inesperadas].[1]

Una escritura densa hasta lo intolerable, hasta la asfixia, pero hecha nada más que de «vínculos sutiles» que permitirían la coexistencia inocente, sobre un mismo plano, del sujeto y del objeto, así como la supresión de las fronteras habituales que separan a yo, tú, él, nosotros, vosotros, ellos. Alianzas, metamorfosis.

Mi tormento es el tránsito de las imágenes formuladas en la otra orilla por «la hija de la voz» a las presencias fulgurantes. Tránsito que quisiera realizar con una precisión tensa que me permitiría dominar el azar y compensarme de mi sumisión absoluta a «la hija de la voz».

Intensa necesidad de verdad poética. Ella exige libertar la fuerza visionaria y mantener, simultáneamente, un aplomo extraordinario en la conducción de esa fuerza [y en la estructuración de esas imágenes].

Ignoro si hablo de la perfección poética, de la libertad, del amor o de la muerte.

*

Jueves 14 de diciembre de 1964

Núm. 3

Una escritura densa y llena de peligros a causa de su diafanidad excesiva. Concreta al máximo, inclusive materialista en la medida que manifiesta las imágenes originarias de sombras interiores lejanas, desconocidas, insospechadas.

Una escritura densa hasta lo intolerable, hasta la asfixia, pero hecha nada más que de vínculos sutiles que permiten la coexistencia inocente, sobre un mismo plano, del sujeto y el objeto, así como la supresión de las fronteras habituales que separan a yo, tú, él, nosotros, vosotros, ellos.

Mi tormento resulta de la profusión de las imágenes formuladas en la otra orilla por «la hija de la voz». Asimismo, de una in-

1. Entre corchetes, posible variante propuesta por A. P.

tensa necesidad de verdad poética. Doble movimiento simultá-
neo: libertar la fuerza visionaria y mantener un aplomo extraor-
dinario en la conducción de esa fuerza. Quisiera realizar ese trán-
sito a la presencia fulgurante con una precisión tensa que me
permitiría dominar el azar y compensarme de mi sumisión abso-
luta a *«la hija de mi voz»*, o inspiración, o inconsciente.

REPORTAJE PARA *EL PUEBLO*, CÓRDOBA, 17 DE ABRIL DE 1967[1]

1.º   Debo confesar que esta pregunta –y acaso otras de su interesante cuestionario– no es de mi competencia puesto que me desintereso con entusiasmo de las modas literarias y del término «auge». Leo y releo según mis preferencias personales, que pueden (o no) coincidir, por azar, con autores hispanoamericanos «en auge». La razón de este desinterés es fácil de explicar: amo la literatura. De ahí mi indiferencia absoluta por algunos autores argentinos cuya fama no permite al lector abolir la evidencia que sus obras ofrecen, o sea: son autores de algo que aún no ha ascendido al rango de *obra literaria*. En estas condiciones no podría explicar la causa del «auge» del libro argentino o del hispanoamericano puesto que no he tenido que esperar la difusión –o el «auge»– de las obras de Julio Cortázar: las he leído sola, cuando aún cursaba el bachillerato. Y así con las de Borges, de Bioy Casares, de Olga Orozco, de Enrique Molina, de Silvina Ocampo, de Rulfo, de unos pocos más...

2.º   Adhiero enteramente, palabra por palabra, a un extraordinario ensayo de Jorge Luis Borges que finaliza así:

«Por eso repito que no debemos temer y que debemos pensar que nuestro patrimonio es el universo; ensayar todos los temas y no podemos concretarnos a lo argentino para ser argentinos: porque o ser argentino es una fatalidad y en ese caso lo seremos de cualquier modo, o ser argentino es una mera afectación, una máscara.

---

1. Hoja mecanografiada y corregida a mano por A. P., en un legajo de cinco folios.

»Creo que si nos abandonamos a ese sueño voluntario que se llama la creación artística, seremos argentinos y seremos, también, buenos o tolerables escritores.»

Los escritores argentinos y la tradición
(de *Discusión*, Emecé, 1964)

3.º No lo creo. Un poema político, por ejemplo, no sólo es un mal poema sino una mala política.

4.º No me satisfacen los *improvisattori*; por eso, no hablaré de los problemas urgentes, que conocen perfectamente los economistas, los sociólogos y los políticos. Desde mi dominio –poético y literario– discierno que el mal se llama *oportunismo*. Es fácil observar un ansia creciente de notoriedad que desemboca en el callejón sin salida de la rivalidad. Pero también esto me resulta ajeno y carente de interés. Me gusta la criatura humana comprometida con su arte, oficio o quehacer. En el plano literario adhiero a los que se comprometen de verdad, quiero decir los escritores que escriben bien en vez de escribir mal. Y nada me obliga a leer a los burdos y burdas folletinistas que se amparan, temerosos, en presuntos deberes fantasmas de índole política-histórica para mejor escamotear el compromiso central de todo escritor, aquel que asumió Kafka, por ejemplo, aquel que no pudo asumir Simone de Beauvoir, por ejemplo.

8 PREGUNTAS A ESCRITORAS, ACTRICES, MUJERES DE CIENCIA, DE LAS ARTES, DEL TRABAJO SOCIAL Y DEL PERIODISMO[1]

1. ¿Cree que la mujer, en todos los planos, ha de tener los mismos derechos que el varón?

2. ¿Cree que la sociedad actual necesita una reforma y que redundará en beneficio de la mujer?

3. ¿Cree necesaria la educación sexual?

4. Por el hecho de ser mujer, ¿ha encontrado impedimentos en su carrera? ¿Ha tenido que luchar? ¿Contra qué y contra quién?

5. ¿Cree que las leyes que rigen el control de la natalidad y el aborto deben estar en manos de la Iglesia y de los hombres que gobiernan o bien en el de las mujeres que, a pesar de ser las protagonistas del problema, no han tenido ni voz ni voto en algo que les concierne vitalmente?

6. ¿Es partidaria del divorcio?

7. ¿Dónde cree que está el problema más urgente de la mujer?

8. ¿Está usted enterada de la lucha de la mujer por sus derechos en los siglos XIX y XX? ¿Sabe cuáles fueron los primeros países en reconocerlos y hasta qué límites?

RESPUESTAS

1. La mujer no ha tenido nunca los mismos derechos que el hombre. Debe llegar a tenerlos. No lo digo solamente yo. Rim-

---

1. Reportaje a mujeres trabajadoras e intelectuales argentinas realizado por la revista *Sur* y publicado en el núm. 326 de septiembre 1970-junio 1971. Las respuestas de Alejandra Pizarnik figuran en las páginas 327 a 328.

baud también lo dijo: «Quand sera brisé l'infini servage de la femme, quand elle vivra pour elle et par elle, l'homme –jusqu'ici abominable–, lui ayant donné son renvoi, elle sera poète, elle aussi! La femme trouvera de l'inconnu. Ses modes d'idées différeront-ils des nôtres?– Elle trouvera des choses étranges, insondables, repoussantes, délicieuses; nous les prendrons, nous les comprendrons.» *[Carta de Rimbaud a Paul Demeny (Charleville, 15/V/1871).]*

Inútil agregar que las exaltadas palabras del poeta conforman un razonamiento utópico. Es que nada temen tanto, mujeres u hombres, como los cambios.

2. No creo que la sociedad actual necesite *una* reforma. Creo que necesita un cambio radical, y es en ese sentido que pueden redundar beneficios para la mujer.

3. Por cierto, puesto que lo sexual es arduo.

4. La poesía no es una carrera; es un destino.

Aunque ser mujer no me impide escribir, creo que vale la pena partir de una lucidez exasperada. De este modo, afirmo que haber nacido mujer es una desgracia, como lo es ser judío, ser pobre, ser negro, ser homosexual, ser poeta, ser argentino, etc., etc. Claro es que lo importante es aquello que hacemos con nuestras desgracias.

5. Esta pregunta hace referencia a un estado de cosas absurdo. Cada uno es dueño de su propio cuerpo, cada uno lo controla como quiere y como puede. Es el demonio de las bajas prohibiciones quien, amparándose en mentiras «morales», ha puesto en manos gubernamentales o eclesiásticas las leyes que rigen el aborto. Esas leyes son inmorales, dueñas de una crueldad inaudita. Cabe agregar, a modo de ilustración, la sugerencia de Freud de que aquel que inventara el anticonceptivo perfecto o infalible sería tan importante para la humanidad como Jesucristo.

6. ¿Acaso es posible no serlo?

7. Los conflictos de la mujer no residen en un solo problema posible de señalar. En este caso, y en otros, la consigna sigue siendo: «Changer la vie.»

8. Ignoro estos temas.

ALEJANDRA PIZARNIK
(escritora)

ALGUNAS CLAVES
DE ALEJANDRA PIZARNIK[1]

M. I. M. – Hay, en tus poemas, términos que considero *emblemáticos* y que contribuyen a conformar tus poemas como dominios solitarios e ilícitos como las pasiones de la infancia, como el poema, como el amor, como la muerte. ¿Coincidís conmigo en que términos como *jardín, bosque, palabra, silencio, errancia, viento, desgarradura* y *noche*, son, a la vez, signos y emblemas?

A. P. – Creo que en mis poemas hay palabras que reitero sin cesar, sin tregua, sin piedad: las de la infancia, las de los miedos, las de la muerte, las de la noche de los cuerpos. O, más exactamente, los términos que designas en tu pregunta serían signos y emblemas.

M. I. M. – Empecemos por entrar, pues, en los espacios más gratos: el jardín y el bosque.

A. P. – Una de las frases que más me obsesiona la dice la pequeña Alice en el país de las maravillas: –«*Sólo vine a ver el jardín*». Para Alice y para mí, el jardín sería el lugar de la cita o, dicho con las palabras de Mircea Eliade, *el centro del mundo*. Lo cual me sugiere esta frase: El jardín es verde en el cerebro. Frase mía que me conduce a otra siguiente de Georges Bachelard, que espero recordar fielmente: *El jardín del recuerdo-sueño, perdido en un más allá del pasado verdadero.*

M. I. M. – En cuanto a tu bosque, se aparece como sinónimo de

---

1. Entrevista de Martha Isabel Moia, publicada en *El deseo de la palabra*, Ocnos, Barcelona, 1972.

silencio. Mas yo siento otros significados. Por ejemplo, tu bosque podría ser una alusión a lo prohibido, a lo oculto.

A. P. – ¿Por qué no? Pero también sugeriría la infancia, el cuerpo, la noche.

M. I. M. – ¿Entraste alguna vez en el jardín?

A. P. – Proust, al analizar los deseos, dice que los deseos no quieren analizarse sino satisfacerse, esto es: no quiero hablar del jardín, quiero verlo. Claro es que lo que digo no deja de ser pueril, pues en esta vida nunca hacemos lo que queremos. Lo cual es un motivo más para querer ver el jardín, aun si es imposible, sobre todo si es imposible.

M. I. M. – Mientras contestabas a mi pregunta, tu voz en mi memoria me dijo desde un poema tuyo: *mi oficio es conjurar y exorcizar.**

A. P. – Entre otras cosas, escribo para que no suceda lo que temo; para que lo que me hiere no sea; para alejar al Malo (*cf.* Kafka). Se ha dicho que el poeta es el gran terapeuta. En este sentido, el quehacer poético implicaría exorcizar, conjurar y, además, *reparar*. Escribir un poema es reparar la herida fundamental, la desgarradura. Porque todos estamos heridos.

M. I. M. – Entre las variadas metáforas con las que configuras esta herida fundamental recuerdo, por la impresión que me causó, la que en un poema temprano te hace preguntar por *la bestia caída de pasmo que se arrastra por mi sangre.** Y creo, casi con certeza, que el viento es uno de los principales autores de la herida, ya que a veces se aparece en tus escritos como *el gran lastimador.*

A. P. – Tengo amor por el viento aun si, precisamente, mi imaginación suele darle formas y colores feroces. Embestida por el viento, voy por el bosque, me alejo en busca del jardín.

M. I. M. – ¿En la noche?

A. P. – Poco sé de la noche pero a ella me uno. Lo dije en un poema: *Toda la noche hago la noche. Toda la noche escribo. Palabra por palabra yo escribo la noche.**

M. I. M. – En un poema de adolescencia también te unís al silencio.

* Todos los asteriscos que aparecen hasta el final del texto hacen referencia a poemas de Alejandra Pizarnik.

A. P. – El silencio: única tentación y la más alta promesa. Pero siento que el *inagotable murmullo* nunca cesa de manar (*Que bien sé yo do mana la fuente* del lenguaje errante). Por eso me atrevo a decir que no sé si el silencio existe.

M. I. M. – En una suerte de contrapunto con·tu yo que se une a la noche y aquel que se une al silencio, veo a «la extranjera»; «la silenciosa en el desierto»; «la pequeña viajera»; «mi emigrante de sí»; la que «quería entrar en el teclado para entrar adentro de la música para tener una patria». Son estas, tus otras voces, las que hablan de tu vocación de errancia, la para mí tu verdadera vocación, dicho a tu manera.

A. P. – Pienso en una frase de Trakl: *Es el hombre un extraño en la tierra.* Creo que, de todos, el poeta es el más extranjero. Creo que la única morada posible para el poeta es la palabra.

M. I. M. – Hay un miedo tuyo que pone en peligro esa morada: el *no saber nombrar lo que no existe.** Es entonces cuando te ocultás del lenguaje.

A. P. – Con una ambigüedad que quiero aclarar: me oculto *del* lenguaje *dentro* del lenguaje. Cuando algo –incluso la nada– tiene un nombre, parece menos hostil. *Sin embargo, existe en mí una sospecha de que lo esencial es indecible.*

M. I. M. – ¿Es por esto que buscás *figuras que se aparecen vivientes por obra de un lenguaje activo que las aluden?**

A. P. – Siento que los signos, las palabras, insinúan, hacen alusión. Este modo complejo de sentir el lenguaje me induce a creer que el lenguaje no puede expresar la realidad; que solamente podemos hablar de lo obvio. De allí mis deseos de hacer poemas terriblemente exactos a pesar de mi surrealismo innato y de trabajar con elementos de las sombras interiores. Es esto lo que ha caracterizado a mis poemas.

M. I. M. – Sin embargo, ahora ya no buscas esa exactitud.

A. P. – Es cierto; busco que el poema se escriba como quiera escribirse. Pero prefiero no hablar del *ahora* porque aún está poco escrito.

M. I. M. – ¡A pesar de lo mucho que escribís!

A. P. – ...

M. I. M. – El *no saber nombrar** se relaciona con la preocupación por encontrar *alguna frase enteramente tuya.** Tu libro *Los tra-

bajos y las noches es una respuesta significativa, ya que en él son *tus* voces las que hablan.

A. P. – Trabajé arduamente en esos poemas y debo decir que al configurarlos me configuré yo, y cambié. Tenía dentro de mí un ideal de poema y logré realizarlo. Sé que no me parezco a nadie (esto es una fatalidad). Ese libro me dio la felicidad de encontrar la libertad en la escritura. Fui libre, fui dueña de hacerme una forma como yo quería.

M. I. M. – Con estos miedos coexiste el de *las palabras que regresan.** ¿Cuáles son?

A. P. – Es la memoria. Me sucede asistir al cortejo de las palabras que se precipitan, y me siento espectadora inerte e inerme.

M. I. M. – Vislumbro que el espejo, la otra orilla, la zona prohibida y su olvido, disponen en tu obra el miedo de *ser dos,** que escapa a los límites del *döppelganger* para incluir a todas las que fuiste.

A. P. – Decís bien, es el miedo a todas las que en mí contienden. Hay un poema de Michaux que dice: *Je suis; je parle à qui-je-fus et qui-je-fus me parlent. (...) On n'est pas seul dans sa peau.*

M. I. M. – ¿Se manifiesta en algún momento especial?

A. P. – Cuando «la hija de mi voz» me traiciona.

M. I. M. – Según un poema tuyo, tu amor más hermoso fue el amor por los espejos. ¿A quién ves en ellos?

A. P. – A la otra que soy. (En verdad, tengo cierto miedo de los espejos.) En algunas ocasiones nos reunimos. Casi siempre sucede cuando escribo.

M. I. M. – Una noche en el circo recobraste *un lenguaje perdido en el momento que los jinetes con antorchas en la mano galopaban en ronda feroz sobre corceles negros.** ¿Qué es ese *algo semejante a los sonidos calientes para mi corazón de los cascos contra las arenas?**

A. P. – Es el lenguaje no encontrado y que me gustaría encontrar.

M. I. M. – ¿Acaso lo encontraste en la pintura?

A. P. – Me gusta pintar porque en la pintura encuentro la oportunidad de aludir en silencio a las imágenes de las sombras interiores. Además, me atrae la falta de mitomanía del lenguaje de la pintura. Trabajar con las palabras o, más específicamente, buscar *mis* palabras, implica una tensión que no existe al pintar.

M. I. M. – ¿Cuál es la razón de tu preferencia por «la gitana dormida» de Rousseau?

A. P. – Es el equivalente del lenguaje de los caballos en el circo. Yo quisiera llegar a escribir algo semejante a «la gitana» del Aduanero porque hay silencio y, a la vez, alusión a cosas graves y luminosas. También me conmueve singularmente la obra de Bosch, Klee, Ernst.

M. I. M. – Por último, te pregunto si alguna vez te formulaste la pregunta que se plantea Octavio Paz en el prólogo de *El arco y la lira*: *¿no sería mejor transformar la vida en poesía que hacer poesía con la vida?*

A. P. – Respondo desde uno de mis últimos poemas: *Ojalá pudiera vivir solamente en éxtasis, haciendo el cuerpo del poema con mi cuerpo, rescatando cada frase con mis días y con mis semanas, infundiéndole al poema mi soplo a medida que cada letra de cada palabra haya sido sacrificada en las ceremonias del vivir.**

MARTHA I. MOIA

ÍNDICE